妇女儿童保险保障的
理论分析与实证研究

A Theoretical and Empirical Analysis on
Insurance and Protection for Women and Children

郭金龙　等著

中国社会科学出版社

图书在版编目（CIP）数据

妇女儿童保险保障的理论分析与实证研究/郭金龙等著 .—北京：中国社会科学出版社，2022.10
ISBN 978-7-5227-1034-1

Ⅰ.①妇…　Ⅱ.①郭…　Ⅲ.①妇女—商业保险—研究—中国　②儿童—商业保险—研究—中国　③妇女—社会保障—研究—中国　④儿童—社会保障—研究—中国　Ⅳ.①F842 ②D632.1

中国版本图书馆 CIP 数据核字（2022）第 214131 号

出 版 人	赵剑英
责任编辑	刘晓红
责任校对	周晓东
责任印制	王　超
出　　版	中国社会科学出版社
社　　址	北京鼓楼西大街甲 158 号
邮　　编	100720
网　　址	http://www.csspw.cn
发 行 部	010-84083685
门 市 部	010-84029450
经　　销	新华书店及其他书店
印　　刷	北京君升印刷有限公司
装　　订	廊坊市广阳区广增装订厂
版　　次	2022 年 10 月第 1 版
印　　次	2022 年 10 月第 1 次印刷
开　　本	710×1000　1/16
印　　张	15
插　　页	2
字　　数	268 千字
定　　价	79.00 元

凡购买中国社会科学出版社图书，如有质量问题请与本社营销中心联系调换
电话：010-84083683
版权所有　侵权必究

国家社科基金后期资助项目
出 版 说 明

　　后期资助项目是国家社科基金设立的一类重要项目，旨在鼓励广大社科研究者潜心治学，支持基础研究多出优秀成果。它是经过严格评审，从接近完成的科研成果中遴选立项的。为扩大后期资助项目的影响，更好地推动学术发展，促进成果转化，全国哲学社会科学工作办公室按照"统一设计、统一标识、统一版式、形成系列"的总体要求，组织出版国家社科基金后期资助项目成果。

全国哲学社会科学工作办公室

前　　言

　　党的十九大报告指出，"坚持男女平等基本国策，保障妇女儿童合法权益。完善社会救助、社会福利、慈善事业、优抚安置等制度，健全农村留守儿童和妇女、老年人关爱服务体系"。由此可以看出，党中央对于我国妇女儿童群体无比关心，而且全国各级妇联的工作目标非常明确。在现实中，妇女和儿童是相对弱势的群体，他们在生活、学习、就业等方面可能面临更严重的风险。维护妇女和儿童的合法权益不仅是党和政府的责任，也是社会文明进步的重要标志。

　　从国际视角看，西方发达国家为了帮助妇女儿童群体应对各种风险、维护他们的合法权益，经过多年的发展，积累了丰富的社会保障和商业保险经验，对我国具有重要的参考和借鉴价值。西方发达国家的社会保障制度涵盖了妇女和儿童群体面临的重大风险，并且为各种风险状况下的基本生活提供了较为全面的保障。西方发达国家的商业保险也根据消费者的个人需求与风险状况，提供更加细致和全面的风险管理解决方案。

　　自中华人民共和国成立以来，党中央和国务院历年来都高度关心和重视妇女儿童的合法权益。为了更好地维护妇女儿童群体的权益，国务院颁布了《儿童发展纲要（2011—2020年）》和《中国妇女发展纲要（2011—2020年）》，将男女平等作为国家的基本方针，儿童优先在所有重大国家政策中得到体现。2017年12月中央经济工作会议明确提出："着力解决中小学生课外负担重、'择校热'、'大班额'等突出问题，解决好婴幼儿照护和儿童早期教育服务问题"，并且将妇女儿童群体的权益保护提到更加重要的位置。在党中央国务院的高度重视下，近年来我国妇女儿童群体权益保护力度大大加强。但由于社会经济发展水平的制约和影响，目前我国妇女儿童风险管理还存在诸多问题。因为我国社会保障制度主要是基于性别中性的理念，所以制度和政策的设计对性别差异没有引起足够的重视，致使许多妇女儿童的独特风险得不到有效控制，基本权益得不到充分保障。从现实情况看，中国商业保险市场的专业化经营起步较晚、要素培育程度较低，保险业在妇女儿童风险保障方面缺乏基础性数据，承保技术相对落后，当前的发展现状还不能适应社会的需要。随着新型城镇化和人口老龄化的加快，我国家庭的结构、规模、形态、功能等也发生了重大变化。如何加强妇女儿童的风险保障和权益保护，这将成为我国全面建成小康社会之后面临的挑战之一。

本书首先介绍了世界范围内妇女和儿童群体的发展现状，然后分析了中国妇女和儿童群体的发展现状，接着按贫困程度、教育程度、是否失业等方面分类对妇女和儿童的人口、经济与社会情况进行分析，并讨论了妇女和儿童所面临的风险情况及其特征。目前，我国妇女群体存在着较大的长寿风险、失业和低收入风险和健康与死亡风险，儿童群体面临较大的健康风险，妇女和儿童容易遭遇婚姻和家庭变故的风险。作为我国居民风险保障的最基础的组成部分，我国社会保障体系对妇女和儿童提供的风险管理能力仍旧是比较有限的，难以全面满足妇女和儿童风险管理的需求，我国妇女和儿童保险在未来仍然有很大的发展空间。此外，伴随着金融科技的快速发展，其对保险业的发展将带来较为重要的影响和冲击。在现实中，大数据、人工智能和移动互联网等金融科技正在蓬勃发展，它们对妇女和儿童保险保障产生了重大而深远的影响。我国应当提高和推动大数据技术等在我国保险业的应用与创新，加快对我国保险业数据的采集、应用和创新。从政策角度看，未来我国保险业将通过加强和提升大数据技术等，加深对消费者行为的理解，以便使其在风险管理中发挥更大作用。在实践中，我国需要加强妇女儿童保险保障体系的顶层设计，建立由政府管理、社会救助、社会保险和商业保险组成的层次分明、体系完整、分工协作的面向妇女和儿童的多层次风险保障体系；要健全完善妇女儿童社会保障体系，通过推进社会保险制度改革和福利水平提高，进一步提升妇女和儿童保障水平；整合慈善救助资源，鼓励公益慈善事业探索与商业保险结合，提高捐赠资金运用效益；支持鼓励保险公司在社会保障体系中发挥更大作用，支持组建妇女儿童专业保险机构，鼓励保险机构创新产品设计，提供更符合市场需求的产品；营造良好的政策环境。从政策支持的层面看，妇女和儿童的商业保险和社会保险的界限应当是明确的，政府应逐步建立一个结构良好的和多层次的产品结构体系，妇女和儿童风险管理体系应当由社会救助、社会保险、政府管理和商业保险等不同主体组成，同时应当充分发挥商业保险和社会保障在社会治理中的作用。

本书是在国家社会科学基金后期资助项目（17FJY011）"妇女儿童保险保障的理论分析与实证研究"研究报告基础上形成的。本书融合人身风险管理和社会保障体系这两个分析视角，构建一个较为全面的分析框架，从而为比较中国和其他国家的妇女儿童群体保险保障状况、评估中国现有妇女儿童权益保护制度的绩效和加强妇女儿童保险保障等问题提供分析基础。在研究方法上，本书使用生命周期理论、风险感知理论和结构向量自回归模型（SVAR）来进行理论和实证研究，在一定程度上对现有理论进行了创新和延伸。承担该研究工作的主要人员有中国社会科学院金融研究所郭金龙研究员、郑州航空工业管理学院王桂虎博士、首都经济贸易大学经济学院陆明涛博士、重庆工商大学财政金融学院袁中美博士、全国妇联妇女研究所姜秀花研究员、中国社科院大学金融系博士研究生李红梅等。

由于近几年我国妇女儿童保险保障工作不断改进和完善，取得了显著成绩，这些方面的最新情况依据最新数据在本书中没有体现出来。此外，书中还存在不少错误与遗漏，恳请读者批评指正。我们将在今后的研究工作中进一步补充和完善。

在本书的编辑出版过程中，中国社会科学出版社刘晓红老师对本书的校对、修改和编辑做了大量工作，特此致谢！

摘　　要

党的十九大报告指出，要"健全金融监管体系，守住不发生系统性金融风险的底线"。只有守住不发生系统性金融风险底线，才能更好地服务实体经济，严控风险是我国金融监管部门和金融机构的重要使命。对于居民来说，个人风险是居民风险的重要来源。在整个生命周期中，不同性别、不同年龄的人群面临不同的个人风险，根据生命周期理论，居民的人生阶段可以分为婴儿、儿童、青少年、中青年、成人五个时期。根据风险的种类，居民的个人风险则可以分为健康及护理、经济、死亡、家庭和人身伤害五类。在不同的生命周期的各个阶段，居民将面临不同的风险结构，而且需要不同的风险管理措施。

近年来，为加强对居民死亡等个人风险的管理，各国分别建立了比较完善的社会保障体系。因为社会保障的概念有狭义和广义两种，本书用社会保障体系的概念来代表包含商业保险和社会保障在内的各种人身风险管理制度的总和，具体包括社会津贴、社会保险、商业保险、社会救助和慈善救助等制度。通常来说，保险公司提供的商业保险，政府支持建立的社会保障，以及政府与企业的公益慈善、互助救济和社会捐赠等慈善救助，共同构成了社会保障体系的三大支柱。在有关部门的共同努力下，目前我国社会保障体系的三大支柱已经基本构建完成，并且为居民个人风险管理提供了较为全面的解决方案。但是，随着经济社会的发展，为了满足日益丰富的居民风险保障需求，我国的社会保障体系还需要不断改革和完善。

第一章为中国社会保障体系的发展现状。本章基于对社会保障体系的概念及范围进行梳理，探讨了建立完善的社会保障体系的意义，以及中国社会保障体系的发展现状，为后续研究妇女和儿童保险保障提供基本的理论分析框架。

根据国际社会保障协会 2015 年 10 月发布的报告，亚太社会和经济环境快速变化的步伐给社会保障制度带来的诸多特殊挑战，也许远远超过其他地区。但与此同时，中国的社会保障覆盖面在各级政府相关部门及相关机构的的共同努力下，已经得到了大幅提升。

很多社会经济制约因素表明，扩大社会保障覆盖面的传统方法正在面临着一定的限制。这些制约因素包括农村地区的贫困现象、社会不平等现象日益加剧（尤其是劳动力市场），人口年龄结构的变化，城市人口空间密度增加，国内迁移人数增加，以及城市、城郊和农村地区提供的社会保障服务存在差异等。除此之外，城镇化、气候变化，以及不断演变的社会结构，都会对此问题带来一定的影响和冲击。

因此，未来中国社会保障制度的成功需要更加卓越的管理，有效提升社会保障的覆盖面，并采取协调和及时反应、主动和预防干预措施来完善社会保障制度。此外，制定与更多人利益相关联的制度，创新更加灵活的融资机制，并使用创新的方法推动社会保障制度来覆盖不同群体的人口，也是非常重要和关键的。在这些方面，国际社会保障协会制定的"ISSA治理准则"，以及美国、欧洲等发达国家的社会保障制度的成功经验，有可能会为未来中国社会保障制度的完善提供一定的帮助。

第二章为妇女和儿童的风险现状及特征。本章首先介绍了世界范围内妇女和儿童群体的发展现状，然后分析了中国妇女和儿童群体的发展现状，接着按贫困程度、教育程度、是否失业等方面分类对妇女和儿童的人口、经济与社会情况进行分析，并讨论了妇女和儿童所面临的风险情况及其特征。

国际劳工组织和OECD等国际机构认为，全球范围内妇女面临的风险主要有婚姻风险、健康风险、职业风险、养老金风险、人身伤害风险等多种不同风险。世界银行认为，两性不平等在世界各国广泛存在，她们在家庭和社会组织的决策中拥有的发言权较小，甚至在有些国家妇女存在失业风险、遭遇家庭暴力等风险。

根据世界银行的统计，全球范围的儿童面临的主要风险有健康风险、教育风险、意外风险、校园风险和童婚风险等。由于童婚风险主要出现在刚果共和国、孟加拉国等不发达国家，因此在讨论我国儿童面临的风险情况时，我们主要分析了健康风险、教育风险、意外风险和校园风险。如何管理以上风险，将是保护我国儿童身心健康的重要内容。

第三章为妇女和儿童的社会保障现状。本章首先介绍了世界范围内妇女和儿童社会保障的发展现状，明确了社会保障体系的概念和意义，并且分别探讨了我国妇女和儿童社会保障的现状以及存在的问题，力求寻找妇女和儿童社会保障制度的风险管理、社会效益与经济效益之间的平衡点。

从某种意义上讲，社会保障制度的存在是为了应对人们生命周期的风险，但这些风险的性质和严重程度会随着时间而改变，并将取决于经济、社会、人口和环境等趋势的演化。世界各国妇女的养老保险制度还存在一定的不足之处，需要在未来进行提升和改善。虽然目前全球最贫穷的儿童在生命的早期仍然面临较大的风险，但各国的研究已经证明了几种类型的干预措施可以有效改善他们的发展条件和终身的生活情况。由于中国的社会保障制度的设计主要是基于性别中性的理念，所以相关制度和政策对性别差异没有引起足够的重视，进而导致许多妇女儿童群体的风险得不到有效控制，基本权益也没有得到充分保障。

当前我国妇女和儿童医疗保障存在的问题主要有：当前我国妇女和儿童的医疗保障水平仍然较低；儿童医疗保险的问题较为严重；不同身份特征的儿童和妇女的医疗保险存在着较大的差异；我国还没有形成完善的妇女和儿童的医疗保险转移机制。我国妇女养老保障存在的问题主要有：我国妇女的养老保障水平普遍偏低；我国的养老保险没有考虑到家庭主要收入来源的劳动者的家庭责任；我国的养老保险并没有突出妇女对家庭所做出的贡献。我国妇女的生育保险主要存在以下问题：全国各地妇女生育保险的保障程度存在着很大的差异；我国生育保险制度的总体水平仍有待于进一步提高；政府承担的责任不够，一些弱势妇女的生育权益得不到有效保障；新时代我国妇女的生育保险制度存在较大的改善空间；在家庭中，男性在家庭事务方面承担的责任不够，不利于男女平等的实现。我国儿童的保障体系建设主要存在以下问题：我国儿童的医疗资源仍然非常短缺；在教育方面，"全面二孩"（"全面实施一对夫妻可生育两个孩子政策"的简称）政策实行以后将会对儿童的教育质量构成新的挑战；当前，我国的儿童保障制度相对于经济和社会发展来说比较滞后。

第四章为中国妇女和儿童商业保险发展现状。本章首先介绍了世界范围内妇女和儿童的商业保险，然后分别论述了中国妇女和儿童商业保险的现状以及存在的问题，以期为后文的进一步论述奠定良好的基础。

从世界范围看，妇女在社会中发挥着多方面的作用，使她们成为社会变革和经济进步的重要力量，也使她们成为人民群体中日益重要的一部分。在有更多妇女获得高等教育，并且进入劳动力市场之后有望赚取更高收入，其消费能力将会显著增加，也会有更高的保险购买能力。经济合作与发展组织（OECD）的研究结论显示，妇女的教育程度与购买商业保险的意愿之间呈现显著的正相关关系。随着收入的增加，妇女也享受更大的支出和家庭议价能力。在这两个因素的共同驱动下，未来全球妇女商业保险市场将会有很大的发展空间。在大多数发展中国家，儿童占总人口的 1/3 以上，而且在这些国家的贫困人口中往往比例较高。由于他们的年龄较小，社会地位较低，亟须社会保障和商业保险来提供一定的支持。一般来说，世界范围内关于儿童的商业保险主要有教育保险、健康保险和校园保险等。

现阶段我国妇女商业保险的品种主要包括商业生育保险、重大疾病保险和意外伤害保险，主要存在的问题包括：一些商业保险公司的经营理念上存在短视行为；一些商业保险公司的员工素质较低，缺乏诚信意识；专业人才匮乏，一些从业人员缺乏专业知识。现阶段我国儿童商业保险的品种主要包括教育保险、医疗保险和意外伤害保险，主要存在的问题包括：产品研发和设计不规范，同质化现象较为严重；市场要素培育程度较低，供求矛盾较为明显；政府的监管和协调缺位，导致某些群体缺乏商业保险。

第五章为中国妇女和儿童商业保险未来发展趋势。本章主要基于前面的分析，系统地分析了我国妇女和儿童商业保险发展的背景、妇女和儿童商业保险未来的发展趋势，以及他们在未来发展的必要性和可行性。

目前我国妇女群体存在着较大的长寿风险、失业和低收入风险和健康与死亡风险，儿童群体面临较大的健康风险，妇女和儿童容易遭遇婚姻和家庭变故的风险。作为我国居民风险保障的最基础的组成部分，我国社会保障能对妇女和儿童提供的风险管理能力仍旧是比较有限的，难以满足妇女和儿童风险管理的需求。当前我国商业保险不能满足风险管理的要求，我国妇女和儿童商业保险在未来仍然有很大的发展空间。

根据安联集团的预测，2018—2027年我国保险业的发展将非常迅速，到2027年我国的保险规模将远远超过整个欧洲保险市场，成为世界上第二位的保险市场。随着我国妇女在家庭地位中的上升、妇女工资收入的改善，未来我国妇女商业保险市场规模也会逐步大幅增加。而伴随着服务业的快速增长，未来我国的儿童商业保险的发展将具有较大的增长潜力。

第六章为我国妇女和儿童保险保障的其他问题。本章从公益慈善组织、社会救助和金融科技对妇女和儿童保险保障的影响等角度来论述发展我国妇女和儿童商业保险保障的其他问题及解决方法。

近年来，伴随着我国居民的消费意识和收入水平的逐步提高，人们对慈善捐赠的热情也越来越高，全社会的慈善捐赠水平也有了极大的改善。从实践中看，目前全国社会慈善的主要捐助方向包括扶贫济困援助、儿童失学救助和儿童大病救助等方面，为我国儿童的风险管理做出了很大的贡献。

目前，我国面向妇女和儿童的公益慈善组织还存在着一些问题和不足之处，主要表现在以下几个方面：第一，各大公益慈善组织之间的联系和合作较少；第二，目前公益慈善组织及监管遭到了一定的信任危机；第三，各大社会团体之间的互助机制需要进一步深化改革来提高活力。

此外，伴随着金融科技的快速发展，它对保险业的发展产生了较为重要的影响和冲击。在现实中，大数据、人工智能和移动互联网等金融科技正在蓬勃地发展，它们对妇女和儿童保险保障产生了重大而深远的影响。我国应当提高和推动大数据技术等在我国保险业的应用与创新，加快对我国保险业数据的采集、应用和创新。从政策角度看，未来我国保险业将通过加强和提升大数据技术，加深对消费者行为的理解，以便使其在风险管理中发挥更大的作用。

第七章为中国妇女儿童保险保障的理论分析。本章基于前面几章的分析，从理论方面对我国妇女和儿童保险保障进行分析，并且为后面内容奠定基础。针对妇女儿童保险保障的相关理论很多，比较著名的有生命周期理论和风险感知理论。

在不同的生命周期之内，妇女都面临着不同类型的风险，她们的保险需求也存在着一定的差异。从理论上看，美国学者莫迪利亚尼提出的生命周期理论可以视为妇女退休养老规划和妇女保险的理论基础。生命周期理论认为，每个人应当全面、综合地考察和分析自己未来和当前的风险、工作时间、退休时间和可预期的开支等因素，通过这些因素来判断自己当前的储蓄和消费水平，这样可以达到他在一生中消费水平稳定的目的。除了基本的生活费用之外，从出生到18岁是女性的单身期，此时的支出费用主要包括婴幼儿生育费、养育生活费和教育费；18岁到35岁是妇女的家庭形成期，此时的支出费用主要包括创业金、房车贷款等；35岁到50岁是妇女的家庭成长期，此时的支出费用主要包括子女教育金和养老金缴费；50岁到60岁是妇女的家庭成熟期，此时的支出费用主要包括医疗费等；60岁以后是妇女的退休期，此时的支出费用主要包括老年护理费、医疗费和丧葬费。

和生命周期理论不同，风险感知理论对于妇女和儿童群体来说都比较适用。假设主观概率、感知之外的其他变量均为固定值，那么妇女和儿童的保险需求取决于风险感知；而当风险的主观概率在不断增加时，妇女和儿童的保险需求将随之上升。假设财富、收入之外的其他变量均为固定值，那么当保费精算为公平值时，妇女和儿童的足额投保即为最优决策。此外，当 $MRS(y-q, f) \geq 1+\eta$ 时，妇女和儿童的最优决策是部分投保或者不投保；当 $MRS(y-q, f)<1+\eta$ 时，妇女和儿童的最优决策是足额投保。

由于保险产品具备特殊性，而且各保险公司具有不同的销售渠道，所以不同的保险产品应当面向不同价格敏感的客户群体。具体来说，在对妇女和儿童保险的展业过程中，应当对家庭或职场、农村或城市的妇女或儿童展示有效的标识；在个人保险业务中，应当发挥好互联网和保险营销人员的互补优势，积极开展与保险经纪公司的合作，并且在企业客户群体中推广妇女或儿童保险产品。在建立合理的销售渠道的同时，建立和完善妇女或儿童保险产品的服务机制，力争做到及时有效的理赔，并且为妇女或儿童提供紧急救助、身体体检和医疗健康咨询等服务。从保险公司的视角看，妇女或儿童的保险创新可能是保险市场发展的一个新方向。在我国保险市场的竞争日益激烈的条件下，特别是在人身保险业务领域，如何通过市场客户细分和创新产品服务等途径来适应目前保险市场的需求，并且提高保险公司的管理水平，这有可能是努力提升市场竞争力的一个突破口。

第八章为中国妇女儿童保险保障的实证研究与启示。本章首先描述和分析了中国社会保险基金的发展现状、历年来的经济增速和妇女儿童的人口结构，然后使用 2000—2016 年的月度数据，构建了结构向量自回归模型（SVAR）对中国妇女儿童人口占比与经济增长、社保基金总收入增速之间的动态关系进行研究，并对实证结果进行分析和解读。

实证结果显示，儿童占人口比重与 GDP 增速之间呈现较为显著的正相关关系，而妇女占人口的比重与 GDP 增速之间呈现较为显著的负相关关系；GDP 增速与社保基金总收入增速在短期内也呈现了较为显著的正向促进关系；儿童占人口比重与社保基金总收入增速在短期内呈现较为显著的正相关关系。

基于以上实证结果，我们得到的启示有：实行"全面二孩"政策、推行延迟退休，并且通过深化改革继续挖掘传统"人口红利"，是目前我国亟须关注和实行的措施；完善儿童社会保障法律法规，提高儿童占人口比重，完善生育保险制度，这些举措都会对提高社保基金总收入增速具有一定的积极意义；维持我国经济中高速增长，既可以实现改善民生、提升社保基金总收入增速的目的，又可以为完善生育政策、提高生育率提供良好的环境和氛围。

第九章为妇女儿童社会保障和商业保险的国际经验及启示。目前，西方发达国家的大部分社会保障都已经非常成熟，妇女儿童商业保险的产品形式主要包含养老保险、健康保险、教育保险和生育保险等几个类别。该部分通过分析中国妇女和儿童群体的风险状况和权益保护现状，在梳理妇女儿童社会保障的国外发展现状、商业保险的国外发展现状和妇女儿童商业保险市场与经营模式的基础上，梳理总结了发达国家通过社会保障体系和商业保险机制加强对妇女和儿童群体权益保护与风险管理的先进经验，比较中国与发达国家之间在风险管理方面的差距，并结合中国目前的现实状况与未来人口经济社会形势，提出针对性的风险管理解决方案。

总体来看，西方发达国家通过商业保险和社会保障，可以建立基本上可以覆盖个人人身风险的社会保障制度。社会保障制度可以为全体民众提供最低风险的管理方案，可以解决工伤、残疾、老年、妊娠、重大疾病和丧偶等风险。从以上视角看，我国的社会保障制度基本上与西方发达国家相同。然而，西方发达国家的社会保障制度进一步考察了更加重要并且详细的风险事件，例如可以向更广泛的居民群体提供更为全面的保障措施、向全体民众提供税收减免或家庭津贴、以遗属津贴的形式向居民家庭提供风险保障等。通过以上几种途径，西方发达国家能够提供的社会保障水平比中国高很多。

第十章为完善中国妇女儿童保险保障体系的对策研究。当前，我国妇女儿童权益保护问题受到学者和决策者的高度重视。中国的妇女儿童权利保护组织和研究机构已经较多讨论了如何通过保险保障制度来提高妇女和儿童的生活质量和保障水平。但是，各机构的分析都是基于自己的立场和观点，他们的意见和建议不够系统和全面，不利于决策意见的形成。因此，有关部门应组织国内外有关专家学者对此进行全面系统的研究和论证。系统参考社会福利、财税优惠、社会保障和商业保险等部门的意见，并且形成覆盖妇女和儿童保险的顶层设计方案，供有关部门在决策和实践中参考。

具体来说，我国要适当加快发展妇女和儿童商业保险，加强妇女儿童保险保障体系的顶层设计，建立由政府管理，社会救助、社会保险和商业保险组成的层次分明、独立完整、分工协作的面向妇女和儿童的多层次风险保障体系；要健全完善妇女儿童社会保障体系，通过推进社会保险改革和福利水平提高，进一步提升妇女和儿童保障水平；整合慈善救助资源，鼓励公益慈善事业探索与商业保险结合，提高捐赠资金运用效益；支持鼓励保险公司在社会保障体系中发挥更大作用，支持组建妇女儿童专业保险公司，鼓励保险企业创新产品设计，提供更符合市场需求的产品；营造其他政策环境。在政策支持的层面看，妇女和儿童的商业保险和社会保险的界限应当更为明确，政府应逐步建立一个结构良好的和多层次的产品结构，妇女和儿童风险管理体系应当由社会救助、社会保险、政府管理和商业保险等不同主体共同努力，同时应当充分发挥商业保险和社会保障在社会治理中的作用。

目 录

第一章 中国社会保障体系的发展现状 …………………………… 1

    第一节 社会保障的概念及范围 ………………………………… 2

    第二节 建立完善的社会保障体系的意义 ……………………… 5

    第三节 中国社会保障体系的发展现状 ………………………… 7

第二章 妇女和儿童的风险现状及特征 …………………………… 11

    第一节 世界范围内妇女和儿童群体的发展现状 ……………… 11

    第二节 中国妇女和儿童群体的发展现状 ……………………… 19

    第三节 中国妇女面临的风险情况 ……………………………… 32

    第四节 中国儿童面临的风险情况 ……………………………… 41

第三章 妇女和儿童的社会保障现状 ……………………………… 51

    第一节 世界范围内妇女和儿童社会保障的发展现状 ………… 52

    第二节 中国妇女社会保障的发展现状 ………………………… 66

    第三节 中国儿童社会保障的发展现状 ………………………… 72

    第四节 中国妇女和儿童社会保障中存在的问题 ……………… 78

第四章 中国妇女和儿童商业保险发展现状 ……………………… 85

    第一节 世界范围内妇女和儿童的商业保险 …………………… 86

    第二节 中国妇女商业保险的现状及存在的问题 ……………… 91

    第三节 中国儿童商业保险的现状及存在的问题 ……………… 94

第五章 中国妇女和儿童商业保险未来发展趋势 ………………… 100

    第一节 中国妇女和儿童保险发展的背景 ……………………… 100

    第二节 中国妇女保险未来的发展趋势 ………………………… 110

第三节　中国儿童保险未来的发展趋势 …………………………… 114

第六章　中国妇女和儿童保险保障的其他问题 ……………………… 119
　　第一节　面向妇女和儿童的公益慈善组织现状 …………………… 119
　　第二节　面向妇女和儿童的社会救助体系现状 …………………… 125
　　第三节　金融科技对妇女和儿童保险保障的影响 ………………… 128

第七章　中国妇女儿童保险保障的理论分析 …………………………… 134
　　第一节　妇女儿童保险保障理论分析的背景概述 ………………… 135
　　第二节　妇女儿童保险保障理论分析过程 ………………………… 138
　　第三节　妇女儿童保险保障理论分析的结论及启示 ……………… 142

第八章　中国妇女儿童保险保障的实证研究与启示 …………………… 146
　　第一节　实证研究的背景及思路 …………………………………… 146
　　第二节　模型设计及数据来源 ……………………………………… 149
　　第三节　实证检验过程 ……………………………………………… 151
　　第四节　实证结果及启示 …………………………………………… 155

第九章　妇女儿童社会保障和商业保险的国际经验及启示 …………… 157
　　第一节　妇女儿童社会保障的国外发展现状 ……………………… 158
　　第二节　妇女儿童商业保险的国外发展现状 ……………………… 185
　　第三节　西方发达国家妇女儿童商业保险市场与经营模式 ……… 192

第十章　完善中国妇女儿童保险保障体系的对策研究 ………………… 196
　　第一节　完善中国妇女儿童保险保障体系的总体框架 …………… 197
　　第二节　健全和完善妇女儿童的社会保障体系 …………………… 199
　　第三节　支持中国妇女儿童商业保险的发展 ……………………… 202
　　第四节　积极鼓励妇女和儿童公益事业的发展 …………………… 204
　　第五节　营造其他有利政策环境 …………………………………… 206

参考文献 …………………………………………………………………… 209

第一章　中国社会保障体系的发展现状

本章基于对社会保障的概念及范围进行梳理，探讨了建立完善的社会保障体系的意义，以及中国社会保障体系的发展现状，为后续研究妇女和儿童保险保障提供基本的理论分析框架。

根据国际社会保障协会2015年10月发布的报告，亚太社会和经济环境快速变化的步伐给社会保障制度带来的诸多特殊挑战，也许远远超过其他地区。但与此同时，中国的社会保障覆盖面在管理层的卓越管理下，已经得到了大幅提升。

很多社会经济制约因素表明，扩大社会保障覆盖面的传统方法正在面临着一定的限制。这些制约因素包括农村地区的贫困现象、社会不平等现象日益加剧（尤其是劳动力市场）、人口年龄结构的变化、城市人口空间密度增加、国内移民人数增加，以及城市、城郊和农村地区提供的社会保障服务存在差异等。除此之外，城镇化、气候变化，以及不断演变的社会结构，都会对此问题带来一定的影响和冲击。

因此，未来中国社会保障制度的成功需要更加卓越的管理，有效提升社会保障的覆盖面，并采取协调和及时反应、主动和预防干预措施来完善社会保障制度。此外，制定与更多人利益相关联的制度，创新更加灵活的融资机制，并使用创新的方法使社会保障制度来覆盖不同群体的人口，也是非常重要和关键的。在这些方面，国际社会保障协会制定的"ISSA治理准则"，以及美国、欧洲等发达国家的社会保障制度的成功经验，可以为未来中国社会保障制度的完善提供一定的借鉴和参考。

第一节　社会保障的概念及范围

一　社会保障的概念

从已有文献上看，社会保障的概念可以分为狭义和广义两种。在《新大不列颠百科全书》中，社会保障是指"为立法制定的所有集体措施，以便当个人或家庭的某些或所有收入来源受到损害或暂停，或者有大量费用需要支出时（如教育子女或支付医疗费用），维持或为他们提供收入"。国际社会保障协会关于社会保障的定义为：任何社会保障计划，包括通过立法或任何其他强制性安排，在面临老年、生存、丧失工作能力、残疾、失业或抚养儿童的偶然事件时，可以为个人提供一定程度的收入保障，也可以提供治疗或预防医疗服务。因此，国际社会保障协会将社会保险、社会援助、互惠计划、国家公积金和其他市场化手段都纳入社会保障的范围，基本上是广义社会保障的概念。

二　各国社会保障体系的发展现状

从国际视野上看，各国很早就通过各种方式向居民提供各种类型的风险保障。例如，美国于1935年通过了《社会保障法》，荷兰在1901年，奥地利在1906年，法国在1910年都纷纷开始为居民提供社会保障。

当前，美国居民的退休收入被描述为由社会保障福利、个人储蓄和雇主退休计划三大支柱组成，其中社会保障福利是一项社会保险计划。在退休后，居民还可以选择购买与通货膨胀指数相匹配的年金，这类似于社会保障福利和传统的养老保险计划，它们为生活提供稳定的收入来源。

自20世纪中叶以来，随着亚洲及太平洋地区的经济强劲增长、融资能力提升，这些国家为居民提供社会保险保障的能力有所提高。但是，人口老龄化、流动人口增加、流行病传播、收入不平等和气候变化等问题，也为这些国家扩大社会保障覆盖面造成了一定的障碍。

根据国际社会保障协会统计，1990—2015年，亚洲及太平洋地区的老年（65岁以上）人口几乎翻了一番（从1.73亿人增加到3.3亿多人），预计到2045年将再次翻番。2015年东亚和东北亚的老年人抚养比是每100人工作年龄接近11名老人，是南亚和西南亚的两倍。在亚洲及太平洋地区，47%的老年人获得养老金，而撒哈拉以南非洲地区为16.9%，北非为36.7%，拉丁美洲和加勒比地区为56.1%，北美和欧洲地区则超过了90%。

在失业保障计划（缴费型和非缴费型）方面，亚洲及太平洋地区的有效覆盖率为5%，而非洲为3%，拉丁美洲为5%，西欧为64%，世界平均为12%。在工伤保险方面，亚洲及太平洋地区总劳动人口的30%可以提供强制性工伤保险，而非洲为20%，拉美为50%以上，欧洲和北美为70%—80%。平均来说，亚洲及太平洋地区的政府将国内生产总值的0.2%拨给儿童和家庭福利，类似于非洲的水平，西欧为2.2%，世界平均水平为0.4%。亚洲及太平洋地区劳动人口的非卫生公共社会保障支出占国内生产总值的1.5%，而非洲为0.5%，拉丁美洲和加勒比为5.1%，西欧为5.9%，世界平均为2.3%。此外，亚洲及太平洋地区的卫生覆盖率为58%，非洲为24.7%，西欧和北美为90%以上，世界平均为52%。

三　社会保障体系包含的范围

由于社会保障概念存在两种不同的口径，在使用的时候容易引发歧义。且随着社会的不断进步，主要着力于确保收入安全、防止或减轻贫困的社会保障已经难以满足社会的需要。许多学者认为，社会保障的根本宗旨应当是使个人和家庭相信他们的生活水平和生活质量会尽可能不因任何社会和经济上的不测事件而受很大影响。这就不仅是在不测事件中或已出现不测事件时去解决困难，而且也要防患于未然，帮助个人和家庭在面临未能避免或不可避免的伤残和损失的时候，尽可能做到妥善安排。因此，社会保障需要的不仅是现金，而且还要有广泛的医疗和社会服务。此时的社会保障概念，已经远远超出了"社会保障=社会津贴+社会保险+社会救助"的传统思维。更重要的是，这种观点已经成为相当广泛的国际共识。在当今世界上，作为社会政策和社会立法重要领域的社会保障，其目标是试图建立一个尽可能全面防范所有可预见的社会经济风险，保障全体公民基本生活需求的国家制度。

世界银行对于社会保障所涵盖范围的界定也很具体："仅在遭遇风险时向低收入者提供临时性的救助和津贴是远远不够的，应该对人力资本投资（如对教育和医疗卫生投资）的主张进行公共干预，帮助个人、家庭和社区更好地管理风险；对社会中的一些低收入者提供支持，创造更多的就业机会。"

此外，《世界社会保障报告》列举了欧洲委员会（EC）、经济合作与发展组织（OECD）和联合国（UN）所作的分类。欧洲委员会所作的社会保护分类包括 8 个分项,即疾病/医疗服务保护、残疾保护、老年保护、遗属保护、家庭/儿童保护、失业保护、住房保护和其他未分类的社会排斥保护。经合组织的社会保护的分类有 9 项:老年保护、遗属保护、丧失劳动能力保护、健康保护、家庭保护、积极的劳动力市场项目、失业保护、住房保护、其他社会政策领域。联合国的社会保护分类建立在政府职能分类的基础上,首先将社会保护分成两个独立的功能,即健康保障和社会保护;然后又分成 9 类,包括疾病和伤残保护、老年保护、遗属保护、家庭和儿童保护、失业保护、住房保护、其他未分类的社会排斥保护、社会保护研究和开发,以及其他未分类的社会保护。

从上述概念与内涵来看,通常所说的社会保障概念并不包括社会救助等内容。然而,社会保护的概念则是开放的,不仅包括通常列举的社会保障各个分支项目,还包括了其他提供保护的形式。由于社会保护经常被理解为比"社会保障"具有更广义的特征(特别是它还包括家庭成员之间以及本地社区成员之间相互提供的保护),内涵比社会保障更为宽泛,因而被世界各地众多机构更为广泛地引用,也有研究者建议用其取代社会保障。但是,国际劳工组织等国际机构并不赞同用社会保护替代社会保障,在很多场合将社会保障与社会保护混用,从而赋予了社会保障更为宽泛的含义。

四 完善社会保障体系的指导原则

1945 年,英国发布了著名的《贝弗里奇报告》,该报告指出了完善社会保障所需要遵循的指导原则:第一,既要充分运用过去积累的丰富经验,又不拘泥于这些经验,不被经验积累过程中形成的部门利益所限制和驱动;第二,社会保障必须由国家和个人共同承担责任,通过国家和个人共同的合作来实现,因此国家提供福利的原则是基于国家利益而不是某些群体的局部利益;第三,社会保险应当成为提供收入保障、消除贫困的一项基本社会政策内容。

对于中国来说,由于面临的国情和实际情况不同,除了要遵循《贝弗里奇报告》中提到的指导原则之外,还要考虑以下原则:

1. 完善社会保障应当有利于推进经济结构的战略性调整

当前我国经济处于三期叠加的新常态背景下,非金融企业杠杆率居高不下,经济增长速度已经逐步放缓。因此,推进经济结构的战略性调整已经成为政府的重要战略目标,而完善社会保障体系应当有利于推进经济结构的战略性调整。

2. 完善社会保障应当有利于深化国有企业改革

"三去一降一补"是 2015 年以来我国政府实行的重要政策,"去杠杆"是 2017 年全国金融工作会议提出的一项重要措施。在所有非金融企业债务中,归于国企的占 65%,国企杠杆率过高是中国债务问题的一个关键所在。因此,深化国有企业改革,把降低国企杠杆率作为重中之重,将成为未来我国深化改革的重要内容,而完善社会保障体系应当有利于深化国有企业改革。

3. 完善社会保障应当有利于解决我国人口老龄化带来的问题

根据一些学者的研究,自 2010 年起我国 15—59 岁劳动年龄人口比例就出现了负增长,2017 年之后劳动力供给就真正出现了负增长,人口红利的消失导致企业盈利能力变差。与此同时,中国已经步入老龄化社会,如何应对老龄化带来的问题将是中国面临的重要挑战,完善社会保障体系应当有利于解决我国人口老龄化带来的问题。

第二节　建立完善的社会保障体系的意义

一　理论依据

已有研究表明,建立完善的社会保障体系,不但有利于实现经济的稳定增长,而且有利于实现经济社会的和谐发展。

以凯恩斯主义为代表的经典经济理论认为,社会保障是实现和调整国家调控政策的重要工具。在经济萧条时期,社会保障收入增长缓慢,支出增长较快,而在经济繁荣时期,社会保障收入快速增长,支出增长缓慢,社会保障收入和支出变化将根据社会总需求自动发挥作用。因此在宏观环境中,社会保障具有调节和减缓经济波动的作用,成为政府调控经济、促进经济增长政策的重要组成部分,是解决和抵消经济波动的风险,并且平衡社会利益制度保障的有效手段。

二　国际经验

从国际经验上看,1935 年美国社会保障法的出台是其摆脱经济危机困境的主要措施之一;建立国民年金和国民医疗保险制度成为日本实现经济腾飞的重要保证;健全的社会保障和公共福利体系有力推动了战后欧洲各国的经济发展。以上实践表明,社会保障制度与居民消费之间存在明显的正向关系，在国内有效需求不足的时候，通过发展社会保障事业可以达到刺激居民消费、推动产业调整和促进经济增长的政策效果。

当前，由于缺乏专业的护理人员、公共设施和资金来源，世界上约有13亿人无法享受有效且可支付的医疗保健服务，且这些人口大部分分布在发展中国家。一些低收入和中等收入国家已从"需求侧"出发来解决此问题。比如，将公共医疗保险扩大至低收入家庭，减少使用费和现款支付，以及有条件的现金转移支付。证据表明，这些措施能扩大公共医疗保险的覆盖范围以及提高医疗资源利用率。但是，由于监管不力，可能存在过度医疗和不当医疗的问题，这会导致卫生服务的可支付性以及效果无法得到保障。

举例来说，土耳其近年来实施医疗干预措施——家庭医疗项目（Family Medicine Program，FMP）。研究发现，FMP的实施会使得婴儿死亡率下降25.6%，老年人死亡率下降7.7%，1—4岁的儿童死亡率下降22.9%。给定FMP实施前各年龄组死亡率，可知FMP的实施会使得每1000个婴儿、老年人和1—4岁儿童的死亡人数分别减少2.6人、1.29人和0.13人。此外，FMP对死亡率的影响会随着时间的推移逐渐增强；FMP的实施也会使得各省死亡率均等化。最后，每增加一名家庭医生，将有0.15个婴儿、0.46个老人和0.005个1—4岁儿童的生命被挽救。

总体来看，建立完善的社会保障制度仍然是世界各国比较紧迫的重要任务之一。

三 完善中国社会保障制度带来的经济效益

完善中国社会保障制度、提升社会保障覆盖面，将给中国带来以下经济效益：

1. 可以有效提升居民的福利水平

完善中国社会保障制度，可以有效提升居民的福利水平，尤其是老年人的福利水平。此外，伴随着一些新的失业保障制度的完善，工薪阶层的利益也得到了保障。

2. 可以有效帮助贫困群体，缩小贫富差距

我国的社会保障制度中包含一些非缴费型社会保险险种，这些险种对减轻贫困、缩小贫富差距将会起到积极影响。

3. 可以降低经济波动带来的风险

已有文献指出，社会保障制度不仅可以应对外部环境变化，而且可以通过预防措施来预防这些变化及其伴随的风险，减少其负面影响。这种干

预措施可能与健康和康复健康支持或公共就业计划和再培训合作，以支持居民积极健康的生活。

此外，在面临人口老龄化、不稳定劳动力市场、气候变化、城市化、国内和国际移民流动以及贫困问题时，我国的社会保障制度越来越全面，切实有效地保护了几乎所有人，包括最脆弱群体，它不但可以加强社会凝聚力，而且还可以支持经济增长。

4. 可以有效提升全社会的运作效率

众所周知，我国社会保险基金是由专门的投资机构进行资金运作，其中有一部分投资于基建项目、长期股权投资、房地产项目和其他金融资产。如果基金经理越来越重视投资所形成的社会责任，那么它对社会的直接影响就越大，可以有效提升社会稳定性和运作效率，并对整个社会产生积极影响。

第三节 中国社会保障体系的发展现状

一 中国社会保障体系的收入支出情况

自 2000 年以来，随着我国经济的快速发展、社会保障制度的不断完善和健全，各级政府对于社会保障体系的投入力度不断加大，全国社会保险基金收支的总体规模和每年的规模也产生了一些新变化。

图 1-1 是 1998—2015 年全国社会保险基金收支情况，从图 1-1 中可以看到，1998—2015 年全国社会保险基金的收入、支出和累计结余都是稳步上升的，而且根据这三条折线图的走势我们可以将其划分为两个阶段。第一个阶段是 1998—2007 年，这 10 年是缓慢发展期，全国社会保险基金的收入、支出和累计结余的上升斜率都比较平缓；第二个阶段是 2008—2015 年，该阶段是快速发展期，这 8 年间全国社会保险基金的收入、支出和累计结余的上升斜率都相对陡峭，每年的上升幅度也较大。

图 1-2 是 2000—2015 年全国参加城镇基本养老保险和失业保险的人数，从图 1-2 中可以看出，2000—2015 年，全国参加城镇基本养老保险和失业保险的人数呈现不断上升的趋势，其中全国参加城镇基本养老保险的人数从 2000 年的 13617.4 万人上涨至 2015 年的 35361 万人，全国参加失业保险的人数从 2000 年的 10408.4 万人上涨至 2015 年的 17326 万人。根据图 1-2 的数据，再参考 2000—2015 年全国总人口的数值，可以知道

近年来我国社会保障覆盖面（参保人数占比）得到了较大的提升。

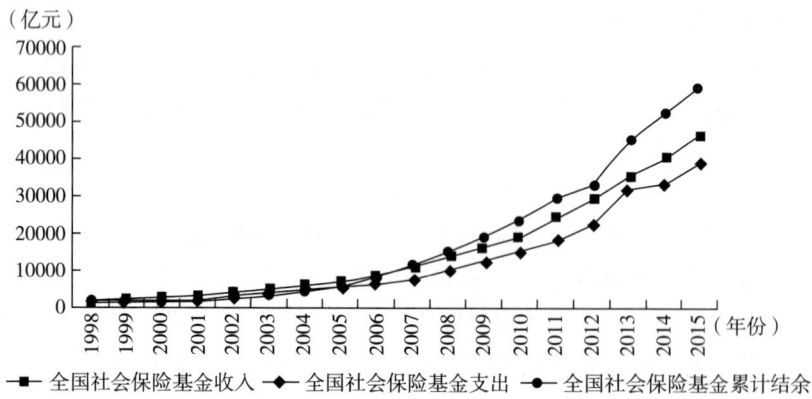

图 1-1　1998—2015 年全国社会保险基金收支情况

资料来源：人力资源和社会保障部。

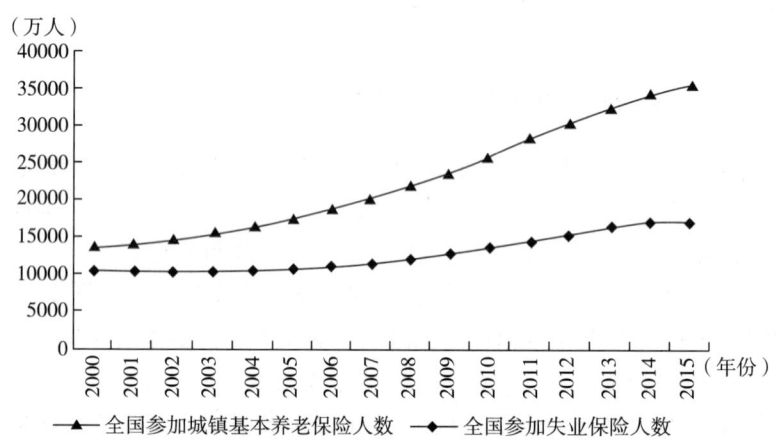

图 1-2　2000—2015 年全国参加城镇基本养老保险和失业保险的人数

资料来源：人力资源和社会保障部。

国际社会保障协会报告指出，在实践中，有效管理是提升我国社会保障覆盖面的先决条件。为了更好地实现政策目标，近年来我国管理层采取了创新和量身定制的方法来提升我国社会保障覆盖率，并且已经取得了一定的效果。当前，我国的社会保障制度已经较为完善，为了更好地针对弱势群体的需求，制定了一些相应的法律制度。

二 中国社会保障体系的发展现状

根据国际社会保障协会于2015年10月发布的报告，亚太地区社会和经济环境快速变化的步伐给社会保障制度带来的诸多特殊挑战，也许远远超过其他地区。但与此同时，中国的社会保障覆盖面在管理层的卓越管理下，已经得到了大幅提升。

与国际社会保障协会的分类类似，我国社会保障体系框架主要包括两部分：社会保险、社会救助、社会福利、慈善事业等基本保障部分；补充社会保险、商业保险等补充保障部分。其中社会保险是基本保障的主体和核心部分，它包括基本养老保险、失业保险、基本医疗保险、工伤保险和生育保险5个项目，并且能够保障公民在年老、疾病、工伤、失业、生育等情况下能够依法从国家和社会获得物质帮助的权利。

由图1-2所知，近年来我国社会保障制度已经取得了很大成就，但仍有许多工作需要完善，同时还面临着一些挑战。举例来说，在某些农村或者经济比较贫穷的地区或区域，仍有一些未登记的人员，比如一些5岁以下的儿童经常未被登记。这些人员往往被排除在有效获得非缴费型福利或实物惠益之外。尽管伴随着信息和通信技术的改善和管理层的努力，但是在农村或者经济比较贫穷的地区或区域，这些努力仍然不足。在这些地区或区域，互联网仍然无法进入一些家庭中，而且提供医疗保健服务在这些地区非常重要。

三 完善中国社会保障制度所需要注意的问题

在构建和完善中国社会保障制度时，需要注意以下问题：

1. 重视对中等收入和高收入家庭的社会保障制度设计

在实践中，我们需要更好地认识和衡量社会保障制度的积极影响。虽然社会保障制度将现金转移给低收入家庭，这将带来重要的杠杆效应，但是为了使供款模式得到可持续发展，就需要重视对中等收入和高收入家庭的社会保障制度设计。尤其是近年来，我国非金融企业杠杆率居高不下、居民杠杆率也快速上升，政府预算和社会保障计划有可能面临日益严重的财务困境，该问题已经成为社会保障管理部门所需要关注的关键问题。

2. 未来中国社会保障制度的成功需要更加卓越的管理

尽管近年来我国社会保障制度已经取得了很大成就，但未来中国社会保障制度的成功需要更加卓越的管理，因为未来的经济、社会和环境背景可能是具有挑战性的。管理层和社会保障机构需要不断考虑到政策和外部大趋势（例如劳动力市场、人口、自然环境）的演变，以确保其政策保持连续性，并实现社会保障的目标。

很多社会经济制约因素表明，扩大社会保障覆盖面的传统方法正在面临着一定的限制。这些制约因素包括农村地区的贫困现象、社会不平等现象日益加剧（尤其是劳动力市场）、人口年龄结构的变化、城市人口空间密度增加、国内移民人数增加，以及城市、城郊和农村地区提供的社会保障服务存在差异等。除此之外，城镇化、气候变化，以及不断演变的社会结构，都会对此问题带来一定的影响和冲击。

因此，未来中国社会保障制度的成功需要进一步有效提升社会保障的覆盖面，并采取协调和及时反应、主动和预防干预措施来完善社会保障制度。此外，制定与更多人利益相关联的制度，创新更加灵活的融资机制，并使用创新的方法使社会保障制度来覆盖不同群体的人口，也是非常重要和关键的。在这些方面，国际社会保障协会制定的"ISSA 治理准则"，以及美国、欧洲等发达国家的社会保障制度的成功经验，可以为未来中国社会保障制度的完善提供一定的借鉴和参考。

第二章 妇女和儿童的风险现状及特征

本章首先介绍世界范围内妇女和儿童群体的发展现状,然后分析中国妇女和儿童群体的发展现状,接着按贫困程度、教育程度、是否失业等方面分类对妇女和儿童的人口、经济与社会情况进行分析,并讨论妇女和儿童所面临的风险情况及其特征。

国际劳工组织和OECD等国际机构认为,全球范围内妇女面临的风险主要有婚姻风险、健康风险、职业风险、养老金风险、人身伤害风险等多种不同风险。世界银行认为,两性不平等在世界各国广泛存在,她们在家庭和社会组织的决策中拥有的发言权较小,甚至在有些国家妇女存在失业风险、遭遇家庭暴力等风险。

根据世界银行的统计,全球范围的儿童面临的主要风险有健康风险、教育风险、意外风险、校园风险和童婚风险等。由于童婚风险主要在刚果共和国、孟加拉国等不发达国家出现,因此在讨论我国儿童面临的风险情况时,我们主要分析了健康风险、教育风险、意外风险和校园风险。如何管理以上风险,将是保护我国儿童身心健康的重要内容。

第一节 世界范围内妇女和儿童群体的发展现状

一 世界范围内最新人口情况

根据联合国《世界人口展望》(2017年修订版),截至2017年年中,世界人口近76亿人,这意味着世界在过去12年增加了大约10亿人口。世界60%的人生活在亚洲(45亿人),非洲人口占比为17%(13亿人),欧洲人口占比为10%(7.42亿人),拉丁美洲和加勒比人口占比为9%(6.46亿人),其余6%的人口在北美洲(3.61亿人)和大洋洲(4100万人)。中国(14亿人)和印度(13亿人)仍然是世界人口最多的两个国家，分别占世界总数的 19% 和 18%。

在世界范围内，男女人数几乎相等，男性人口略高于女性人口。截至 2017 年下半年，男女人口的比例为 1.02∶1。因此，在世界人口随机挑选的 1000 人中，有 504 人是男性，其余 496 人是女性。15 岁以下的儿童约占世界居民的 1/4（26%），而 60 岁以上的老年人比例只有 1/8（13%），15—59 岁的人口超过一半（61%）。如果根据世界人口的年龄分布（中位数年龄）将总人数分成两组，一个小组将包含一半所有年龄在 30 岁以下的人，而另一组则包括 30 岁以上的每个人。图 2-1 是 2017 年世界人口的年龄和性别分布情况。

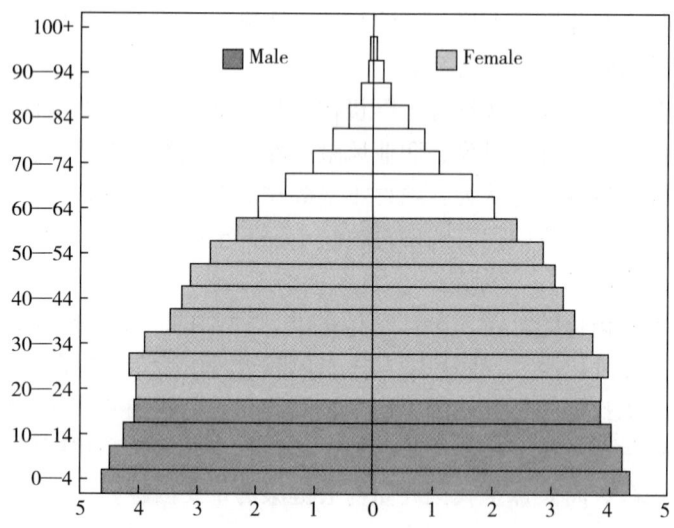

图 2-1　2017 年世界人口的年龄和性别分布
资料来源：联合国：《世界人口展望》（2017 年修订版）。

当前，世界人口仍然在继续增长，虽然增长幅度比过去有所放缓。2007 年以前，世界人口每年增长 1.24%，2017 年开始每年增长 1.10%，每年增加 8300 万人。根据联合国《世界人口展望（2017 年修订版）》预测，未来 13 年世界人口将增加近 10 亿人，到 2030 年达到 86 亿人，到 2050 年将进一步增加到 98 亿人，到 2100 年将增加到 112 亿人。图 2-2 是 1950—2100 年世界人口变化趋势图，其中阴影部分表示 95% 的预测间隔，虚线表示中间值。

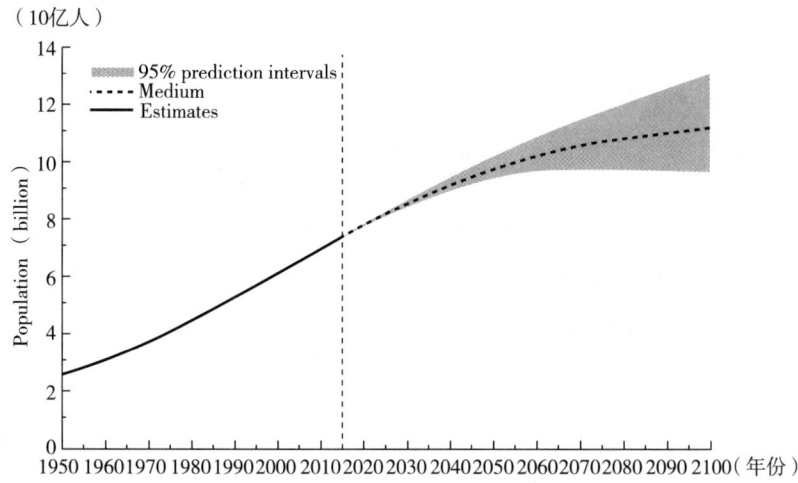

图 2-2　1950—2100 年世界人口变化趋势

资料来源：联合国：《世界人口展望》（2017 年修订版）。

尽管当前世界人口仍然在继续增长，但是各国之间的情况出现了一些分化。具体来说，联合国确定的 47 个最不发达国家，包括 33 个非洲国家，人口增长率依然特别高。虽然这 47 个最不发达国家未来几年的经济增速将低于 2017 年的 2.4%，但预计这些国家的人口将从 2017 年的 10 亿人增加到 2050 年的 19 亿人，2100 年将达到 32 亿人。2017—2100 年，33 个国家（其中大多数是最不发达国家）的人口将至少会增加三倍。其中，安哥拉、布隆迪、尼日尔、索马里、坦桑尼亚联合共和国和赞比亚的人口预计在 2100 年将是 2017 年的 5 倍。这些最不发达国家的人口增长将使这些国家的政府难以消除贫穷，减少不平等现象，消除饥饿和营养不良，扩大和改进教育和卫生系统，以及改善社会保障服务。

与以上国家形成鲜明对比的是，由于生育率较低，预计 2017—2050 年世界另外 51 个国家或地区的人口规模将会降低。当前，几乎所有欧洲国家的生育率都低于人口更迭所需的水平，在未来几十年，预计这些国家的生育率仍会较低。尽管未来整个欧洲的生育率会小幅上升，但这样的上升并不能防止总人口的大幅度缩小。根据联合国预测，到 2050 年，包括保加利亚、克罗地亚、拉脱维亚、立陶宛、波兰、摩尔多瓦共和国、罗马尼亚、塞尔维亚、乌克兰和美属维尔京群岛在内的一些国家和地区的人口将下降超过 15%。

二 世界范围内妇女群体发展现状

联合国《世界人口展望（2017年修订版）》指出，近年来世界范围内人们的预期寿命发生了较大幅度的改善。分性别来看，世界范围内男性的预期寿命已经从2000—2005年的65岁上涨至2010—2015年的69岁，而女性的预期寿命则已经从2000—2005年的69岁上涨至2010—2015年的73岁。然而，各个国家（地区）之间的巨大差距依然存在。举例来说，澳大利亚、中国香港特别行政区、冰岛、意大利、日本、中国澳门特别行政区、新加坡、西班牙和瑞士等国家或地区的两性平均预期寿命已经达到了82岁，而中非共和国、科特迪瓦、乍得共和国、莱索托、尼日利亚、塞拉利昂、索马里和斯威士兰国家或地区的两性平均预期寿命仍然低于55岁。从全球范围来看，两性平均预期寿命预计将从2010—2015年的71岁上升至2045—2050年的77岁，最终在2095—2100年达到83岁。

图2-3是2000—2016年全球不同类型国家的女性人口比重，从图2-3中可以看到，2000—2016年全球范围内女性人口比重在49.5%—49.7%，低收入国家女性人口比重在50.2%—50.4%，最不发达国家女性人口比重在50%—50.3%，重债穷国女性人口比重在50.1%—50.3%，中等收入国家女性人口比重在49.2%—49.4%，中低收入国家女性人口比重在49.2%—49.5%，高收入国家女性人口比重在50.2%—50.8%。

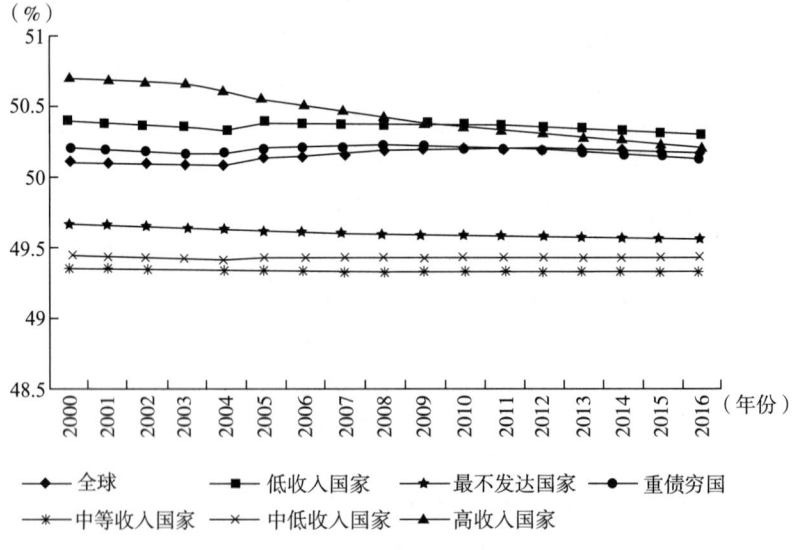

图2-3 2000—2016年全球不同类型国家的女性人口比重

资料来源：世界银行，笔者整理。

尽管在世界范围内，妇女群体的社会地位、保障服务和预期寿命等有了一定的提高，但是在经济和政治领域，她们与男性相比还存在明显的性别差异。例如，在收入方面，目前在全球范围内妇女劳动力的平均收入仍比男性低24%。根据美国劳工局统计，2017年第三季度，美国妇女的每周收入中位数为767美元，占男性中位数937美元的81.9%。而且，妇女收入也因种族和民族不同而异。调查显示，美国白人女性的每周收入比黑人女性高88.4%，比亚裔女性高78.6%，比西班牙裔女性高85.5%。

此外，一些国家或地区的妇女仍受到暴力行为的威胁和迫害。暴力行为阻碍了妇女的经济赋权，限制了她们的行使和作出选择的能力。同时，对妇女的暴力行为反映和加强了男女之间的不平等。如果一名妇女遭受丈夫虐待，她的健康和心理健康受到威胁，她的工作能力和社会功能就会受到损害。如果她不能工作，就会导致在心理和经济上处于从属地位，那么暴力循环就有可能依然存在。

在全球范围内，妇女经历的最常见的暴力来自她们的丈夫。根据世界银行的统计，几乎1/3的妇女曾经遭受过身体打击或性暴力，她们的丈夫成为凶手的比例在所有妇女谋杀案中高达38%。但是，目前世界各国在保护妇女免遭暴力侵害的法律方面仍然存在一定的不足或缺陷。在印度的两个州的一项研究发现，在18岁之前结婚的女孩受到丈夫殴打威胁的可能性比18岁之后结婚的女孩高出两倍。这种暴力也会影响到他们的孩子。在家庭中看到成年人之间的暴力的儿童，常常表现出与自己受虐待的儿童同样的行为和心理障碍，成年后成为侵害者或受害者的风险也会增加。

自1870年开始，美国大多数的法院都拒绝了丈夫用暴力虐待他们的妻子的权利。1970年以后，国际上反对家庭暴力的具体法律开始出现，而到了1990年以后，受到国际和区域人权公约和运动的推动，反对家庭暴力在世界范围内得到了认可。

除了家庭暴力之外，有些妇女还面临着婚内强奸的威胁。在历史上，婚内强奸被视为是矛盾的概念，直到1920年以后，世界各国才明确了婚姻强奸的罪行——据刑事法规，丈夫不能强奸他们的妻子。例如，波兰（1931年）、捷克斯洛伐克（1950年）、丹麦（1960年）、瑞典（1965年）和挪威（1971年）颁布相关法规，制止婚内强奸行为。美国于1975年将婚内强奸定为刑事犯罪，英国于1991年也开始颁布相关法规。还有一些国家进一步采取了相关措施，并制定了将婚内强奸视为刑事犯罪的肯定性条款。例如，拉丁美洲、加勒比和 OECD 的高收入经济体普遍明确地将婚内强奸定为刑事犯罪。

尽管多数国家已经将婚内强奸定为刑事犯罪，但是婚内强奸行为仍然在一些国家存在着。例如，在南亚，有一半的妇女可以通过明确的法律规定控诉其丈夫发生过婚内强奸行为，并要求法院为其丈夫定罪。此外，还有一些国家的相关法律法规并不完善。例如，在斯里兰卡，只有在配偶被司法分离的情况下，婚内强奸才被认定为犯罪行为；只有当妻子年龄小于15岁时，印度才将婚内强奸定为犯罪行为；只有当妻子年龄小于13岁时，孟加拉国才将婚内强奸定为犯罪行为。此外，在一些国家，如果肇事者在强奸事件发生后与受害者结婚，强奸罪将被自动放弃或减轻。例如，在安哥拉、巴林、保加利亚、喀麦隆、赤道几内亚、伊拉克、约旦、黎巴嫩、沙特阿拉伯、叙利亚、突尼斯、巴勒斯坦 12 个国家就是这样。因为这些国家存在向新娘支付"礼金"的习俗，强奸可以作为获得妻子而不支付"礼金"的方式，尤其是强奸罪在结婚后被放弃的方式。

三　世界范围内儿童群体发展现状

联合国《世界人口展望（2017 年修订版）》指出，5 岁以下儿童死亡率是各国衡量儿童发展状况的重要指标。近年来，世界各国在降低 5 岁以下儿童死亡率方面做了大量的工作，而且也取得了一定进展。2000—2015 年，世界上有 163 个国家的 5 岁以下儿童死亡率下降了 20%，这些国家中包含非洲的 47 个国家，亚洲的 46 个国家，欧洲的 38 个国家，拉丁美洲和加勒比的 24 个国家，和大洋洲的 8 个国家。其间，89 个国家的 5 岁以下儿童死亡率下降了 30% 以上，其中有 10 个国家下降了 50% 以上。

世界银行也得到了类似的统计结果。世界银行（2017）认为，过去几十年世界在降低儿童死亡率方面取得了显著进展。从 1990 年每千例活产儿中有 93 例死亡，下降至 2016 年每千例活产儿中有 41 例死亡，世界 5 岁以下儿童死亡率在此期间下降了 56%。其结果是，2016 年 5 岁以下儿童死亡人数在 2000 年的基础上减少了 5000 万人左右。

但是，即使是在 2017 年，每天仍有 15000 名儿童死亡（一年总计 560 万人）。虽然与 1990 年（一年总计 1260 万人）每天死亡 35000 人相比明显减少，但还需要进一步努力才能实现联合国的可持续发展目标，即所有国家将每千例活产儿中死亡人数降低至 25 例以下。

在世界范围内，各国之间的儿童存活率存在巨大差距。在 OECD 的一些高收入国家，每千例活产儿 5 岁以下死亡率为 5‰，即每 200 名儿童中只有一人夭折。而与之形成鲜明对比的是，撒哈拉以南非洲的 5 岁以下儿童死亡率最高，2016 年为每千例活产儿中 78 例死亡，每 13 名儿童中约有一人在 5 岁前夭折。

从世界范围上来看，全球 80%以上的 5 岁以下儿童死亡集中在两个地区，即撒哈拉以南非洲和南亚。从国家来看，索马里的 5 岁以下儿童死亡率最高，每千人 133 例死亡（1/8 的儿童死亡），而芬兰、冰岛、卢森堡和斯洛文尼亚死亡率最低，为每千人 2 例死亡（每 500 例活产儿死亡 1 例）。在 2016 年，有 5 个国家占 260 万新生婴儿死亡人数的一半，其中印度占 24%，巴基斯坦占 10%，尼日利亚占 9%，刚果民主共和国占 9%，埃塞俄比亚占 3%。

根据联合国儿童死亡率估算小组的研究报告，大部分 5 岁以下儿童死亡都是由通过已证明可以预防或治疗的疾病造成的。传染病和新生儿并发症是造成全球绝大部分 5 岁以下儿童死亡的主要原因。也就是说，在儿童死亡率高发地区集中采取干预措施可以挽救更多生命，如果在分娩时和产后期改善设备、使用技术娴熟的医护人员，那么就有可能挽救新生儿及其母亲的生命。

此外，由于出生地、种族、性别、残疾和贫困等原因，世界上许多儿童被困在一个不利的代际循环中。他们的未来，甚至整个社会的未来都受到威胁。据联合国统计，全世界近 9 亿人每天花费不到 1.9 美元，其中儿童占近一半。他们的家属试图提供医疗和营养，使他们的生活有一个很好的起点。但这种贫困的影响是长远的，2016 年世界范围内有将近 1.6 亿儿童发育不良。

尽管世界许多地区教育状况发生了重大变化，但 2011 年 6—11 岁儿童的辍学率有所增加。联合国的调查数据显示，2016 年全球有 1.24 亿儿童和青少年没有上学，2/5 的学生没有学习阅读和写作，只能辍学。而根据教科文组织的研究数据，2016 年全球有 2.5 亿儿童无法阅读、写作或进行基本算术，其中包含 1.3 亿在校的儿童。一些地区无休止的武装冲突加剧了这一问题的严重性，数百万人受到气候灾害和长期危机的严重影响。此外，在世界范围内，不同性别儿童的教育不平等问题广泛存在。世界银行的调查结果表明，有些国家的女孩受到教育条件和传统观念的影响，限制了她们的学习，反过来也增加了劳动力市场的性别歧视。

因此，让更多的女孩和男孩进入学校的政策是至关重要的，但同样重要的是在学校里如何让他们快乐学习。我们必须确保女孩和男孩都能读书和识字，学校制度的价值观应当能够促进两性平等，保护儿童免遭虐待。这要求建立父母与教师，男孩和女孩之间的信任度，提供安全和保护性的学校环境，保障没有暴力和欺凌事件发生，并提供没有歧视的教科书和课程。它还要求培训教师体现公平的态度和做法，并特别注意了解性别关系，拥有超越教育基础的能力。此外，处理学校的暴力行为需要全面、多层次的做法。建立学校政策和委员会，解决暴力和制定适当的纪律措施，有助于支持和监督学生和教师的行为。还有，老师和学校工作人员之间的合作是至关重要的，而家长和社区之间应该展开更广泛的合作。例如，在坦桑尼亚，女教师被培训为女学生的监护人，女孩们觉得可以就学校的暴力行为得到咨询，而社区开始更公开、更广泛地应对性暴力行为。

另外，还有一些儿童面临着一些威胁，比如说童婚。在很多国家，一些未成年的女孩在自己合法自由之前就失去了作出决定的能力。例如，在阿富汗，女孩可以在16岁结婚，或者在父亲同意的情况下可以早到15岁就结婚。此时她还没有具备结婚所必需的身体、情感条件或心理也未成熟，早婚可能会产生不良后果，包括早期怀孕和受到虐待。根据世界银行统计，有12个国家的女孩的法定婚姻年龄在18岁以下，男孩的婚姻年龄最早只有5岁。有17个国家的男孩法定婚姻年龄不同于女孩，在这种情况下，女孩被允许在年龄较小的时候结婚。在少数几个国家中，婚姻的法定年龄定为15岁或以下，或根本没有法律规定。如果法律没有界定婚姻年龄，若监护人允许，女孩可能会在任何年龄结婚。例如，在苏丹，女孩可以按照监护人的同意在青春期结婚，而在伊朗伊斯兰共和国，女孩可以在13岁时结婚。1974年，《伊朗家庭保护法》将婚姻年龄从15岁提高到18岁，但在爆发革命之后，伊朗的妇女出现了法律保护的逆转，婚姻年龄被定为青春期。2000年，伊朗议会企图将女孩的婚姻年龄提高到15岁，但这一法案被推翻了。2002年，一项新规定批准了13岁的女孩结婚年龄。

即使法定结婚年龄在18岁或以上，世界范围内有几个国家允许女孩通过父母或司法同意可以早日结婚或怀孕。在布基纳法索和巴拉圭，婚姻的法定年龄为设定在18岁以上，但一个女孩可以在早期结婚，并得到司法同意。此外，允许18岁以下的女孩结婚的最常见的情形是父母同意她结婚。这意味着如果父母如此决定，女孩就可以早日成为新娘。例如，厄瓜多尔和萨尔瓦多都将法定结婚年龄定为18岁，但父母同意时女孩可以在12岁结婚。同样，在美国的几个州，婚姻的法定年龄是18岁，但一个女孩可以在父母的同意和法庭授权的情况下，年满14岁就能结婚。

在非洲国家,这些现象就更为严重。在马拉维,如果父母同意,女孩可以在3—15岁的时候结婚。在尼日利亚、乍得和中非共和国,超过65%的18岁以下的女孩已婚。在孟加拉国、布基纳法索、几内亚、马里、莫桑比克和南苏丹,约有50%的18岁以下的女孩也已经结婚。

在OECD的高收入国家,结婚的法定年龄是18岁以上,更多的18岁左右女孩正在读中学。但是,在撒哈拉以南非洲地区,很多18岁以下的女孩已经结婚,这些早婚可以使中学毕业的概率降低约4个百分点,也可能影响到女人获得工作的能力。

第二节 中国妇女和儿童群体的发展现状

一 整体情况概述

(一)总体规模与增长情况

根据《2016年国民经济和社会发展统计公报》的统计数据,截至2016年年底,全国总人口138271万人(不含港、澳、台),其中女性67456.0万人,占总人口的48.8%。表2-1是1990—2016年中国人口数量变化,从表2-1中可以看出,1990—2016年我国男性和女性人口总量呈现上升的态势,但是上升的幅度逐步趋缓。

表2-1　　　　　　1990—2016年中国人口数量变化

年份	人口总量（万人）男性	人口总量（万人）女性	年人口增长率（%）男性	年人口增长率（%）女性	女性比例（%）	性别比（%）	0—14岁人口（万人）
1990	58182.0	54869.0	1.39	1.51	48.5	106.0	31658.8
2000	64027.6	60233.6	1.15	0.35	48.5	106.3	29012.0
2010	68232.9	65048.2	0.15	0.83	48.8	104.9	22259.1
2016	70815.0	67456.0	0.06	0.06	48.8	105.0	22721.2

资料来源:1990年、2000年、2010年全国人口普查资料,2016来自国家统计局网站。

(二)城镇和乡村人口分布情况

近年来,伴随着中国城市化的快速发展,中国妇女的城镇化率也得到了迅速提高。2016年,我国总体人口的城镇化率达到了57.35%,比2010

年提高了7.4个百分点。以安徽省为例，2016年全省总体人口的城镇化率达到了50.5%，比2010年增长了7.3个百分点。分性别看，2016年我国男女的城镇化率差异不大。

图2-4是2010—2016年城镇、乡村、人户分离和流动人口的规模。从图2-4中可以看到，2010—2016年，我国城镇人口从6.7亿人增长至7.93亿人，乡村人口从6.71亿人减少至5.9亿人，人户分离人口从2.61亿人增长至2.92亿人，流动人口从2.21亿人增长至2.45亿人。从以上数据看，除了乡村人口的规模出现下降之外，其余的人口规模均出现了上升。

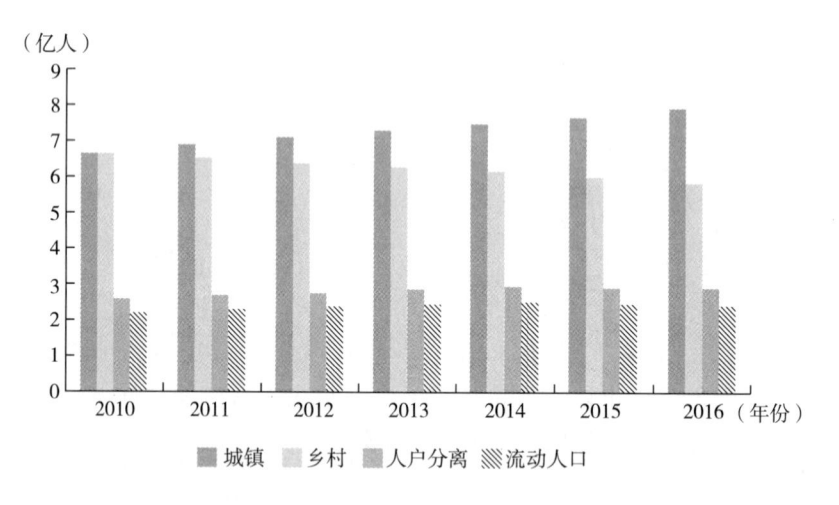

图2-4　2010—2016年城镇、乡村、人户分离和流动人口的规模

资料来源：国家统计局网站。

人口城镇化将带来风险结构的变化，这可能导致保险需求的变化。第一，由于农村居民收入相对较低，城镇化进程将在一定程度上提高居民收入水平，增加人们的保险需求。第二，城镇生活通常意味着人们在非农业部门就业，这将导致城镇职工的社会保险覆盖面增加，这也将导致对商业保险的需求增加。第三，城市生活风险较高，这导致人们对意外保险、健康保险的需求迅速增加。

（三）人口的不同年龄结构

图2-5是2000—2016年我国不同年龄结构占总人口比例，从图2-5中可以看到，2000—2016年，我国0—14岁的人口占总人口比例从22.9%下降至16.7%，15—64岁的人口占总人口比例从70.1%上升至72.5%，

65 岁及以上的人口占总人口比例从 7% 上升至 10.8%。从以上数据可以看到，近年来我国老龄化日益严重，儿童和青少年的人口占比逐渐下降。

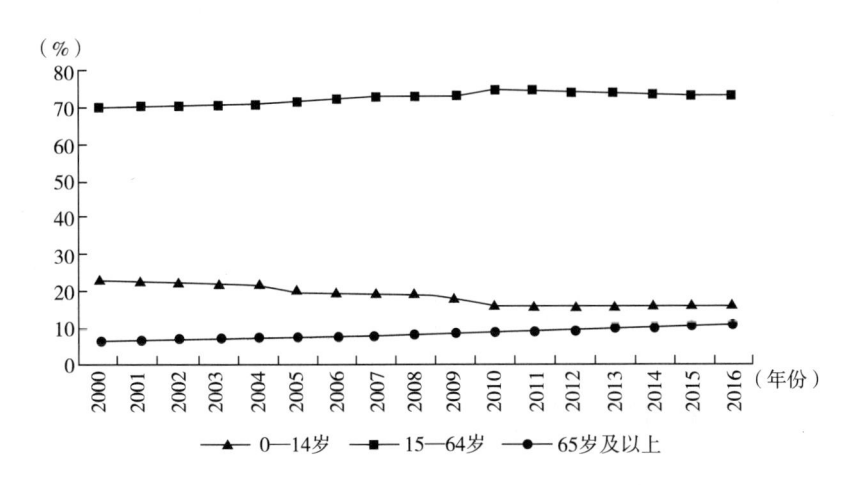

图 2-5　2000—2016 年我国不同年龄结构占总人口比例

资料来源：国家统计局网站。

上述人口老龄化和城乡结构变化的分析对风险管理和保险需求研究来说是非常重要的。由于我国农村儿童基数较大，有关部门和保险公司需要为这些孩子提供必要和适宜的风险管理解决方案。城镇家庭具有收入较高和生育率较低的特点，因此保险计划更容易与市场价值保持一致。总体来看，城镇妇女对就业、优质医疗和养老金等需求相对较大，而农村妇女对基本的生育和母婴服务和保险需求更为迫切。

二　中国妇女的受教育状况

由于经济发展水平和社会文化习俗等因素，中国妇女教育水平普遍要比男性低。近年来，尽管女性和男性之间的差距已大大减少，但教育过程和教育成果中的性别差距依然存在。

同时，根据美国人口普查局的调研结果显示，无论妇女学习什么知识或者在哪个领域工作，她们的收入总会比男性少。从具体数据上看，妇女的平均收入为每月 2917 美元，而男性的平均收入为每月 3750 美元。即便同样拥有高等学位，妇女每月赚取 5000 美元，而男性能够赚取 6667 美元。调研结果显示，女性和男性的薪酬差距在商业和教育等领域尤为普遍。持有学士学位的男性比妇女每月平均多赚 1000 美元，而同样持有高级商业学位的女性和男性之间的薪酬差距只会更高。在这个水平上，男子每月获得4000美元，而妇女则只能获得1192—2808美元的收入。

这样的情况在中国也同样发生。根据中国社会科学院2016年11月发布的《人口与劳动绿皮书：中国人口与劳动问题报告（No.17）》，在诸如职业、区域、个人和家庭特征等情况类似的条件下，1998年受过高等教育的妇女的收入为男性的87%，而到了2015年，她们的收入仅为男性的78%。

总体来看，研究妇女的教育程度对社会保障和保险发展有较为重要的意义。由于农村妇女受教育程度普遍不高，应由社会福利和社会救助资助。而大多数城市妇女接受过较好教育，应当通过社会保险和商业保险提供风险保障。

三 中国妇女的就业现状

就业和失业是反映整个社会中劳动力能否充分使用的重要指标。妇女的就业和失业不仅依赖于女性劳动力的供给，也依赖于社会对女性劳动力的需求、政府就业政策的取向以及相应的社会保障状况。

（一）我国妇女的劳动参与率

由于很多妇女需要兼顾家务劳动和照顾儿童，妇女已经成为社会分工中家务的主要承担者，但是家务劳动没有归于社会劳动的范畴，从这个角度来说，妇女不参与社会劳动的概率较高。

世界银行的研究报告指出，在全球范围内很多妇女面临着一些挑战和障碍，这使得她们难以在政治上取得成功，也很难成功地经营企业，甚至难以谋生，在有些国家和地区连在银行开户都受到限制。国际劳工组织测算过世界各国的15—64岁女性劳动参与率，这一数据成为各国衡量女性在劳动中参与程度高低的重要指标。

图2-6是国际劳工组织测算的1990—2016年我国15—64岁女性劳动参与率，从图中可以看到，这些年来我国15—64岁女性劳动参与率从1990年的72.7%下降至63.35%，呈现逐渐下降的趋势。

但是从国际比较来看，我国15—64岁女性劳动参与率仍处于较高水平。这是因为我国妇女的工资收入普遍不高，受到收入方面的影响，比较富裕的妇女会减少劳动和照顾家庭。此外，我国政府一直倡导男女平等，该政策取得了一定成效。

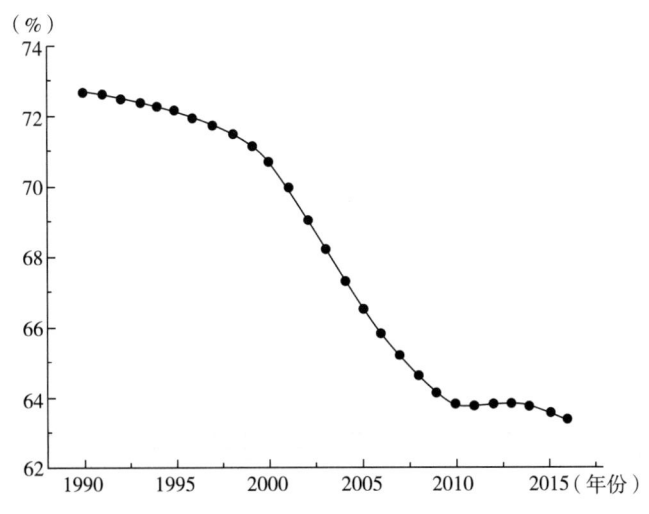

图 2-6　1990—2016 年我国 15—64 岁女性劳动参与率

资料来源：国际劳工组织。

世界银行认为，妇女劳动参与率和一国经济发展水平之间呈现"U"形的关系。在许多低收入国家，妇女参与无偿的、自给自足的农业活动，尽管她们不参与无偿的家庭劳动以外的活动，但她们有较高的劳动参与率和较低的性别差异。在高收入国家，妇女也普遍活跃，超过 2/3 的成年妇女在劳动力市场工作，劳动力市场参与率的平均差距不到 15%。

在全球的大多数国家，在劳动力市场工作的妇女比例和可能性要低于男性，同时，她们积极寻找就业机会和实际就业的动力和可能性也要比男性低。在中东、南亚和北非的一些国家和地区，不仅妇女的劳动力参与率较低，而且有些妇女还从事着脆弱性就业。所谓脆弱性就业，是指她们从事着个体工作或者无报酬的家庭工作。

（二）不同年龄段的妇女就业情况

在职场中，女性不但面临着激烈的竞争，还要按照传统观念和生理、心理特点，做好妻子和母亲，这样的双重角色对女性的生活质量会产生重大的压力和影响。

表 2-2 是 2015 年不同年龄段的中国城镇就业人员情况，从表 2-2 中可以看出，25 岁以前女性多数是在上学尚未工作，30—44 岁以雇员、雇主和自营劳动者居多，50 岁以后则面临着即将退休和已经退休的状态。对比不同年龄段的女性和男性的就业人员情况，我们发现我国妇女的失业风险要远高于男性，她们面临的主要失业风险主要是由于照顾家庭和子女的需求。

表 2-2　　2015 年不同年龄段的中国城镇就业人员情况

年龄	城镇就业人员	雇主	雇员	自营劳动者	家庭帮工
总计	100.0	100.0	100.0	100.0	100.0
16—19 岁	1.2	1.4	0.3	0.5	2.1
20—24 岁	8.6	10.1	3.5	3.9	9.8
25—29 岁	14.9	16.5	11.8	9.5	14.0
30—34 岁	15.0	16.0	16.0	11.8	11.5
35—39 岁	13.3	13.5	16.7	12.7	9.2
40—44 岁	16.0	15.7	19.8	16.6	12.9
45—49 岁	13.1	12.5	15.4	15.0	12.7
50—54 岁	9.6	8.9	10.4	12.1	10.8
55—59 岁	4.6	3.8	4.0	7.4	6.5
60—64 岁	2.3	1.2	1.5	6.0	5.9
65 岁及以上	1.4	0.5	0.6	4.5	4.7
男性	100.0	100.0	100.0	100.0	100.0
16—19 岁	1.2	1.4	0.3	0.6	3.8
20—24 岁	8.4	9.6	3.3	4.3	19.0
25—29 岁	14.2	15.5	11.5	9.7	18.8
30—34 岁	14.3	14.9	15.4	12.0	9.3
35—39 岁	12.8	12.7	16.5	12.8	5.4
40—44 岁	15.4	14.9	19.6	16.8	8.5
45—49 岁	12.8	12.2	15.3	14.6	7.8
50—54 岁	11.1	10.9	11.2	11.9	8.9
55—59 岁	5.8	5.5	4.4	7.2	5.6
60—64 岁	2.5	1.6	1.6	5.7	6.3
65 岁及以上	1.5	0.7	0.7	4.6	6.6
女性	100.0	100.0	100.0	100.0	100.0
16—19 岁	1.2	1.5	0.2	0.4	1.4
20—24 岁	8.9	10.7	3.9	3.3	5.8
25—29 岁	15.8	17.8	12.4	9.3	11.9
30—34 岁	16.1	17.5	17.0	11.5	12.4
35—39 岁	14.1	14.5	17.3	12.5	10.9
40—44 岁	16.8	16.8	20.0	16.4	14.7
45—49 岁	13.5	12.8	15.7	15.7	14.8
50—54 岁	7.5	6.0	8.8	12.3	11.6

续表

年龄	城镇就业人员	雇主	雇员	自营劳动者	家庭帮工
55—59 岁	2.9	1.5	3.1	7.8	7.0
60—64 岁	2.0	0.7	1.2	6.3	5.7
65 岁及以上	1.2	0.3	0.3	4.5	3.9

注：由于四舍五入的原因，合计有可能不完全等于100%；下同。

资料来源：2016年《中国人口和就业统计年鉴》。

（三）我国妇女就业的行业构成情况

国家统计局调查的数据显示，2016年我国妇女主要的就业行业有农林牧渔、金融、交通运输、房地产、批发零售、住宿和餐饮等，这些行业的社会保障体系多数都比较健全。此外，我国农村、城镇中从事农业和个体劳动的妇女数量较多。

对于在正规就业部门工作的妇女来说，她们的风险管理需求主要是为了获得更高水平的商业安全的基本社会保障。而对于农民或个人劳动妇女来说，社会保障水平的替代条件越低，则更加需要以家庭为基础的社会保障和商业保险相结合的风险管理。

（四）中国妇女就业的职业构成情况

国家统计局调查的数据显示，妇女从事商业服务和农业的人员比例要比男性高很多，这也显示了很多务农和参与个体劳动的妇女没有能够参加社会保险。

一般来说，本科以上学历的妇女已成为专业技术人员，而中等教育水平的妇女多为农林水利生产和商业服务人员。对于妇女来说，同等水平的教育程度，男性为单位负责人的比例要远远高于女性。

表2-3　　　　　　　　不同教育程度劳动者职业的构成情况

受教育程度	合计	单位负责人	专业技术人员	办事人员	商业服务业人员	农林水利生产人员	设备操作人员	其他
女	100	1.2	11.9	5.6	24.9	40.1	16.0	0.3
未上过学	100	0.3	0.9	0.5	8.0	84.1	6.1	0.1
小学	100	0.2	2.3	0.7	12.3	72.9	11.3	0.3
初中	100	0.8	4.0	1.9	27.5	43.8	21.6	0.4
高中	100	2.2	15.8	8.6	41.9	13.9	17.3	0.3
大学专科	100	2.8	39.6	19.0	27.2	2.3	8.7	0.4

续表

受教育程度	合计	单位负责人	专业技术人员	办事人员	商业服务业人员	农林水利生产人员	设备操作人员	其他
大学本科	100	2.9	52.7	23.5	14.9	0.9	4.9	0.2
研究生	100	4.5	67.0	19.5	6.1	0.3	2.6	0
男	100	3.0	9.1	7.8	20.1	29.3	30.4	0.3
未上过学	100	0.3	1.5	1.3	8.4	74.9	13.4	0.2
小学	100	0.9	2.2	2.3	11.1	60.1	23.0	0.4
初中	100	1.9	4.1	3.5	19.7	33.9	36.5	0.4
高中	100	4.0	9.1	9.9	28.6	13.3	34.4	0.7
大学专科	100	7.0	23.8	21.4	24.2	3.1	20.2	0.3
大学本科	100	7.1	38.8	27.1	15.4	1.3	9.9	0.4
研究生	100	6.9	59.9	21.5	5.9	1.1	4.4	0.3

资料来源：2016年《中国劳动统计年鉴》。

四　我国妇女的收入情况

（一）不同性别之间劳动收入的差异

世界银行的研究报告指出，妇女更有可能在家庭企业（如商店和农场）从事没有报酬的工作。此外，从各国的平均工资来看，女性的收入要比男性低很多。

中国的劳动力市场也表现出了这样的特征。一些研究表明，中国劳动力市场上不同性别之间存在显著的工资差距，而且伴随着中国的经济改革不断深入，这种差距有逐渐扩大的趋势。

（二）我国妇女的收入现状

我国妇女收入的一个重要特征是，妇女的收入增长率相对男性较为平缓，主要是因为妇女不得不花更多的时间在家务劳动和照顾孩子上，导致她们的收入增长受到很大影响。

根据国家统计局的调查数据，2016年中国妇女职工的平均月工资为4449元，比男性职工的平均月工资低22.3%。而且伴随着工资的增加，两性工资收入的差距也在增加。当前，我国大约70%的工作人员的工资分布在2000—6500元，其中妇女的工资分布在低收入阶层，而当每月工资超过5000元时，相应的妇女人数明显要少于男性。

在众多的影响因素中，行业是造成妇女和男性收入差距的最大因素。妇女和男性收入差距较大的行业可以分为两大类，第一类由于高薪工作要求的技术含量较高，男性比例高于女性，其中包括医疗、专业测试、计算机等。第二类由于身体等因素导致的妇女和男性工作比例严重不平衡，包括建筑、采矿和冶炼等行业。2016年有四个行业的妇女平均工资要比男性低30%，即医疗、影视传媒、测试和认证及移动互联网行业。

从数据上看，行业因素造成的妇女和男性收入差距占总差额的38%左右，还有18%来自人们的工作经验和学历的差别。在控制了行业因素之后，妇女和男性工作收入差距由22.3%下降至13.8%。再继续控制工作经验和学历的因素之后，妇女和男性工作收入差距缩小至9.8%。即便如此，妇女和男性工作收入差距中仍然存在44%的因素难以解释，这反映出我国妇女和男性"同工不同酬"性别歧视现象仍然存在。

此外，一些国外的学者利用美国、英国等西方国家的数据进行实证检验，结果发现一个孩子的诞生将导致妇女的工资下降约10%左右，而且这种负面影响将随着生育孩子的数量增加而增加。事实上，从家庭分工的视角讲，妇女为抚养孩子做出了很大的牺牲，丈夫和家庭给予一定的补偿，这是非常合理的。婚姻家庭制度必须承认和尊重妇女对家庭所做出的贡献，国家应当通过商业保险和社会保障等方式，从制度层面来明确妇女的贡献，并保障其权利。因此，婚姻家庭制度必须承认和尊重妇女对家庭事业的贡献，通过社会保障和商业保险等方式，从制度层面对个人职业发展进行考虑，明确妇女的贡献和权利。

五 我国困难儿童群体的总体情况

儿童的发展状况不仅可以反映一个国家的基本情况，社会经济和政治的发展状况，也可以反映国家和社会思想的进步。儿童的生存发展问题、儿童性虐待问题和儿童恶性犯罪活动在近年来较为突出，这反映了儿童社会生活环境和家庭环境变得相对恶化。下面，我们详细讲述一下我国困难儿童群体的发展现状。

(一) 贫困儿童

由于贫困标准具有绝对和相对的差异，特别是在中国的城乡地区，贫困标准的理论和实践之间依然存在很大的差异，因此要确定贫困儿童科学统一的概念是不容易的。根据我国贫穷儿童的实际情况，我们重点介绍生活在城乡地区低保家庭中的儿童，也就是指在城乡居住、领取最低生活保障的家庭的儿童。

由于相关数据难以直接获得，我们首先从历年的《中国民政统计年鉴》中找到在农村地区接受最低生活保障人数，然后根据人口年龄结构数据估算出 0—14 岁的人口规模,再通过接受救助的儿童的比例来估算农村地区接受低保的儿童的规模;在城市地区,我们可以得到接受最低生活保障的青少年的人口规模。将以上两组数据加总之后,我们可以得到我国贫穷儿童的总规模。表 2-4 是我们估算的中国贫穷儿童的规模,从数据上看,近年来我国农村和城市接受最低生活保障的未成年人规模较为稳定。

表 2-4　　　　　　　　　　中国贫穷儿童的规模

年份	农村低保儿童(万人)				城市接受最低生活保障未成年人(万人)			
	农村救助总人数	农村最低生活保障人数	农村 0—14 岁人口比例	农村低保 0—14 岁儿童数	城市居民最低生活保障人数	在校生	其他	城市未成年人合计
2007	4818.6	3566.3	19.97%	712.18	2272.1	321.6	223.0	544.6
2008	5757.3	4305.5	19.40%	835.29	2334.8	358.1	229.6	587.7
2009	5922.0	4760.0	18.84%	896.91	2345.6	369.1	210.7	579.8
2010	6443.5	5214.0	19.16%	999.16	2310.3	357.3	201.2	558.5
2011	6522.2	5305.7	18.82%	998.43	2276.8	348.5	191.0	539.5
2012	5969.7	5344.5	18.87%	1008.49	2143.5	318.3	154.5	472.8
2013	5998.3	5388.0	18.82%	1013.78	2064.2	303.2	141.3	444.5
2014	5810.8	5207.2	18.90%	984.12	1877.0	266.0	120.7	386.7
2015	5807.4	5183.2	18.88%	967.34	1869.0	258.0	115.7	373.4

资料来源:2016 年《中国民政统计年鉴》。

(二) 困境儿童

一般来说,困境儿童是指由于各种原因失去生活来源的未成年人,其中包括没有父母抚养的儿童、在儿童成长期间父母服刑的儿童、在贫困家庭中患有严重疾病的儿童和受到艾滋病或其他病症影响的儿童。

此外,近年来我国还出现了一些"新困境儿童"。所谓"新困境儿童",是指家庭经济条件较好,家长受教育程度高,儿童的学习成绩也很优秀,但是由于他们的长期身心压力较大,并且无法从家庭、学校和社会上得到理解和支持,最终走向自残、自杀等绝路的儿童。由于这些儿童的心理问题缺乏父母和老师的关注和警惕,因此相较于困境儿童来说,这类儿童隐含的风险可能更大。

根据国家统计局的统计数据,2016 年我国 0—14 岁儿童的总人数占总人数的比例为 16.64%。根据中国社科院的估算,2016 年我国困境儿童和

"新困境儿童"的总体规模在80万人左右。从以上数据看,我国困境儿童的规模比较大,值得人们密切关注。同时,民政部部长于2016年7月指出,全国各地的民政部门将对这些儿童群体进行调研和摸底,并建立他们对应的档案。

(三)流动儿童

近年来,随着我国经济的发展和城镇化进程的推进,以及农村人口向大城市转移,我国流动儿童的规模也大幅增加。根据国家统计局的统计数据,2015年我国流动人口总数约2.53亿人,其中流动儿童的规模在3728万人左右,比2005年大约增长了43.31%,并且未来还有进一步增长的趋势。其中2015年占比为80.35%的流动儿童的户口为农业户口,据此估算,2015年我国农村流动儿童人数大约为2995万人。

根据中国第六次人口普查数据,学龄前儿童(0—5岁)占流动儿童总数的27.42%,小学(6—11岁)和初中、享受义务教育的学龄儿童(12—14岁)占流动儿童总数的27.85%和13.21%,大龄儿童(15—17岁)占流动儿童总数的31.52%。

图2-7是我国不同年龄结构流动儿童的占比情况。从我国流动儿童的分布特点来看,流动儿童多数在城市生活,其中出省的流动儿童更多地住在城市,省内的流动儿童更多地住在镇上。这一特点对城市地区关于儿童福利的社会保障体系和公共政策构成了挑战,这也是我国儿童社会保障未来的重要问题之一,值得深入研究。

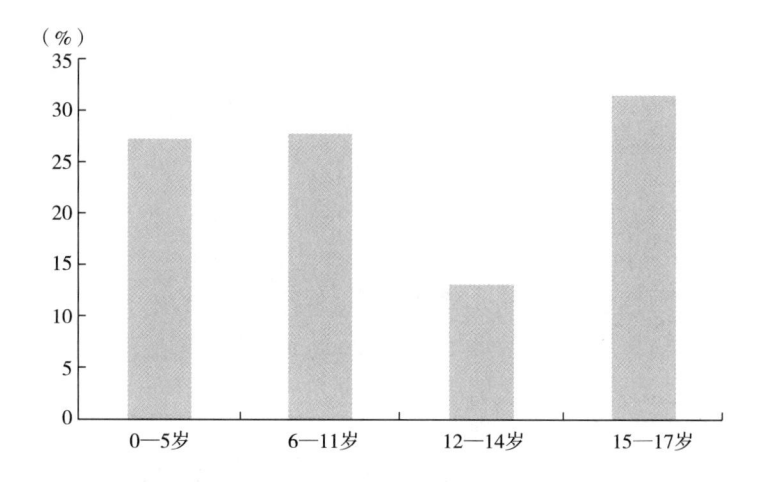

图2-7 我国不同年龄结构流动儿童的占比

资料来源:中国第六次人口普查数据。

根据中国第六次人口普查数据,我国儿童流动的主要原因是与家人一起迁移,其次是参加学习和培训。相比较来说,随父母迁居的女孩的比例略低于男生,而参加学习和培训的女孩的比例比男生略高。从不同区域看,城市、镇里和乡村儿童流动的原因也存在很大差异。具体来说,城市儿童流动的主要原因是参加学习和培训;镇里儿童流动的主要原因是参加学习和培训、与家人一起迁移;乡村儿童流动的主要原因是投亲靠友、参加学习和培训。

表 2-5　　　　　　　　　我国儿童流动的主要原因　　　　　　　单位:%

	总体 男	总体 女	城市 男	城市 女	镇 男	镇 女	乡村 男	乡村 女
随迁家属	47.0	44.3	48.5	45.8	42.4	39.1	51.0	49.1
学习培训	26.3	29.4	21.9	24.8	38.8	42.8	17.9	18.8
投亲靠友	7.6	7.5	7.9	7.6	5.0	4.9	12.9	13.8
其他	7.0	6.8	7.5	7.4	6.3	5.9	6.3	6.3
寄挂户口	0.8	0.8	0.8	0.9	0.5	0.5	1.5	1.4
婚姻嫁娶	0	0.2	0	0	0	0.1	0	1.1
拆迁搬家	5.8	5.8	7.4	7.5	3.6	3.4	3.1	3.1
务工经商	5.3	5.2	5.8	5.9	3.3	3.3	7.2	6.3
工作调动	0.1	0.2	0.2	0.2	0.1	0.1	0.2	0.1
合计	100	100	100	100	100	100	100	100

资料来源:中国第六次人口普查数据。

(四) 残疾儿童

一般来说,残疾儿童是指在身体结构、心理或生理方面有残疾的儿童。根据国家统计局的统计数据,目前我国大约有 52.6 万残疾儿童,他们的年龄在 0—14 岁。

调查发现,我国的残疾儿童表现出以下四个特点:农村的残疾儿童数量比城市要多;经济水平较低地区的残疾儿童数量比经济发达地区多;残疾儿童人数伴随着儿童年龄的增加而不断增多;医疗条件较好地区的残疾儿童的数量比医疗条件较差地区要少。

残疾儿童作为比较困难的特殊群体,与正常儿童相比,他们在学习与生活等方面将遇到更多的障碍。近年来,我国为残疾儿童提供了大量的救济和援助,并且随着特殊教育的较快发展,全国各地残疾儿童康复服务的能力得到了较大提升。根据调查数据，2015年我国一共有2053所特殊教育学校，在校学生共有442200人，其中包含听力残疾学生89400人、精神残疾学生232100人、视力残疾学生36700人和其他残疾学生84000人。

一些文献（如陈功等，2015）指出，我国将近40%以上6岁以上的残疾人是文盲，50%左右的残疾人的学历集中在初中以下水平。以上数据表明，我国残疾人的学历普遍不高，而且残疾儿童由于身体或者心理上的缺陷，难以接触到较高的教育。正因为如此，特殊教育学校在残疾儿童的教育方面起到了非常重要的作用。伴随着特殊教育学校的快速发展，我们相信未来我国残疾儿童的入学率将会明显增加。

另外，根据国家统计局统计，我国残疾儿童康复训练计划可以使很多残疾儿童得到帮助，而且很多地区的残疾儿童康复示范基地已从社区服务转至为社会提供服务。2015年我国专门为残疾儿童服务的康复机构有7111个，大约有12万个残疾儿童得到了康复性救助，此外大约有28.1万个残疾儿童得到了康复性训练。从数据上看，国家残疾儿童救济和培训计划为许多残疾儿童提供了帮助。

（五）留守儿童

根据2016年2月国务院发布的《关于加强农村留守儿童关爱保护工作的意见》，留守儿童是指不满16周岁的、父母双方外出打工或一方外出打工而另一方无监护能力的未成年人。在此之前，官方对留守儿童的年龄统计是截至18周岁之前，因此当时对留守儿童的统计数目更多。伴随着我国经济的快速发展，越来越多的年轻农民工进城，农村的留守儿童问题逐渐变成了一个较为严重的社会问题。

国家统计局的统计数据显示，截至2016年年底，我国一共有大约902万名留守儿童，其中没有家长监护的留守儿童占总人数的4%，由祖父母监护的留守儿童占总人数的89.3%，父母一方外出打工而另一方无监护能力的留守儿童占总人数的3.4%。从区域上看，我国的留守儿童主要集中在中西部省份，其中中部省份的留守儿童占总人数的51.33%，西部省份的留守儿童占总人数的39.02%，东部省份的留守儿童占总人数的9.65%。

在现实中，由于留守儿童的信息、状况等是动态变化的，因此相关管理部门应当在全面摸排的基础上，还要采取重点核查、定期走访等方法，及时监测和掌握我国留守儿童的信息、状况等动态变化，并且定期更新这些留守儿童信息。目前，我国由父母监护的留守儿童规模较大，他们的生活或学习情况较差，此外，还有一些农村留守儿童没有登记户口或者过早辍学。

第三节 中国妇女面临的风险情况

国际劳工组织和 OECD 等国际机构认为，全球范围内妇女面临的风险主要有婚姻风险、健康风险、职业风险、养老金风险、人身伤害风险等多种不同风险。世界银行认为，两性不平等在世界各国广泛存在，她们在家庭和社会组织的决策中拥有的发言权较小，甚至在有些国家妇女存在失业风险、遭遇家庭暴力等风险。下面，我们具体来看我国妇女面临的主要风险情况。

一 婚姻风险

中国妇女面临的婚姻风险首先体现在近年来居高不下的离婚率上。随着人们思想观念、夫妻间经济社会地位的变化，我国的离婚率、尤其是大城市的离婚率呈现越来越高的趋势。由于妇女在社会关系中处于较为弱势的地位，离婚通常对妇女来说意味着收入来源、生活质量等方面的很大损失。在现实中，婚姻质量对妇女的影响是如此之大，以至于失败的婚姻通常会对妇女形成灾难性的后果，因此婚姻给妇女带来了财产健康等方面的重大风险，如何开展离婚风险管理对妇女群体而言是极其重要的。妇女应当使用保险等手段对婚姻进行风险管理，这是保障妇女生活品质的重要方法。此外，如果作为家庭主要收入来源的丈夫因某种原因而死亡，那么将会对妇女和他们的未成年子女带来很大的经济风险。

图 2-8 是 2000—2016 年我国的总离婚数、民政部门和法院登记离婚数，从图 2-8 中可以看到，2000—2016 年我国的总离婚数和民政部门登记离婚数呈现不断上升的走势，而法院登记离婚数则走势相对比较稳定。根据国家统计局的数据显示，2016 年我国未婚妇女占总妇女人数的 18.88%，离婚妇女占总妇女人数的 1.22%，丧偶的妇女占总妇女人数的 7.99%。从以上数据可以看出，当前我国离婚和丧偶的妇女人数仍然比较多，如果缺乏足够的社会保障与财政支持，那么有些妇女的生活有可能会面临较多的困难和压力。

二 职业风险

妇女的职业风险是指妇女在就业过程中遭受的不公平或歧视所造成的失业风险。这种不公平在很多行业都有表现，尤其是对妇女的歧视方面。

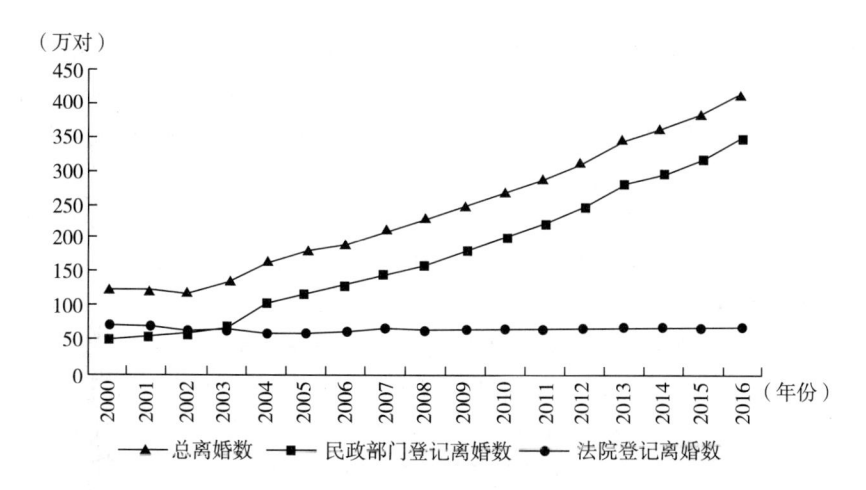

图 2-8　2000—2016 年我国的总离婚数、民政部门和法院登记离婚数

资料来源：2000—2016 年《中国民政统计年鉴》。

表 2-6　　　　　　　我国不同年龄段女性的婚姻的占比情况　　　　　单位：%

年龄	城市 未婚	城市 离婚	城市 丧偶	镇 未婚	镇 离婚	镇 丧偶	农村 未婚	农村 离婚	农村 丧偶
15—19 岁	99.04	0.00	0.00	98.54	0.01	0.00	96.86	0.03	0.00
20—24 岁	80.08	0.09	0.01	65.07	0.20	0.03	58.45	0.34	0.06
25—29 岁	29.13	0.71	0.06	17.84	0.94	0.14	16.74	1.01	0.21
30—34 岁	7.35	2.10	0.20	3.73	1.84	0.36	4.42	1.29	0.50
35—39 岁	2.72	3.49	0.50	1.18	2.18	0.71	1.32	0.99	0.93
40—44 岁	1.33	4.33	1.14	0.53	2.12	1.44	0.51	0.72	1.77
45—49 岁	0.82	4.92	2.28	0.32	2.01	2.77	0.27	0.58	3.19
50—54 岁	0.57	4.24	4.65	0.20	1.48	5.50	0.18	0.44	5.80
55—59 岁	0.46	2.81	7.85	0.17	1.02	9.18	0.16	0.39	9.44
60—64 岁	0.37	1.68	14.07	0.18	0.71	16.54	0.20	0.38	16.88
65 岁及以上	0.36	0.79	42.30	0.39	0.49	46.97	0.46	0.39	48.63

资料来源：中国第六次人口普查数据。

事实上，这种职业上对妇女的歧视在世界范围内普遍存在。美国劳工局 2017 年的统计数据指出，2017 年第三季美国工作人员的平均每周收入为 859 美元。妇女每周收入中位数为 767 美元，相当于男性中位数 937 美元的 81.9%。不同种族的女性也存在差距，例如黑人妇女的中位数收入

(658 美元)是白人妇女中位数的 83.2%（791 美元）。对于不同年龄段的妇女来说，收入差异也比较明显。具体来说，35—44 岁的女性每周收入为 857 美元，45—54 岁的女性为 845 美元，55—64 岁的女性为 873 美元，16—24 岁的女性每周收入中位数最低，为 500 美元左右。

同样，在我国的职场中，妇女的就业歧视也比较明显。根据全国妇联对女大学生求职的调查数据，61.5%的女大学生认为自己在求职过程中曾经遭遇过歧视。

其中有 16.7%的女大学生认为自己经常遭遇歧视。相对女大学生而言，男大学生在求职过程中遭遇歧视的概率要低一些，数据显示他们遭遇歧视的概率比女大学生低 9.9%。此外，56.7%的女大学生认为自己求职成功的概率更低，并且已经感受到了就业单位的偏见。

由于妇女在结婚后可能面临怀孕、养育子女等问题，这可能会导致降薪、调岗，甚至解雇。世界银行的调查数据显示，各国已婚妇女的劳动参与率要比未婚成年女性的劳动参与率低很多。举例来说，2016 年美国已婚妇女的劳动参与率为 67.9%，而未婚成年女性的劳动参与率为 76%。此外，各国已婚妇女的失业率也要比未婚成年女性高很多。具体到我国来说，由于生育的社会价值还没有得到全社会的充分认可，妇女的怀孕、分娩、哺乳期和一系列生育活动需要自己负担或所在的企业来提供支付补偿，这增加了自己或企业的负担。由于劳动法规定企业不能以非正当理由来解雇怀孕的妇女，在妇女的怀孕、分娩、哺乳期间，这给企业增加了运营的成本，这又导致企业有动力对这些妇女进行降薪、调岗，从而使妇女的就业环境更加恶化。此外，妇女在生育期间不仅有健康风险，对于参与工作的妇女而言，生育也通常意味着职业晋升机会减少和参加培训机会减少。尽管有生育保险的帮助，这些妇女也可以得到一些补偿，但这仍然无法弥补因怀孕造成的工资损失。

从区域上看，很多农村妇女在进城打工时，往往被排除在正规的劳动合同制度之外，难以享受较为正常和全面的社会保障服务。此外，妇女在工作中经常遭遇不平等的待遇和歧视，如同工不同酬的现象普遍发生，在职位或工资晋升方面也经常遭受歧视，有时甚至难以有效维护她们的劳动权益。

三 生育与母婴风险

根据 2000—2016 年《中国民政统计年鉴》的统计，近年来我国妇女的生育风险出现了非常明显的下降。数据显示，我国监测地区城市婴儿的死亡率由 2000 年的 11.8‰下降至 2015 年的 4.7‰，监测地区城市新生儿的死亡率由 2000 年的 9.5‰下降至 2015 年的 3.3‰，监测地区农村婴儿的死亡率由 2000 年的 37‰下降至 2015 年的 9.6‰，监测地区农村新生儿的死亡率由 2000 年的 25.8‰下降至 2015 年的 6.4‰。

图 2-9 是 2000—2015 年我国城市、农村的婴儿和新生儿的死亡率，从图 2-9 中可以看出近年来这些婴儿和新生儿的死亡率呈现出逐步下降的趋势，这也表明我国妇女的生育风险出现了非常明显的下降。

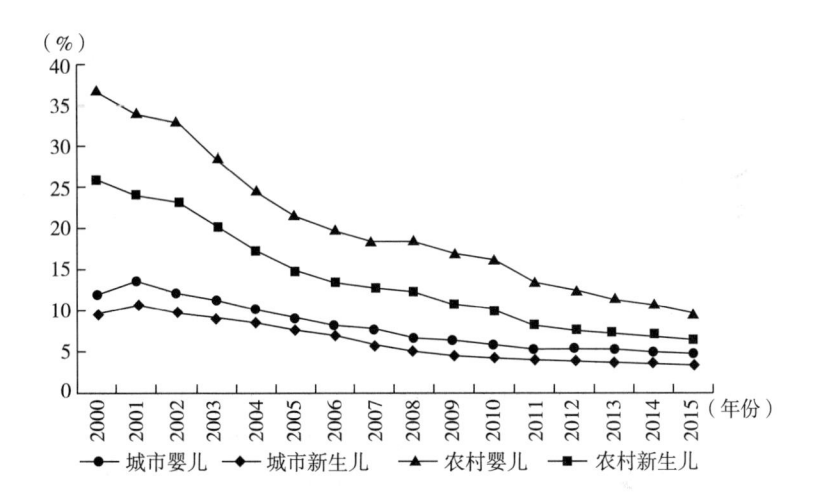

图 2-9 2000—2015 年我国城市、农村的婴儿和新生儿的死亡率
资料来源：2000—2016 年《中国民政统计年鉴》。

根据国家统计局统计，我们发现提高西部地区、流动人口和农村的妇女和儿童的健康情况，避免婴儿和新生儿的死亡率反弹，是母婴保健工作的难点与重点所在。为进一步降低妇女的生育风险，近年来在卫生部门增加投入的背景下，我国的妇女保健工作得到了较大提升。根据数据统计发现，2015 年我国孕产妇的住院分娩率达到了 99.7%，妇女的常见病筛查率为 61.6%，此外，孕产妇的产前检查率、建卡率和系统管理率等一系列指标均比前几年的数据都有了较大提升。

表 2-7 是不同年龄段农村和城市孕妇的死亡率情况，从表 2-7 中可以看出，伴随着我国医疗技术的不断升级和进步，由生育直接或间接导致的孕妇死亡率已经很低，但在农村或一些经济不发达的地区，孕妇的死亡率仍然很高。尤其是，25—29 岁和 30—34 岁这两个年龄段，农村孕妇的死亡率超过 1/10 万的水平，比城市孕妇的死亡率高出很多。所以，我国仍

需进一步提高医疗水平，降低这些地区孕妇的死亡率，商业保险与社会保障制度也需要进一步完善。

表 2-7　　不同年龄段农村和城市孕妇的死亡率情况　　单位：1/10 万

类别	疾病名称（ICD-10）	合计	15—19岁	20—24岁	25—29岁	30—34岁	35—39岁	40—44岁	45岁及以上
农村女性	妊娠（分娩和产褥期并发症小计）	0.28	0.07	0.46	1.04	1.27	0.8	0.37	0.01
	直接产科原因	0.28	0.07	0.44	1.02	1.25	0.79	0.37	0.01
	内：流产	0.03	0.02	0.01	0.10	0.04	0.16	0.07	
	妊娠高血压综合征	0.04		0.12	0.17	0.14	0.06	0.04	0.01
	产后出血	0.08		0.11	0.20	0.55	0.13	0.13	
	产褥期感染	0.08	0.02	0.13	0.23	0.27	0.35	0.07	
	间接产科原因	0		0.01	0.02	0.02	0.02		
城市女性	妊娠（分娩和产褥期并发症小计）	0.18	0.04	0.19	0.64	0.52	0.60	0.20	0.02
	直接产科原因	0.17	0.04	0.19	0.57	0.48	0.60	0.20	0.02
	内：流产	0.03			0.13	0.07	0.09	0.06	
	妊娠高血压综合征	0.02		0.04		0.06		0.06	0.03
	产后出血	0.03		0.03	0.10	0.07	0.03	0.06	0.02
	产褥期感染	0.06		0.08	0.19	0.19	0.21	0.03	
	间接产科原因	0.01			0.06	0.04			

资料来源：2016 年《中国卫生和计划生育统计年鉴》。

四　健康风险

健康风险是妇女会经常遭遇到的一种风险，世界各国相关政府部门对本国妇女的健康风险都非常关注。例如，美国人口普查局和疾病预防控制中心（CDC）专门统计了美国妇女健康状况的数据，其中包括保险和医疗保险覆盖率、贫困、精神卫生、艾滋病毒、癌症、怀孕、堕胎和使用预防性服务。美国前总统奥巴马于 2010 年 3 月提出了医改计划，主要针对美国妇女的健康状况列出了 2010—2022 年的医疗改革时间表，并为美国妇女提供短期健康保险、固定福利健康保险和补充健康保险服务。

对中国而言，随着生活饮食习惯的变化、生活节奏的加快，近年来我国妇女的健康风险也令人担忧。举例来说，近年来我国妇女患有类乳腺疾病的人数呈现不断增加的趋势。此外，一般来说，妇女在生殖系统疾病、乳腺疾病等方面比男性更容易患病，这些风险需要采取专门的保险手段来管理。

表2-8是中国15岁及以上居民慢性病患病率情况，从表2-8中可以看到，在我国各城乡地区，妇女慢性病的比例均高于男性，而且东部地区妇女的慢性病患病率将近40%。在这种情况下，如果缺乏商业保险和社会保障，那么妇女面临的医疗费用开支要比男性高出很多。

表2-8　　　　　中国15岁及以上居民慢性病患病率情况　　　　　单位：‰

指标名称	合计	城市				农村			
		小计	东	中	西	小计	东	中	西
慢性病患病率									
按人数计算	245.2	263.2	279.1	261.6	247.9	227.2	246.5	231.5	204.7
按例数计算	330.7	366.7	387.3	362.3	349.5	294.7	318.3	303.4	264.0
分性别慢性病患病率									
男性	310.0	355.2	378.4	354.1	331.7	266.2	294.8	275.2	230.9
女性	350.5	377.4	395.5	369.8	366.0	322.7	341.2	330.5	297.3
年龄别慢性病患病率									
0—4岁									
5—14岁									
15—24岁	14.4	17.0	19.2	12.6	19.3	12.2	8.5	13.9	13.6
25—34岁	38.3	38.4	37.8	34.3	43.5	38.2	34.5	41.7	38.7
35—44岁	115.0	111.6	103.9	113.4	116.4	118.4	112.6	121.9	120.0
45—54岁	235.4	241.6	239.4	252.5	232.6	230.0	232.8	232.5	224.6
55—64岁	389.0	410.5	418.0	422.0	388.3	367.8	388.9	361.5	350.5
65岁及以上	539.9	589.8	613.7	577.7	574	481.7	513.6	472.0	454.5
疾病别慢性病患病率									
传染病	2.3	2.2	1.7	2.1	2.9	2.3	1.6	3.2	2.3
寄生虫病	0.4	0.3	0	0.9	0	0.4	0.1	1.2	0
恶性肿瘤	2.9	3.5	4.3	3.9	2.3	2.3	2.8	2.8	1.5
良性肿瘤	1.1	1.2	1.2	1.3	1.2	1.0	0.9	1.3	0.9

续表

指标名称	合计	城市				农村			
		小计	东	中	西	小计	东	中	西
内分泌（营养和代谢疾病）	39.1	54.6	66.5	53.9	42.9	23.6	32.9	24.1	14.2
糖尿病	35.1	48.9	57.8	49.6	38.7	21.3	30.0	22.1	12.3
血液（造血器官疾病）	2.1	1.9	1.3	1.4	3.1	2.2	1.5	2.9	2.3
精神病	3.0	3.1	3.4	2.6	3.2	3.0	3.4	3.2	2.5
神经系病	4.3	4.5	4.3	4.3	4.8	4.2	4.8	4.1	3.8
眼及附器疾病	2.8	3.0	3.3	2.4	3.5	2.5	2.5	2.6	2.3
耳和乳突疾病	0.3	0.3	0.3	0.2	0.5	0.3	0.3	0.3	0.3
循环系统疾病	180.3	203.7	228.1	214.3	166.9	156.8	184.3	159.6	127.7
心脏病	22.1	25.9	24.1	30.5	23.1	18.3	19.6	20.7	14.9
高血压	142.5	161.8	190.1	166.4	127.1	123.1	150.0	120.9	99.0
脑血管病	12.2	12.1	9.7	14.0	12.7	12.3	12.0	14.8	10.4
呼吸系统疾病	15.6	15.8	13.7	11.6	22.2	15.5	14.2	14.7	17.4
老年性慢性支气管炎	7.2	6.2	4.6	4.0	10.3	8.1	7.6	6.8	9.7
消化系统疾病	24.9	23.7	18.9	20.2	32.4	26.1	22.1	25.9	30.0
急性胃炎	12.0	10.8	7.9	7.3	17.5	13.2	11.2	13.1	15.3
肝硬化	1.3	1.5	1.1	1.9	1.4	1.1	1.1	1.0	1.2
胆囊疾病	5.0	4.9	3.6	5.0	6.2	5.1	3.1	4.7	7.3
泌尿生殖系病	10.3	10.5	9.4	9.9	12.1	10.1	7.5	11.9	11.1
妊娠（分娩病及产褥期并发症）	0	0			0.1	0		0	0
皮肤皮下组织疾病	1.3	1.3	1.4	1.1	1.3	1.3	1.1	1.6	1.2
肌肉（骨骼结缔组织疾病	37.3	34.3	27.0	30.3	46.1	40.3	35.7	41.1	44.2
类风湿关节炎	9.7	8.0	4.8	6.1	13.4	11.4	8.0	10.6	15.4
先天异常	0.4	0.3	0.4	0.2	0.3	0.5	0.3	0.4	0.7
围生期疾病	0					0		0	
损伤和中毒	1.3	1.4	1.4	1.0	1.8	1.2	1.4	0.9	1.2
其他	1.0	1.1	0.6	0.7	2.0	1.0	1.0	1.4	0.6

资料来源：2016 年《中国卫生和计划生育统计年鉴》。

我们还从2016年《中国卫生和计划生育统计年鉴》中获取了2010—2015年中国妇女病查治情况，如表2-9所示。从表2-9可以看出，查出妇女病率从2010年的28.8%下降至2015年的26.3%，我国妇女的患病率从2010年的12.1%下降至2015年的10.0%，这表明近年来我国妇女的健康情况有所改善。从具体的病种来看，2010—2015年我国妇女的滴虫性阴道炎患病率、尖锐湿疣患病率和宫颈癌患病率有所下降，但是乳腺癌患病率和卵巢癌患病率有所反复，甚至出现了上升。

表2-9　　　　　　　　　　中国妇女病查治情况

年份	2010	2011	2012	2013	2014	2015
应查人数	138883231	146505542	162109093	156973213	172359476	165227057
实查人数	84946929	95879515	104152268	107799764	94989818	101713169
检查率（%）	61.2	65.4	64.2	68.7	55.1	61.6
查出妇女病率（%）	28.8	28.3	27.8	27.4	27.6	26.3
滴虫性阴道炎患病率（%）	13.2	13.6	13.6	13.6	13.4	12.9
患病率（%）	12.1	11.7	11.3	11.3	10.7	10.0
尖锐湿疣患病率（1/10万）	33.8	33.4	28.8	20.7	34.1	28.5
宫颈癌患病率（1/10万）	15.1	15.3	13.3	16.4	17.6	15.8
乳腺癌患病率（1/10万）	10.1	10.4	10.7	12.2	14.3	13.2
卵巢癌患病率（1/10万）	3.40	3.2	2.9	3.1	4.3	3.5

资料来源：2016年《中国卫生和计划生育统计年鉴》。

五　养老风险

随着人口老龄化的来临，我国的妇女也越来越感受到了养老风险带来的压力。一般来说，女性的寿命比男性长，因此妇女的长寿风险和养老风险相比具有独特的特点。

根据世界银行的统计，2015年低收入国家妇女的平均预期寿命为63.81岁，其中最不发达国家妇女的平均预期寿命为65.81岁，重债穷国妇女的平均预期寿命为63.31岁；中等收入国家妇女的平均预期寿命为 73.31 岁，中等偏下收入国家妇女的平均预期寿命为 69.65 岁，中等偏上收入国家妇女的平均预期寿命为 77.52 岁；高收入国家妇女的平均预期寿命为 83.46 岁，其中高收入的 OECD 国家平均预期寿命为 84.75 岁，高收入的非 OECD 国家平均预期寿命为 78.86 岁。图 2-10 是 2000—2015 年低收入国家、中等收入国家和高收入国家妇女的预期寿命走势图，从图 2-10 中可以看到，近年来世界各国妇女的预期寿命均呈现不同程度的延长。

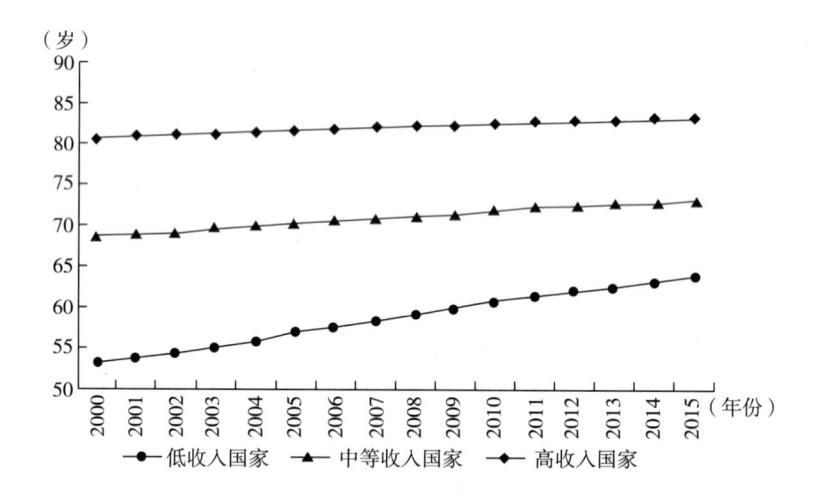

图 2-10　2000—2015 年低收入国家、中等收入国家和高收入国家妇女的预期寿命

资料来源：世界银行数据库。

根据 2016 年《中国统计年鉴》的统计数据，2015 年我国妇女的平均预期寿命为 79.43 岁，而男性平均寿命为 73.64 岁，比女性短 6 岁左右。从国际比较看，我国妇女的平均预期寿命介于中等偏上收入国家和高收入国家之间。

事实上，当前世界各国均面临着养老金缺口的风险。日内瓦协会估计，2017 年全球养老金缺口为 41 万亿美元。所谓养老金缺口，是指维持合理生活水平所需的年终生活收入现金与实际节存的退休金数额加上 40 年间缴纳的现金价值之间的差额。养老金缺口的主要后果是老年贫困，老年贫困不仅使政府财政流失，忽视了重要的社会价值，也难以让人们有尊严地退休。

相对于男性来说，妇女的预期寿命一般较长，她们需要的养老金支出也较多，同时由于男性可能提前去世，老年妇女可能需要度过一个人的单身生活，在此期间的精神压力可能也很大，而且面临的经济压力也较大。因此，预计我国妇女在相当长一段时间内仍将面临比男性更严重的养老风险状况。如果妇女要想在退休后维持较好的生活质量，一定要通过长期护理保险、储备养老金等手段进行早期养老金安排。

第四节 中国儿童面临的风险情况

根据世界银行的统计，全球范围的儿童面临的主要风险有健康风险、教育风险、意外风险、校园风险和童婚风险等。由于童婚风险主要在刚果共和国、孟加拉国等不发达国家出现，因此在讨论我国儿童面临的风险情况时，我们主要分析健康风险、教育风险、意外风险和校园风险。

一 健康风险

从世界范围看，健康风险是儿童面临的主要风险之一。例如，世界银行指出，尽管近年来印度的经济增长明显，但印度儿童营养不良水平在20世纪90年代以来只有缓慢的下降，健康风险较为严重。

就中国而言，自从1990年以来，整体儿童的健康水平得到了很大的改善。根据国家卫计委2016年的统计，2015年我国监测地区城市婴儿的死亡率为4.7‰，监测地区城市新生儿的死亡率为3.3‰，监测地区农村婴儿的死亡率为9.6‰，监测地区农村新生儿的死亡率为6.4‰，比前几年各地区的死亡率大幅降低。这说明我国儿童的健康保障工作取得了一定的成效。

由于儿童的抵抗力比较差，他们出现白血病、恶性肿瘤和各种传染病的可能性也比较大。举例来说，新生儿和学龄前儿童的疾病发病率非常高，而小学生的日常疾病主要是各种传染病和急性病。如果儿童遭受重大疾病，一些财务脆弱的家庭往往难以承受治病所需要的债务。

表2-10是2016年我国不同年龄少年儿童所得疾病情况，从表2-10中可以看到，很多疾病对儿童的健康和安全有较为严重的威胁，例如心脏病、一些传染病、恶性肿瘤、白血病等疾病对1—19岁儿童有重大威胁，而先天性心脏病、新生儿产伤和窒息等疾病对1岁以下的婴幼儿有严重的威胁。

表 2-10　2016年中国不同年龄少年儿童所得疾病情况

单位：1/10万

疾病名称 (ICD—10)	城市男性 <1岁	城市男性 1—4岁	城市男性 5—6岁	城市男性 10—14	城市男性 15—19岁	城市女性 <1岁	城市女性 1—4岁	城市女性 5—6岁	城市女性 10—14岁	城市女性 15—19岁	农村男性 <1岁	农村男性 1—4岁	农村男性 5—6岁	农村男性 10—14	农村男性 15—19岁	农村女性 <1岁	农村女性 1—4岁	农村女性 5—6岁	农村女性 10—14	农村女性 15—19岁
一、传染病和寄生虫病小计	18.16	3.44	0.54	0.5	0.6	13.99	2.62	0.16	0.32	0.43	16.72	3.6	0.74	0.72	0.98	14.56	3.48	0.53	0.78	0.62
传染病	18.16	3.44	0.54	0.5	0.6	13.99	2.62	0.16	0.32	0.43	16.72	3.6	0.73	0.72	0.98	14.56	3.48	0.53	0.75	0.62
内：痢疾						0.33					0.09	0.02	0.02	0.02						
肠道其他细菌性传染病	2.23	0.51	0.05			0.98	0.07				2.19	0.27	0.07	0.02	0.06	2	0.2	0.04	0.08	0.02
呼吸道结核	0.56				0.12	0.33			0.06	0.13	0.18	0.04	0.03	0.04	0.14		0.08		0.03	0.22
破伤风	0.28									0.04	0.96					0.32				
脑膜炎球菌感染	0.56	0.13	0.15	0.06	0.28	0.65	0.52		0.19	0.04	1.05	0.48	0.2	0.2	0.21	2.22	0.31	0.19	0.21	0.11
败血症	9.5	0.57	0.15	0.11	0.08	8.46	0.45			0.04	7.36	0.31	0.1	0.04	0.1	5.8	0.64	0.13	0.13	0.04
性传播疾病	0.84							0.05			0.18		0.08	0.13	0.06					
狂犬病		0.06		0.11								0.04		0.02		0.11	0.05	0.04	0.08	
流行性乙型脑炎	0.28											0.02								
病毒性肝炎	0.28	0.06		0.11						0.04	0.09	0.04	0.02	0.11	0.18	0.21	0.03	0.02	0.05	0.07
艾滋病											0.09		0.02	0.02			0.03	0.02	0.03	
寄生虫病																			0.03	
二、肿瘤小计	6.98	4.66	4.16	4.64	5.19	5.53	4.33	3.24	3.42	3.03	5.52	4.5	3.47	3.86	6.52	3.8	3.76	2.37	4.14	4.11

续表

疾病名称(ICD-10)	城市男性 <1岁	1—4岁	5—6岁	10—14	15—19岁	城市女性 <1岁	1—4岁	5—6岁	10—14岁	15—19岁	农村男性 <1岁	1—4岁	5—6岁	10—14	15—19岁	农村女性 <1岁	1—4岁	5—6岁	10—14	15—19岁
恶性肿瘤	5.31	4.4	3.96	4.58	5.07	4.55	3.96	3.19	3.36	3.03	4.82	4.23	3.33	3.79	6.44	3.17	3.63	2.24	3.98	4.02
脑及神经系统恶性肿瘤	0.56	1.21	1.48	1.34	0.81	0.98	0.97	0.99	0.65	0.22	1.66	1.06	0.91	0.76	0.96	0.42	0.9	0.72	0.93	0.64
白血病	2.23	1.66	1.78	1.68	2.42	2.6	1.72	1.48	1.81	1.65	2.45	1.98	1.57	2.15	2.44	1.79	1.66	1.09	2.07	1.73
良性肿瘤	0.28	0.19	0.1		0.04	0.98		0.05			0.26	0.12	0.07	0.04	0.02	0.53	0.1	0.09	0.13	
三、血液、造血器官及免疫疾病小计	4.75	0.77	0.1	0.34	0.32	3.25	0.45	0.16	0.78	0.22	3.24	1.23	0.36	0.3	0.21	2.11	0.67	0.4	0.21	0.38
贫血	1.96	0.32	0.1	0.28	0.16	1.3	0.37	0.16	0.58	0.17	1.58	0.83	0.29	0.24	0.14	0.63	0.36	0.23	0.18	0.33
四、内分泌、营养及代谢疾病小计	5.03	0.7	0.25	0.11	0.36	2.6	0.75		0.19	0.22	3.59	0.23	0.17	0.13	0.21	2	0.18	0.11	0.26	0.24
甲状腺疾患		0.13	0.05	0.06	0.2		0.07			0.04	0.18		0.02		0.02	0.11	0.03	0.02		0.04
糖尿病			0.05	0.06	0.36			0.05	0.19	0.17	0.09	0.04	0.05	0.04	0.1	0.11		0.04	0.1	0.13
五、精神和行为障碍小计	0.28				0.04				0.06	0.04	0.09		0.05	0.13	0.23		0.05		0.08	0.13
痴呆											0.09			0.04		0.03				
六、神经系统疾病小计	20.67	4.72	1.68	1.79	2.13	10.08	2.24	1.92	1.1	0.78	9.63	3.5	2.05	2.08	2.4	6.75	2.66	1.21	1.34	1.13

续表

疾病名称 (ICD-10)	城市男性 <1岁	城市男性 1—4岁	城市男性 5—6岁	城市男性 10—14	城市男性 15—19岁	城市女性 <1岁	城市女性 1—4岁	城市女性 5—6岁	城市女性 10—14岁	城市女性 15—19岁	农村男性 <1岁	农村男性 1—4岁	农村男性 5—6岁	农村男性 10—14	农村男性 15—19岁	农村女性 <1岁	农村女性 1—4岁	农村女性 5—6岁	农村女性 10—14	农村女性 15—19岁
脑膜炎	2.51	0.38	0.05	0.11	0.04	1.95	0.07	0.05		0.04	2.1	0.48	0.19	0.2	0.08	1.27	0.26	0.15	0.08	0.07
帕金森病																				
七、循环系统疾病小计	5.87	1.08	0.54	1.56	3.22	5.53	0.75	0.33	0.78	1.39	3.94	0.83	0.66	1.26	4.53	4.33	0.61	0.4	0.98	1.86
心脏病	5.03	0.96	0.3	1.12	1.53	5.2	0.67	0.27	0.58	0.87	3.5	0.67	0.39	0.85	2.65	3.8	0.54	0.24	0.62	1.18
内：慢性风湿性心脏病					0.04					0.04					0.06				0.03	0.22
高血压性心脏病															0.08					
冠心病				0.11	0.64				0.13	0.22				0.07	1.29				0.05	0.49
内：急性心肌梗死				0.06	0.52				0.13	0.22				0.04	1.07				0.05	0.4
其他高血压病					0.04	0.33							0.03		0.02					0.02
脑血管病	0.28		0.25	0.34	1.53		0.07	0.05	0.13	0.52	0.09	0.12	0.24	0.35	1.78	0.42	0.08	0.15	0.34	0.51
内：脑出血			0.15	0.22	1.21		0.07		0.13	0.39		0.02	0.15	0.22	1.52	0.32	0.03	0.09	0.23	0.42
脑梗死					0.16					0.09	0.09			0.02	0.12	0.11			0.03	0.02
八、呼吸系统疾病小计	54.2	3.89	0.99	0.78	0.93	31.87	4.56	0.27	0.58	0.3	51.31	5.17	1.29	1.02	1	42.21	5.25	0.89	0.65	0.64
肺炎	48.89	3.25	0.69	0.56	0.52	28.3	3.51	0.16	0.32	0.13	44.75	4.17	0.96	0.59	0.55	36.61	4.48	0.64	0.34	0.31

续表

疾病名称(ICD-10)	城市男性 <1岁	城市男性 1—4岁	城市男性 5—6岁	城市男性 10—14	城市男性 15—19岁	城市女性 <1岁	城市女性 1—4岁	城市女性 5—6岁	城市女性 10—14岁	城市女性 15—19岁	农村男性 <1岁	农村男性 1—4岁	农村男性 5—6岁	农村男性 10—14	农村男性 15—19岁	农村女性 <1岁	农村女性 1—4岁	农村女性 5—6岁	农村女性 10—14	农村女性 15—19岁
慢性下呼吸道疾病		0.19	0.15	0.06	0.08		0.07	0.05	0.06	0.04	0.26	0.08		0.04	0.1	0.32	0.05	0.02		0.16
内：慢性支气管肺炎			0.05								0.09	0.04			0.02					0.07
九、消化系统疾病小计	10.06	0.96	0.05	0.17	0.36	9.43	0.75	0.33	0.13	0.09	10.42	1.12	0.36	0.28	0.41	7.91	0.97	0.13	0.18	0.36
胃和十二指肠溃疡	0.28				0.08						0.18			0.02	0.1				0.03	0.04
阑尾炎	1.68	0.32			0.04	0.98	0.22		0.06	0.04	2.1	0.02	0.02	0.09	0.04	1.27	0.03	0.02	0.05	0.02
肠梗阻	0.56		0.05	0.06	0.08	1.3		0.16	0.06		0.18	0.17	0.08	0.04	0.08	0.42	0.13	0.09	0.03	0.07
内：肝硬化			0.05	0.06	0.04	0.98		0.05			0.18	0.15	0.07	0.02	0.06	0.32	0.08	0.02		0.02
十、肌肉骨骼和结缔组织疾病小计		0.06		0.17	0.12			0.11	0.13	0.13	0.35	0.08	0.05	0.2	0.35	0.32	0.1	0.08	0.13	0.36
系统性红斑狼疮					0.04				0.13	0.13	0.09			0.04	0.04			0.04	0.13	0.31
十一、泌尿生殖系统疾病小计	1.12	0.13	0.25	0.17	0.24				0.26	0.39	0.7	0.17	0.37	0.41	0.57	0.53	0.33	0.15	0.26	0.38
肾小球和肾小管间质疾病	0.28	0.06	0.15	0.06	0.2				0.13	0.17	0.44	0.12	0.24	0.35	0.33	0.21	0.23	0.13	0.16	0.27

续表

疾病名称(ICD-10)	城市男性 <1岁	1—4岁	5—6岁	10—14	15—19岁	城市女性 <1岁	1—4岁	5—6岁	10—14岁	15—19岁	农村男性 <1岁	1—4岁	5—6岁	10—14	15—19岁	农村女性 <1岁	1—4岁	5—6岁	10—14	15—19岁
肾衰竭	0.84	0.06	0.1	0.06	0.04				0.13	0.17	0.26	0.04	0.14	0.07	0.18		0.08		0.1	0.09
十三、起源于围生期的情况小计	288.86	0.32				217.92	0.15				224.25	0.5				170.3	0.15			
早产儿和未成熟儿	78.5					56.92					60.24	0.06				51.39	0.03			
新生儿产伤和窒息	43.02					35.78	0.07				40.02	0.06				36.93				
十四、先天畸形、变形和染色体异常小计	139.12	5.93	1.53	0.95	0.89	107.66	6.35	0.88	1.42	0.69	104.82	6	1.44	1.41	1.46	86.63	6.12	1.28	1.55	1.29
先天性心脏病	87.72	4.72	0.94	0.5	0.72	67.33	4.93	0.66	0.84	0.65	70.75	4.98	1.1	1.21	1.17	59.3	5.4	1.06	1.29	1.13
先天性脑畸形	4.47	0.32	0.4	0.28	0.08	3.9	0.3	0.22	0.45		4.73	0.25	0.12	0.07	0.16	4.54	0.23	0.08	0.13	0.09
十五、诊断不明小计	9.5	0.38	0.3	0.5	0.76	7.16	0.82	0.16	0.26		7.97	0.65	0.52	0.5	0.55	4.75	0.49	0.32	0.52	0.16
十六、其他疾病小计	6.43	0.89	0.49	0.22	0.36	5.2	0.97		0.06	0.09	7.36	0.96	0.27	0.22	0.35	4.22	0.44	0.19	0.18	0.22

资料来源：2016年《中国卫生和计划生育统计年鉴》。

二 教育风险

世界银行指出,教育是现代社会中创造、应用和传播新思想和技术的关键所在,也是建设具有竞争力的经济体系和民主社会所需的重要环节。教育是减少已有贫困和不平等的最强大的手段之一,它会为持续经济增长、健全的治理和有效的机构奠定坚实的基础。然而,当前我们的世界仍然距离全民教育(EFA)的全球目标仍有较大的距离。

具体到中国来说,在各级政府的大力支持下,近年来我国儿童的入学率有了很大提高,没有入学或辍学的适龄儿童的人数大幅降低,但由于父母离婚、死亡或者家庭贫困等原因,有些儿童可能会面临辍学的风险。

图2-11是2000—2015年中国学龄儿童入学率情况,从图2-11可以看出,2000—2002年中国学龄儿童入学率从99.1%下降至98.6%,之后不断上升,2015年已经达到了99.9%,也就是几乎所有的学龄儿童都能够顺利入学。根据教育部统计,2015年我国的学龄儿童数为9368.2万人,已经入学的学龄儿童数为9356.7万人,小学的毛入学率接近100%。从以上数据看,我国学龄儿童入学情况较为良好,但是由于人口基数庞大和经济发展结构不平衡,仍然有一部分家庭比较贫困,这些家庭的儿童教育也面临着较为严峻的挑战。

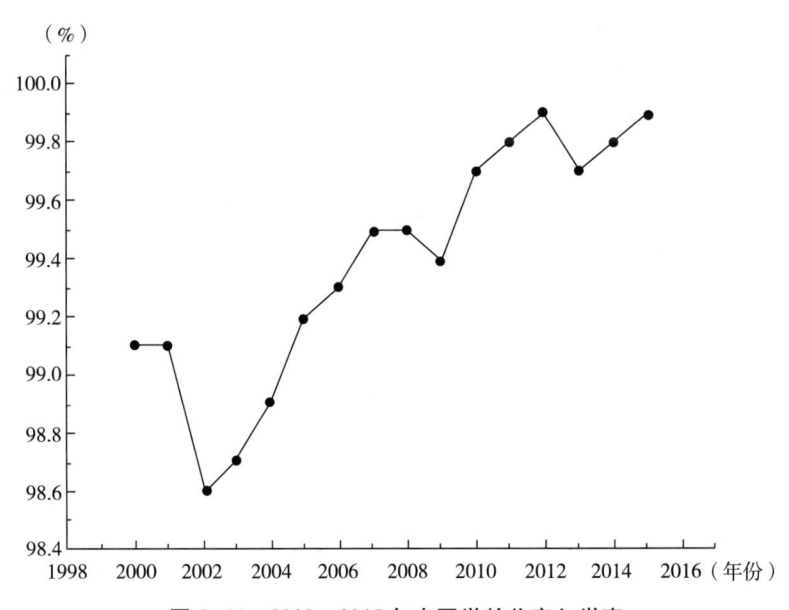

图2-11 2000—2015年中国学龄儿童入学率

资料来源:教育部网站。

一些文献（如谢建社等，2011）指出，珠江三角洲地区的一些农民工的子女存在着转学率高、入学率低、犯罪率高和城市认同低等特点，而我国的一些偏远山区、贫困地区和少数民族地区的学龄儿童也具有辍学率较高的特征。以上研究表明，我国儿童的教育风险仍需要进一步得到保障。

三 意外风险

在儿童成长的过程中，提高安全性是非常重要的一个问题。据统计，我国每年有超过 20 万儿童因意外事件而死亡，因意外事件死亡的儿童占死亡儿童人数的 1/3 左右，死亡率比世界上许多国家都高很多。

表 2-11 是 2015 年中国儿童意外风险情况，阐述了近年来我国儿童死亡的主要原因。从表 2-11 中可以看出，溺水、中毒、车祸和意外窒息是导致我国的儿童意外死亡的主要原因，其中溺水死亡和意外窒息占我国 5 岁以下儿童意外死亡的 50% 以上。5 岁以下儿童的意外死亡主要发生在家中或周边，这些儿童死亡的主要原因是缺乏成年人的护理和照看。

表 2-11　　　　2015 年中国儿童意外风险情况　　　　单位：1/10 万

	疾病名称（ICD-10）	不满 1 岁	1—4 岁	5—9 岁	10—14 岁	15—17 岁
城市女童	损伤和中毒小计	20.17	14.2	7.03	7.37	7.24
	机动车辆交通事故	2.6	4.11	2.53	2.07	3.03
	内：行人与机动车发生的交通事故	1.63	2.32	1.54	1.23	1.56
	机动车与机动车发生的交通事故	0.33	0.45	0.38	0.06	0.09
	机动车以外的运输事故	0.07				
	意外中毒	0.33	0.52	0.22	0.45	0.65
	意外跌落	0.98	2.09	0.6	0.52	0.43
	火灾		0.22		0.06	0.13
	溺水	1.3	4.48	2.86	2.52	0.74
	意外的机械性窒息	10.41	0.67	0.16	0.06	0.04
	砸死			0.3	0.11	0.09
	触电		0.07	0.05	0.13	0.04
	自杀			0.05	0.84	1.6
	被杀	0.65	0.15	0.16	0.06	0.13
城市男童	损伤和中毒小计	24.58	21.49	12.17	14.07	22.3
	机动车辆交通事故	5.59	6.06	3.86	4.24	10.19
	内：行人与机动车发生的交通事故	1.4	3.95	2.42	2.4	4.99

续表

	疾病名称（ICD-10）	不满1岁	1—4岁	5—9岁	10—14岁	15—17岁
城市男童	机动车与机动车发生的交通事故	0.84	0.13	0.2	0.67	1.29
	机动车以外的运输事故					
	意外中毒	0.28	0.51	0.15	0.61	0.97
	意外跌落	1.12	2.49	1.04	0.95	1.81
	火灾		0.38	0.15		0.16
	溺水	1.4	7.97	5.39	5.81	4.27
	意外的机械性窒息	9.5	0.77	0.3	0.34	0.12
	砸死		0.32	0.3	0.06	0.24
	触电		0.19	0.25		0.32
	自杀			0.05	1.06	2.21
	被杀	0.28	0.06	0.1	0.22	0.44
农村女童	损伤和中毒小计	31.23	20.22	7.93	9.7	11.81
	机动车辆交通事故	4.12	6.06	3.01	2.97	4.68
	内：行人与机动车发生的交通事故	1.58	3.58	1.77	1.66	2.18
	机动车与机动车发生的交通事故	0.74	0.67	0.4	0.39	0.78
	机动车以外的运输事故					
	意外中毒	1.16	0.95	0.38	0.7	1.09
	意外跌落	1.16	1.74	0.77	0.62	0.6
	火灾	0.21	0.33	0.09	0.1	0.16
	溺水	1.16	7.8	2.81	3.21	1.75
	意外的机械性窒息	18.04	0.69	0.13	0.21	0.13
	砸死		0.33	0.09	0.08	0.09
	触电	0.11		0.04	0.1	0.09
	自杀			0.04	0.85	2.26
	被杀	0.63	0.28	0.21	0.21	0.38
农村男童	损伤和中毒小计	37.74	28.1	16.46	21.06	35.1
	机动车辆交通事故	4.12	7.58	4.6	5.29	16.96
	内：行人与机动车发生的交通事故	1.58	4.52	3.01	2.38	6.75
	机动车与机动车发生的交通事故	0.44	0.79	0.46	0.8	3.01
	机动车以外的运输事故		0.02			
	意外中毒	0.79	0.85	0.34	0.72	1.29
	意外跌落	2.54	2.54	1.15	1.24	2.24

续表

	疾病名称（ICD-10）	不满1岁	1—4岁	5—9岁	10—14岁	15—17岁
农村男童	火灾	0.44	0.4	0.19	0.22	0.12
	溺水	1.49	12.18	7.95	10.75	7.48
	意外的机械性窒息	20.58	1.02	0.58	0.17	0.31
	砸死		0.35	0.15	0.13	0.39
	触电		0.25	0.1	0.39	0.98
	自杀			0.03	0.93	2.89
	被杀	0.53	0.23	0.27	0.3	0.76

资料来源：2016年《中国卫生和计划生育统计年鉴》。

四 校园风险

根据教育部的报告，校园风险正逐渐成为我国儿童的重要风险之一。校园欺凌、学校责任事故、教师体罚等问题对儿童身心健康发展形成不利影响，也越来越受到社会的关注。如何管理这些校园风险已成为儿童系统风险管理的重要内容之一。

最直接的校园风险是校园暴力。世界银行的报告指出，儿童在经历了严厉体罚、身体虐待、校园欺凌等校园暴力之后，他们长大成人之后使用暴力的概率比正常儿童高很多。

根据中国最高人民法院2016年6月公布的《关于校园暴力案件的调研报告》，近年来我国的校园暴力案件经常发生，这些案件已经对未成年人生理和身心健康造成了严重影响。在其统计的100件校园暴力案件中，故意伤害罪占57%，财侵和性侵犯罪比例均占12%，寻衅滋事罪占10%，故意杀人罪占6%，聚众斗殴罪占1%，绑架罪占1%。从案件的后果看，这些案件不仅对当事人造成严重影响，也对校园风气形成了不利影响。从以上角度看，如何管理校园暴力等校园风险，将是保护我国儿童身心健康的重要环节之一。

第三章 妇女和儿童的社会保障现状

本章首先介绍世界范围内妇女和儿童社会保障的发展现状，明确社会保障的内涵和意义，并且分别探讨我国妇女和儿童社会保障的现状以及存在的问题，力求寻找妇女和儿童社会保障制度的风险管理、社会效益与经济效益之间的平衡点。

从某种意义上讲，社会保障制度的存在是为了应对人们生命周期内的风险，但这些风险的性质和严重程度会随着时间而改变，并将取决于经济、社会、人口和环境等趋势的演化。世界各国妇女的养老保险制度还存在一定的不足之处，需要在未来进行提升和改善。虽然目前全球最贫穷的儿童在生命的早期仍然面临较大的风险，但各国的研究已经证明了几种类型的干预措施可以有效改善他们的发展和终身的生活情况。由于中国的社会保障制度的设计主要是基于性别中性的理念，所以相关制度和政策对性别差异没有引起足够的重视，进而导致许多妇女儿童群体的风险得不到有效控制，基本权益也得不到充分保障。

当前我国妇女和儿童医疗保障存在的问题主要有：当前我国妇女和儿童的医疗保障水平仍然较低；儿童医疗保险的问题较为严重；不同身份特征的儿童和妇女的医疗保险存在着较大的差异；我国还没有形成完善的妇女和儿童的医疗保险转移机制。我国妇女养老保障存在的问题主要有：我国妇女的养老保障水平普遍偏低；我国的养老保险没有充分考虑到家庭主要收入来源的劳动者的家庭责任；我国的养老保险并没有充分体现妇女对家庭所做出的贡献。我国妇女的生育保险主要存在以下问题：全国各地妇女生育保险的保障程度存在着很大的差异；我国生育保险制度的总体水平仍有待进一步提高；政府承担的责任不够，一些弱势妇女的生育权益得不到有效保障；在家庭中，男性在家庭事务方面承担的责任不够，不利于男女平等的实现。我国儿童的保障体系建设主要存在以下问题：我国儿童的医疗资源仍然非常短缺；在教育方面，"全面二孩"政策实行以后将会对儿童的教育质量构成新的挑战；当前我国的儿童保障制度相对于经济和社会发展来说比较滞后。

第一节 世界范围内妇女和儿童社会保障的发展现状

社会保障方案和制度的发展是20世纪世界范围内最重要的社会政策成就之一。尽管如此，加强和扩大社会保障仍将是人类未来几十年的重大挑战。

一 社会保障的内涵和意义

社会保障可以被定义为立法规定的任何社会保护计划，或任何其他强制性安排，在面对老年人生活困难、生存压力、丧失工作能力、残疾、失业或养育儿童负担等问题时，它能够为个人提供一定程度的收入保障，还可以提供治疗性或预防性的医疗保障。

根据国际社会保障协会的定义，社会保障包括社会保险计划、社会救助计划、国家公积金等其他安排，依照国家法律和实务，以上计划构成国家社会保障制度的一部分。社会保障对于工人、家庭和整个社会的福利至关重要。它是创造社会凝聚力的基本手段，有助于确保社会和谐与社会融合。它是政府社会政策不可或缺的一部分，也是预防和减轻贫困的重要手段。通过公平分摊负担，社会保障可以促进人的尊严、平等和社会公正，对政治包容、人权和民主的发展也很重要。

养老保险的第一个社会保障计划是在19世纪后叶在欧洲建立的。然而，在20世纪初，国家社会保障计划在全球范围内发展得更加广泛，尤其是在第二次世界大战后建立的新独立国家中。社会保障的发展也得到各种国际公约和政策的支持，1948年"世界人权宣言"承认社会保障是一项基本人权。在很多国家，例如德国和巴西，社会保障是"宪法"保障的权利。至今为止，大多数国家都建立了某种社会保障制度，全球最常见的社会保障计划是为老年人、残疾人等提供养老保险服务。

根据国际社会保障协会的估计，全球约有50%的人口可以获得某种形式的社会保障，但只有20%的人口可以享有充分的社会保障。因此，扩大覆盖面是全球各国的社会保障机构面临的重大挑战。然而，在人口老龄化、家庭结构演变和经济全球化的影响下，各国的社会保障机构在处理更广泛的难题的同时，还要关注非正规劳动力市场的增长以及流行病和经济环境的发展。

社会保障制度对社会的重要性现在得到了全球各国的广泛接受。但是，全球各国的政府在社会保障制度对经济发展的重要性问题上仍未达成一致。无论如何，社会保障制度应该被理解为经济发展的关键要素，这是世界各国的学术界正在形成的共识之一。在探讨社会保障对经济发展的重要性问题时，欧洲的社会保障发展历史特别具有启发性。许多欧洲国家很早就在其发展中引入社会保障计划，有些国家是在进入发达国家前就已经这样做了。欧洲历史还表明，有效的经济体系和有效的社会保障体系可以携手并进，而后者并不是前者的制约因素。显然，各国都要根据自己的社会经济需要和具体情况来发展适合自己国家的社会保障制度。然而，在欧洲经验的基础上，发展中国家可以深刻地认识到，有效的社会保障制度是长期社会经济发展的关键。

当前，国际社会保障协会正在积极推动促进动态社会保障（DSS）的理念，促进创新使用综合、积极主动和前瞻性的社会保障政策，其目标是建立高绩效的社会保障组织。基于以上观点的思想，有效和管理良好的组织对社会保障的建设至关重要，并且最终可以实现可持续发展。在以上基础上，动态社会保障（DSS）的长期目标是为所有国家的基本养老福利和初级保健提供一定支持。

事实上，在整个发展历史上，社会保障的内容从未停止过改变，但截至今天，经过一个多世纪的发展，使"人人享有社会保障"的权利成为现实仍然是全球各国面临的重大挑战。以非洲国家为例，国际社会保障协会认为，当前非洲社会保障所面临的迫切挑战包括：弥合覆盖面鸿沟，更高的公众期望、健康与长期护理、青年工人失业、不平等现象、技术转型、新的风险，冲击和极端事件、人口老龄化和移民工人的保护等，这些挑战需要社会保障决策者和管理者采取根本的和长期的战略对策。

从某种意义上讲，社会保障制度的存在是为了应对人们生命周期的风险，但这些风险的性质和严重程度会随着时间而改变，并将取决于经济、社会、人口和环境等趋势的演化。目前，至少有四个关键领域会在未来几十年影响着全球各国的社会保障制度，这四个关键领域分别是劳动力市场的转型，气候变化与自然资源匮乏，人口老龄化，家庭、性别和社会变革。因此，全球各国的社会保障机构需要采取一些充满生机和积极主动的社会保障措施，以便减少这些趋势的潜在负面影响。

二 妇女社会保障的发展现状

（一）医疗保险

在国际上，妇女尤其是老年妇女对医疗保险有很大的需求。妇女平均寿命比男性长，而老年妇女比老年男子更大可能面临健康问题。老年妇女经历一些多发性慢性疾病（如关节炎、骨质疏松症和高血压）的发生率高于老年男性，而这种性别差距随着年龄的增长而会持续下去。

此外，老年妇女中患有生活障碍的比例显著高于老年男性，例如日常生活活动的限制，以及可能阻碍其独立生活能力的认知障碍，如记忆丧失和阿尔茨海默病。许多老年妇女也缺乏独立生活所需的社会支持。她们比男性同龄人更有可能丧偶（比例分别是44%和14%）和独居（比例分别是38%和19%）。随着女性年龄的增长和对健康需求的增加，这些需求逐渐转变为更多地使用长期护理服务和支持。根据美国健康协会统计，大约有10%的老年妇女长期受益于养老院、辅助生活设施和其他长期护理设施。然而，很多国家的医疗保险仅为部分社区提供长期护理服务，并且只能为妇女提供有限时间的覆盖。这种覆盖面限制使得许多妇女只能在无法再独立生活并需要长时间照顾的情况下，才能获得高额的支出补贴。

一般来说，老年妇女的平均社会保障和养老金福利比男子平均水平要低，主要是因为她们在工作年限期间工资低于男子，而且许多人从事兼职工作或离开工作岗位一段时间来抚养家庭或照顾老人。以美国为例，根据美国健康协会统计，在65岁及以上的医疗保险受益人中，2016年美国妇女的人均收入中位数要远低于男性，而且美国妇女的人均金融资产和退休储蓄总和的中位数也要远低于男性。

平均而言，老年妇女在保健（包括保险费）方面的支出比老年男性多。以美国为例，2016年美国妇女在保健方面的支出为4844美元，而老年男性在保健方面的支出为4230美元。相比之下，老年妇女在收入较低的情况下，承受更大的经济负担。对于所有的老龄医疗保险受益人而言，自付费用随着年龄的增长而升高，但85岁以上的女性所付出的成本要比老年男性高得多，这主要是由于其对健康的需求更高，需要长期使用护理服务。根据美国健康协会统计，85岁及以上的女性在医疗保险方面的自付支出金额和低收入份额要远高于所有年龄阶段的年轻女性和男性。近年来，美国的《经济实惠护理法》对医疗保险覆盖面进行了一些改进，可能会减少受益人的一些自付费用，包括消除对妇女健康有重要意义的成本分摊，如癌症筛查、慢性病和骨质疏松症，并且能够增加免费的年度健康访问和调查活动。

此外，为了降低医疗保险的利益差距和进行成本分摊，美国大多数医疗保险都有某种形式的补充健康保险，是可以从雇主那里获得，也可以个人单独购买的保险。举例来说，美国雇主资助的计划帮助了许多退休人员和配偶的医疗保险，一些老年人或他们的配偶的主要保险来源是雇主计划。根据美国健康协会统计，美国老年妇女由雇主资助的医疗保险的比例为36%，要低于老年男性由雇主资助的医疗保险的比例（42%）。主要的原因为在退休前妇女参与劳动的性质不同，她们更有可能从事兼职，因此不太可能获得由雇主资助的医疗保险。

医疗补助计划是美国的穷人健康保障计划，也是18%的老年妇女的医疗保险中补充保险的重要来源。2015年，美国一共有900万收入低的残疾人成为医疗保险受益人，他们也有资格获得了医疗补助，这些受益人通常被称为"符合双重资格"。此外，2015年，有超过2/3（68%）的65岁及以上的妇女获得了"符合双重资格"的医疗保险和医疗补助金。有1/4的黑人妇女和85岁以上的妇女也被纳入了医疗补助计划，主要是由于她们的平均收入较低。除了比较贫穷之外，"符合双重资格"的受益人往往比一般的保险受益人的健康状况差，面临着更加密集的医疗保健需求。据统计，2015年在美国的所有老年妇女中，有将近62%的人员满足"符合双重资格"的医疗补助的资格。此外，在所有老年妇女医疗保险中，有9%的老年妇女中没有任何补充保障。那些没有补充医疗的老年妇女通常遭遇更多的护理障碍，也需要更多的照顾和关怀。

总体来看，医疗保险在老年妇女的健康和退休保障方面发挥着关键作用。尽管医疗保险非常重要，但由于利益差距和高成本分摊，多数医疗保险受益人，特别是老年妇女，花费了大量的时间和金钱在她们的健康和长期护理上。

展望未来，医疗保险仍是各国持续减少贫穷的关键要素。虽然当前各国正在考虑的医疗保险的一些变化可能有助于为妇女增强医疗保险，但自付医疗支出增加的政策变化可能对老年妇女产生不利的影响，因为其中许多妇女的收入较低，获得额外费用的能力有限，而且对健康的需求较高。医疗保险对老年妇女来说，无疑是非常重要的。因此，世界各国需要持续维护好医疗保险计划，但在寻求解决妇女面临的健康和长期护理费用时，如何解决它们所带来的卫生需求和相关的财务挑战，也将是至关重要的。

（二）生育保险

生育保险是世界各国妇女保险保障的重要内容。当前，尽管世界各国妇女的生育保险有了很大进步，但是仍有一些国家的妇女生育保险水平仍有待于进一步提升。

举例来说，世界银行指出，尽管近年来印度尼西亚的生育保险水平取得了较大进展，绝大多数关键产妇保健服务的利用率也相对较高，但该国的孕产妇死亡率依然很高，特别是在西巴布亚、北马鲁古、巴布亚、戈兰托洛、西苏拉威西、马鲁古和南部等省份。由于种种原因，保健服务的高利用率不能转化为产妇保健成果的改善。妇女受孕时高生育率、营养不良以及青春期怀孕水平可能会增加怀孕和分娩期发生并发症的风险。此外，尽管医疗服务提供者的能力和投入水平较低，以及产妇保健服务利用率较高，但仍可能导致高产妇死亡率。在印度尼西亚，如果继续使用传统的接生员，那么紧急分娩服务和保健质量就会较差，进而导致孕产妇死亡率高。

从数据上看，印度尼西亚在过去几十年中在降低孕产妇死亡率方面取得了稳步的进展。最近发布的世界银行数据显示，1990—2015年，印度尼西亚的孕产妇死亡率平均每年下降3.5%。来自健康指标和评估研究所模型的估计显示，印度尼西亚的孕产妇死亡率在1990—2011年每年下降1.9%。2015年印度尼西亚人口和健康调查（IDHS）的数据显示，1990—2014年印度尼西亚的孕产妇死亡率平均每年下降3%。相比之下，印度尼西亚如果实现联合国千年发展的目标，那么就需要在25年内将产妇死亡率降低75%，即每年产妇死亡率平均下降5.4%。在过去几十年中，印度尼西亚孕产妇死亡率下降的原因，可能是一般社会经济状况的改善以及政府针对孕产妇健康颁布的政策起到了一定的作用。除了通过扩大社会医疗保险覆盖面所需的财政拨款之外，印度尼西亚还实施了若干方案，包括改善计划生育服务的计划，彻底改善妇女的助产计划，为边远村庄引入特别的"候诊室"，以及为贫穷地区的产妇增加血液的补充。

导致印度尼西亚孕产妇死亡率相对较高的因素有很多，其中怀孕期间的高血压疾病（包括子痫和子痫前期），以及产后出血是该国孕产妇死亡的两大原因。虽然近年来儿童出生率出现了显著的上升，但是对助产护士的培训，以及助产的服务情况令人担忧。在并发症频繁发生的情况下，如何获得紧急产科护理，仍然是该国部分地区的重要挑战。

此外，印度尼西亚青少年怀孕是另一个令人非常担忧的现象，因为18岁以下的母亲在怀孕期间更容易发生并发症。根据2016年的调查，印度尼西亚10%的青少年妇女（15—19岁）已经开始生育，其中7%的青少年妇女顺利生产，3%的青少年妇女怀了她们的第一个孩子。毫无疑问，来自农村的少年女性只有初级教育（或更少）和较少的财富，这与她们的早期生育有关。令人担忧的是，与前几年的调查相比，印度尼西亚的青少年妇女生育比例呈现了不断增长的趋势。

在印度尼西亚，各省之间的公共卫生设施密度和类型差异很大。一般来说，人口密集的省份的公共卫生设施较少，这可能与私营医疗机构的主导地位有关，而且在人口密集地区拥有较少但效率较高的大型卫生设施。在人口稀少的巴布亚省份，公共卫生设施的数量为平均1万人2个，接近世界卫生组织的要求。根据调查显示，社会医疗保险计划的需求支付不是公共卫生设施的主要收入来源。公共卫生设施能够以设备和药物的形式，获得当地的供应方投资和运营融资。中央政府还可以通过特殊的中央基金为公共卫生设施制定特定的方案，并为免疫接种、避孕和艾滋病、结核病和疟疾等传染病防治做出了贡献。地方政府还提供财务预算，包括支付薪水等。

公共卫生设施在很大程度上由地方政府负责，对供应方面的准备情况（特别是非商业性问题）的问责制度将有可能会发生变化。具体来说，在马鲁古、巴布亚和西巴布亚等省份，公共卫生设施供应方面的情况普遍较差，而且这些省份的孕产妇死亡率比较高。在爪哇省，血液红蛋白检测可用于所有脓毒症的90%以上，而在北苏拉威西州、马鲁古和巴布亚等省份，不到60%的脓血症可以进行血液检测。在这些省份，尿液测试的可用性甚至更有限，只有43%的非脓血症和66%的脓液具有尿液测试的能力。尽管尿液中的蛋白质在诊断妇女的一些病症和确定尿液中的葡萄糖、筛查妊娠糖尿病等方面至关重要，但在某些省份如北苏拉威西州和马鲁古几乎完全无法进行尿液检查，这表明印度尼西亚的医疗设施和保健水平仍具有较大的提升空间。

总体来看，尽管近年来印度尼西亚的生育保险水平取得了较大进展，但该国的孕产妇死亡率仍然很高。从卫生系统的角度来看，印度尼西亚在提供和培训人力资源管理、服务质量和需要时获得紧急护理方面，以及提高孕产妇健康方面的一些挑战仍然存在。当前该国的普遍产妇保健覆盖在原则上减少了妇女的一些生育保健方面的障碍。然而，公共卫生设施的供应仍然是实现生活中孕产妇保健方面的一个重要挑战，尤其是在一些最贫穷的产妇保健指标利用率和产妇死亡率较高的省份。虽然印度尼西亚在全国范围内有普遍的产妇保健服务，但是与一些发达经济体相比，该国的公共卫生设施的供应数量仍然相对较少。

世界银行认为，为了实现印度尼西亚普及孕产妇保健和提高孕产妇健康状况的目的，不仅仅是增加普及孕产妇保健覆盖的广度和高度，而且还要确保覆盖范围的"有效深度"存在，尤其是在东部地区和一些仅有初级保健水平的省份。如果仅在法律上明确规定孕产妇健康的受益情况，而没有足够的公共卫生设施，这是远远不够的。因此，印度尼西亚除了需要确定妇女健康供应方面的主要缺陷之外，还需要弄清楚为什么会出现这种情况的背后的深层原因。

通过印度尼西亚的案例分析，我们发现尽管当前大多数国家妇女的生育保险有了很大进步，但是仍有一些国家的妇女生育保险水平仍有进一步提升的空间。

（三）养老保险

在过去二三十年间，养老保险在全球范围内吸引了学术界和业界人士前所未有的关注。当前国内外已经有大量文献来讨论各国养老保险体系的优势、劣势和所需要改进之处。伴随着世界各国的人口老龄化，养老保险可以促进人们退休收入来源多样化，降低生活中的系统性风险，并可以实现减轻老年贫困的收入再分配功能。国际社会保障协会调查显示，近年来世界各国工作时间较短的和薪水较低的妇女的养老保险的情况也越来越受到人们的关注。对于非正规部门工作人员比例高的发展中国家来说，应当优先考虑扩大养老保险的覆盖范围。

养老保险制度旨在为一些老龄人、残疾人或者其他弱势群体提供收入。在某些情况下，这种制度的目的是方便政府直接将收入转移到这些目标群体，并且可以对这种方式进行评估。在大多数情况下，养老保险制度的重点是提供一种机制，它是能够使个人避免未来收益遭受损失的保障机制。

为什么人们需要养老保险制度？学术界普遍认为，养老保险制度有两个主要目标：平滑消费和减缓老年贫困。在大多数国家的养老保险制度中，个人的工作经历和工资收入是计算养老金福利的基础，从而为平滑消费目标服务。对于第二个目标——减缓老年贫困，各国政府通过使用各种手段来实现，包括利益的重新分配，保证人们的最低收益和一些其他的普遍福利。除了退休年龄、幸存者福利、产假和养老金指数之外，养老金制度的设计应当有性别方面的差异。

在大多数传统社会中，家庭或社区照顾老年人、残疾人或者其他弱势群体。然而，即使在这些情况下，总是有缺乏子女来照顾的老年人，或者他们的社区和家庭太穷，无法提供足够的照顾。随着社会现代化的发展，社区和家庭关系减弱，老年人和残疾人越来越缺乏安全感。此外，房地产以及股市等金融市场的价格波动幅度较大，也存在一定的金融风险。由于以上原因，各国政府通常制定某种类型的养老保险制度来保障老年人的生活。

由于妇女的寿命往往比男性长，因此大多数老年人是妇女，老年人之间的贫困集中在年老的妇女之间。因此，在设计养老保险制度时，必须考虑到性别的影响。老年人的就业也是一个难题，因为妇女在正式的劳动力市场上工作的可能性要低于男性，而且工资也比较低。近年来多支柱养老金制度改革加强了薪资和福利之间的联系，这导致改革的批评者认为低工资女性的权益无法通过养老金制度改革得到有效保护。相比之下，这些改革的支持者认为，多支柱体系有利于消除对男性养老保险的扭曲，并允许有针对性的公共支柱来帮助妇女。

世界各国大多数养老保险计划表明，退休的老年人能够拿到多少养老金，在很大程度上取决于他们在劳动力市场上的经验。政府根据人们的工资多少、工作年数来支付不同的养老金。一般来说，养老保险被视为可以代替部分工资的收入来源，当老年人的生活困难或没有其他收入来源时，人们往往可以把养老保险和工资之间替代关系联系起来。

然而，妇女的寿命往往比男性长，但她们在工作时工资较低，养老保险制度有可能对妇女来说只能享受到比男性差的福利。由于这些社会经济和性别差异，同样的养老金政策可能对男女有不同的影响，养老金改革也可能具有重要的性别影响。此外，社会保障制度通常包括反映这些社会规范并明确区分性别的差异。

在世界各国的劳动参与率上，当前各国妇女的劳动参与率仍然比男子低很多。一般来说，家庭内部的分工通常是男性在市场上工作，妇女在家中工作。即使妇女在市场上工作，这种工作往往是暂时的和兼职的，而且更可能是在非正规单位，这些单位有可能不是正式的社会保障计划所涵盖的。此外，妇女的工作可能中断，因为她们要养育孩子、照顾年老的父母或家庭的病人等。在任何一种情况下，结果是妇女，特别是已婚妇女在养老保险制度中的工作时间往往要比男性少好几年，而且在老年后得到的养老保险收入也会低很多。

在世界各国的退休计划中，不同性别的人们往往有不同的退休年龄，而且现行的制度规则往往允许妇女比男子退休早。例如，在智利和阿根廷，妇女比男性早退休 5 年。在不了解妇女工作的人看来，提前退休可能似乎是一种特权，但事实是，妇女往往只能享受到较低的退休金权益。这也可能阻碍雇主雇用老年妇女，因为担心她们很快就会退休。

此外，老年妇女还往往面临着长寿风险。在世界上的大多数国家，60岁以上的妇女的预期寿命比男子长3—5岁。举例来说，在智利，60岁退休的妇女，退休后的未来寿命比她丈夫退休后的寿命要长7.5岁。因此，各国政府为妇女提供能够降低长寿风险的养老保险金，是尤为重要的。但是，任何的风险积累都会给妇女带来更低的年收益，例如守寡。妇女的长寿也意味着她们有可能成为寡妇，在缺少了丈夫的经济扶持之后，养老保险对妇女来说至关重要。因为在她们的丈夫去世时，她们的家庭收入有可能出现较大幅度的下降。尽管目前大多数国家都提供了一些形式的幸存者福利，但这些幸存者福利通常被设定在不同水平。例如，发展中国家的幸存者福利通常被设定在死者养老金金额的50%左右，比发达国家低很多。具体来说，越南发布的幸存者福利是最低工资的一小部分。印度尼西亚、中国和泰国仅提供一次性的幸存者福利，寡妇后面几年的贫困则难以受到保护。从这个角度来说，老年人的贫穷往往集中在妇女身上，因为她们面临着长寿风险、家庭储蓄消耗的风险和其他风险。确保向老年妇女长期提供适当的福利，尤其是向寡妇提供幸存者福利，都是非常重要的。

以东亚地区为例，当前东亚地区的人口老龄化的发展速度比历史上任何其他地区都要快很多。目前东亚地区已经拥有世界65岁以上人口的36%，到2040年，中国、日本和泰国等国家的劳动适龄人口将下降10%。为了应对这些变化带来的挑战，更多的妇女应当加入劳动力队伍，同时东亚各国必须改革劳动、卫生和养老金制度，确保各国人民的福利和经济增长。由于越来越多的妇女参与和退出劳动力市场，性别平等将是各国养老保险制度面临的挑战，因为它需要保障各国妇女的养老金福利。这个问题在全球范围内的发展中国家，尤其是东亚地区，由于缺乏不同性别的相关数据，往往得不到政府和人们的重视。

在养老保险制度设计方面，与缴费期和产假相关的政策导致东亚各国妇女的养老保险覆盖面较低。例如，菲律宾的最低养老保险缴费期为10年，中国、印度尼西亚、泰国和越南的最低养老保险缴费期为15年，韩国和蒙古国的最低养老保险缴费期为20年。

总体来看，世界各国妇女的养老保险制度还存在一定的不足之处，需要在未来进行提升和改善。

三 儿童社会保障的发展现状

长期以来，社会保障制度在工业化国家比较完善，有助于确保经济增长和促进社会稳定。20世纪以后，世界上很多发展中国家也纷纷建立了社会保障制度，有助于这些国家的居民实现国际公认的体面生活的水准。《世界人权宣言》《儿童权利公约》和国际劳工组织（ILO）都制作了关于社会保障的法律文书，用以作为保护各国最脆弱公民的措施。然而，对于世界上大多数人口，尤其是儿童和妇女来说，这种保障并非常态。下面我们分别从医疗保障、教育保障和生活保障等方面来介绍世界范围内儿童社会保障的发展现状。

（一）医疗保障

由于年龄较小的儿童体质较弱、容易生病，因此提高儿童的医疗保障是世界各国政府的重要目标之一。联合国秘书长于2015年9月在联合国大会"妇女、儿童和青少年健康全球战略"中发布了2016—2030年的行动计划，来帮助全球所有妇女、儿童和青少年尽力能达到最高健康水平。

在过去的25年来，全球孕产妇和儿童的死亡率每年都有明显下降，但许多国家的减少速度太慢，一些地区，特别是撒哈拉以南的非洲地区，孕产妇和儿童的死亡率仍较高。因此，这些国家需要关注孕产妇和儿童的生活状况，建立起具有韧性的医疗卫生系统，并且努力提高卫生服务质量。

一般来说，5岁以下儿童死亡率是衡量全球各国人口健康最重要的指标之一，它的含义是从出生到5岁之间儿童死亡的概率大小。因为根据数据统计发现，2015年大约有45‰的5岁以下儿童在出生的第一个月死亡。此外，Blencowe等（2016）认为，怀孕在28周以内的胎儿的死亡率比较高，因此死胎率得到了世界各国的广泛关注。因此，严格来说，5岁以下儿童死亡率应该是指从怀孕28周以后到5周岁之间的儿童的死亡概率。

根据联合国统计发现，2015年全球的5岁以下儿童死亡率大约是45‰，比1990年的每千活产90.6例下降了一半以上。联合国估计，在82个低收入或中等收入国家中只有24个达到千年发展目标[①]。值得注意的是，与历史趋势相比，2000年以后，全球的5岁以下儿童死亡率下降的速度已经在加快。

根据联合国统计发现，在5岁以前的590万例儿童死亡中，肺炎、腹泻和新生儿败血症或脑膜炎是主要的原因。在因为患非感染病死亡的儿童中，主要原因是早产并发症，其次是肺炎和产后相关并发症。一些学者认

---

① 联合国千年发展目标是联合国全体191个成员方一致通过的一项旨在将全球贫困水平在2015年之前降低一半（以1990年的水平为标准）的行动计划，2000年9月联合国首脑会议上由189个国家签署《联合国千年宣言》，正式做出此项承诺。

为，在未来15年，随着卫生干预措施的进一步推行，预计儿童因患感染病而死亡的概率将比非感染病下降得更快。

在不同性别的儿童方面，2015年男童与女童5岁以下死亡率的比例大约为1.08，但是这个平均值掩盖了大量的区域差异。对于欧洲、中亚、拉丁美洲和加勒比、东亚和太平洋等地区来说，这一比例介于1.19—1.26；而撒哈拉以南非洲、中东和北非以及南亚，这一比例约为1.15，表明相对于其他地区，这些地区的女童处于不利地位。

在未来，世界各国要想进一步减少儿童死亡率，将面临以下几个挑战：

首先，需要更快地降低死胎率和新生儿死亡率。在以上两种情况下，各国需要建设更加有效的与分娩有关的医疗卫生系统，并且开发质量良好的医疗设备，而这种设施的开发将是很昂贵的。

其次，撒哈拉以南非洲地区应当采取积极措施来降低孕产妇和儿童的死亡率，尤其是降低这些地区从怀孕28周以后到5周岁之间的儿童的死亡率。尽管在该地区有些国家在此方面取得了一定进展，但风险仍然很高；还有一些地区，风险实际上仍然在增加。这些地区积极因素可能是持续的经济增长，因为根据一些预测，未来几年撒哈拉以南的非洲地区孕产妇和儿童的死亡风险可能会差异化，但最终很可能依赖于每个国家的收入增长的收益如何在人口中分配。

(二) 教育保障

教育是世界各国发展的强大动力，也是降低贫困、改善健康、维持两性平等、促进和平与稳定的最有力的手段之一。虽然世界各国的教育在过去几十年中取得了很大进展，但目前全球仍有2.5亿儿童无法阅读或写作。例如，在印度农村，近2/3的小学三年级学生无法解决两位数的减法问题，如46-17，而且一些小学五年级的学生仍然无法做到这一点。虽然巴西15岁技术人员的知识水平有所改善，但如果继续按照目前的速度进行改进，那么他们的数学成绩将在75年以内难以赶上发达国家的平均水平。

当前，很多国家的儿童都面临着严重的学习和教育危机。在社会中，生活最失败的孩子也是缺乏良好教育的孩子，这也凸显了学习的重要性。世界各国如果没有学习和教育的普及，就不能充分实现其作为消除贫困和促进共同繁荣的动力的承诺。在多数国家中，一些弱势群体的学习成果总是更差。例如，在乌拉圭，6岁的贫困儿童被认为不能胜任数学学习的概率是富有家庭的孩子的5倍。一些弱势群体的孩子，包括穷人的孩子、女孩、残疾儿童、少数民族儿童在内，甚至没有入读中小学，并且很有可能失学。这些弱势群体的孩子面临着非常严重的学习危机。

在低收入和中等收入国家，改善学习和教育是必要的，也有可能取得巨大进步。举例来说，20世纪50年代初，韩国的儿童普遍识字率很低，但到了1995年，该国通过改善学习和教育实现了普及高等教育。2009—2015年，由于政策行动和制度改革的协调一致，秘鲁在总体儿童的学习进步中取得了良好的成绩。在利比里亚、巴布亚、新几内亚和汤加，由于管理层的共同努力，儿童早期的阅读能力在短时间内已经得到了很大改善。

整体来看，世界各国儿童的教育危机表现在以下三个维度：

首先，学习和教育的效果不佳。一般来说，人们往往对学校的学习抱有过高的期望，而这些期望又往往落空。当前，世界上多数国家儿童学习和教育的效果较差，这种情况并不仅仅是在最贫穷的国家出现。一些中等收入的国家（如阿尔及利亚、多米尼加共和国或科索沃）的许多优秀的学生的学习能力仅能排在经济合作与发展组织（OECD）国家学生的学习能力平均分以下。同时，学习和教育的效果的异质性也很明显。例如，在小学毕业以后，喀麦隆最贫穷的1/5的家庭中只有5%的女孩拥有继续上学的能力，而最富有的1/5的家庭中拥有继续上学能力的女孩的比例为76%。此外，系统性地对学习和教育进行改进往往很慢，这就更加影响了学习和教育的效果。

其次，世界各国儿童的教育危机形成的原因在于不同学校中教学学习关系的处理和学习技巧方面。主要表现为以下4种形式：

（1）有些孩子并没有做好学习的准备。诸如营养不良、生病、与贫困有关的恶劣环境等因素破坏了儿童的早期学习。例如，当前发展中国家中仍然有30%以下的5岁以下儿童身体发育迟缓，主要是由于慢性营养不良，导致他们的身高较低。在这种条件下，这些孩子很难做好学习的准备，因此他们的认知能力在小学毕业前表现得很落后。在一些国家，比较富有和比较贫穷的家庭的孩子的识字能力是在3—5岁拉开差距的。学校教育的费用和机会成本使许多年轻人失学，也被排除在主流社会之外，而与性别或残疾相关的障碍加剧了这个问题。以上这些学校的参与不平等扩大了学习效果的差距。

（2）在一些国家中，教师经常缺乏有效教学的技能或动机。教师是影响学生学习的最重要因素，尤其在发展中国家，教师素质会更加重要。但大多数国家的教育制度不能吸引具有优秀教育能力的申请人，导致学校不能有效地培养教师。例如，在撒哈拉以南非洲的14个国家中，平均小学六年级的老师在阅读测验方面表现不如表现最好的六年级学生。此外，由于很多课堂时间花在其他活动上，或者教师缺席，导致学生们会损失一些学习时间。根据联合国调查显示，在撒哈拉以南非洲的7个国家中，有1/5的教师在调查组的突击访问中没有上课，另有1/5的老师在上课期间擅自离开教室。

（3）先进的教学技术往往无法影响到学生们的学习。将足够的资源用于教育至关重要，但目前很多国家还难以做到这一点，例如缺乏教科书或教育技术。在塞拉利昂，管理层将教科书分发给学校，但后续视察发现大部分书籍都藏在橱柜里，没有被使用。类似地，许多学校往往也不会加强学习和使用先进的教育技术。在巴西，"多媒体教学"计划面临着多年的拖延。即使在多媒体终于在各学校推广一年之后，统计发现，超过40%的老师从来没有或很少将多媒体用于课堂活动。

（4）管理不善往往会对学校的教育质量形成负面影响。虽然良好的学校领导的管理能力并不能直接改善学生的学习，但它可以间接地通过加强教学和确保有效利用资源等途径来实现。如果我们认真分析学校领导的管理能力，就会发现，与富裕国家的学校相比，发展中国家的学校往往管理不善。无效管理的学校领导意味着学校校长没有积极参与帮助教师解决问题，不提供教学建议，也不设定优先学习的目标。此外，在许多情况下，学校缺乏自主权，当地的社区活动等与教学无关的社会事务也会占用、影响教学资源。

最后，教育危机的第三个方面是由更深层的系统性的因素所驱动的，这些因素通常是不可见的，它导致人们很难将重点投入到教育和学习上。例如，一些国家的政治家采取行动维护自己的权力，这可能会导致他们将重心定位为利益，而非教育和学习上。教育服务的私人供应商们，他们的重心往往是追求利润最大化，而非提升教育的质量。教师和其他教育专业人士，尽管他们可能以使命感为动力，但多数人工作的前提是维持安全就业和保护他们的收入。在管理不善的教育系统中，竞争所产生的利益无疑比教育和学习更大。在以上环境和条件下，许多国家陷入了"低学习陷阱"中，教育和学习的不平等程度较高。

从以上世界各国儿童的教育危机来看，各国的教育保障程度仍有待于进一步提升。

（三）生活保障

在世界范围内，各国儿童的生活保障问题也是人们关注的焦点之一。

《联合国儿童权利公约》制定的关于儿童权利的可持续发展目标为:"到2030年为止,确保世界范围内所有的女孩和男孩们可以获得优质的生活保障,以便他们准备好接受小学教育。"

从某种意义上讲,儿童早期的发展差距会给个人、家庭和社会带来较为显著的影响。儿童的营养不良会明显损害他们的免疫系统和认知功能的较快发展,难以使他们保持健康,即便在这些人成为成年人之后也难以保持健康。世界银行的统计结果显示,收入在平均水平以下10%—20%的家庭中的孩子,往往在头24个月内发育较为缓慢。除了营养不良之外,来自最脆弱家庭的幼儿的整体发展往往不太理想,部分原因是因为他们没有获取到早期学习和发展的充分机会。例如,世界银行的统计结果显示,在智利、哥伦比亚、厄瓜多尔、尼加拉瓜和秘鲁等5个拉丁美洲国家中,最贫穷和最富有社会阶层的儿童之间存在着巨大的认知差异。

其中大部分差异在3岁时显而易见,通常在6岁时恶化,并在此之后基本保持不变。研究发现,在柬埔寨、埃塞俄比亚、印度、马达加斯加、莫桑比克、越南等世界其他地区也有类似的差距出现。此外,十几岁的母亲出生的儿童可能有特别的风险,因为她们更有可能来自贫困或未受过教育的家庭。Bhutta等(2015)指出,青少年怀孕导致死胎和新生儿死亡的概率增加了50%左右,早产、出生儿童的体重低和窒息的风险也大幅增加,并且使儿童很早就处于高风险状态。

一些学术文献指出,促进婴儿和儿童健康和减少营养不良的干预措施在从怀孕到儿童第二个生日的1000天的窗口期内是最有效的。在世界范围内,由孕产妇营养不良导致每年有大约80万新生儿死亡,而由发育缓慢和缺乏微量营养元素导致每年大约310万例儿童死亡。因此,旨在改善孕产妇健康和营养的干预措施对于儿童的生活保障来说是至关重要的。一些实证检验结果表明,针对青少年女孩的生殖健康、计划生育和促进纯母乳喂养和补充喂养等干预措施,不但可以优化初次生育年龄、减少意外怀孕,并且可以提高婴儿出生时的存活率。孕产妇通过获取蛋白质能量、钙,以及多种微量营养素补充剂,并且在怀孕期间预防疟疾和生病,就可以降低低重量婴儿出生的风险。另一种核心营养干预的措施是给6—59个月龄的儿童补充维生素A和锌元素,并且采用治疗策略来解决严重和中度营养不良问题。如果这些营养干预措施的覆盖率达到90%,那么各国儿童的发育迟缓率可能减少20%,5岁以下儿童死亡率可能降低20%,即可以多存活儿童100万人左右。由于以上这些干预措施多数是通过卫生系统实现的,所以加强卫生系统中各部门之间的密切联系和互补性至关重要。

实践表明，增强早期营养和刺激认知的综合性方案比单独增强营养有可能对儿童产生更佳的长期影响。对改善儿童营养的多项干预措施的系统评价和分析结果显示，刺激对认知和语言发展的影响因子分别为 0.42 和 0.47，而营养本身的影响因子较小，只有 0.09。在特定环境中，将儿童的早期刺激和营养干预措施结合在一起，往往有多种路径可以选择。例如牙买加的一项富有开创性的、长期的随机研究表明，出生后 9—24 个月的发育不良的儿童同时接受营养补充剂和早期刺激，往往比单独接受干预的儿童的治疗效果更好。

总之，儿童是人类发展的未来，也是人类发展的希望。虽然目前全球最贫穷的儿童在生命的早期仍然面临较大的风险，但各国的研究已经证明了几种类型的干预措施可以有效改善他们的发展和终身的生活情况。事实证明，结合产妇保健和营养干预措施，并且合理分配社区的卫生用品，提供关于婴儿喂养实践的综合服务和产后咨询，这些改善婴儿和儿童健康的计划是非常有效的。在妇女怀孕期间，处理妇女生殖健康和营养的方案对于婴儿的健康和出生是至关重要的。对于 0—2 岁的儿童来说，结合早期刺激和营养的方案最有可能产生对他们长期的良好影响。

第二节 中国妇女社会保障的发展现状

一 妇女社会保障的现状概述

当前，我国社会保障的覆盖面正在扩大，但城市和农村人口中的较大一部分仍然保障不足，尤其是妇女的社会保障情况仍有待进一步提升。

我国目前仍然是一个发展中国家，但在过去 40 多年中，我国经济快速增长，这也显示出了由计划经济逐步过渡到市场经济体制的重要作用。在我国经济改革开放之初，管理层就曾经明确表示过，政府和国有企业在市场经济条件下提供社会保障需要依靠一个更完善的制度，以适应劳动力市场的需求。扩大社会保障的覆盖面是我国社会保障体制改革的重要目标之一，它被视为促进人们可以更公平地获得保护的手段，并且可以防范一系列风险，包括老年贫困、意外伤害、残疾和失业等风险。

2015 年的一份调查数据表明，我国扩大社会保障覆盖面的进展速度较慢，并且进一步扩大社会保障覆盖面面临着较大的困难。在不同类型的企业中，工人的养老保障覆盖率以及其他社会保险参与率有着较大差异。

例如，在大型企业，本地工人和受过更多教育的工人的社会保障情况比较良好；正式就业的工作人员比非正规就业的工作人员更有可能得到社会保障的覆盖；小型企业或私营企业的工人，尤其是来自农村的农民工和受教育程度较低的工人，比较缺乏社会保障的支持。参与社会保障计划的性别之间的差异，可能主要是由于行业层面上的差异。妇女在社会保障方面的参与率较低，很可能是因为她们更有可能在服务领域或商业方面工作，雇主可能不太愿意提供社会保险服务。

工人参与社会保障，这反映了雇主为社会保险基金提供资金支持的决定，以及工人的未来生活将受到一定的保障。目前，我国的税收总额在全球各国中几乎排在最高之列，而社会保障的覆盖面仍有待进一步提高。统计发现，对本地工人来说，所得税每上升1%，那么参与城镇职工养老金计划的可能性就减少了0.14%。这一结果表明，如果能够减少工人和企业的缴费率，那么社会保险计划可能对工人更有吸引力。

此外，对在城市打工的异地工人来说，社会保障制度的制约也可能是最严重地阻碍他们参与社会保障的重要因素。当然，整合社会保险制度需要克服各省和市之间在社会保障计划方面存在的协调困难问题。为了提高这些工人的信任度，我国应当允许他们在更换工作和城市时，保证社会保障账户的一致和通用性，并且维护好他们的切身利益。

就我国妇女来说，尤其是农村妇女的社会保障仍有很大的改善空间。近年来，中国扶贫工作领导小组在世界银行和英国国际开发署的支持下，对广西、四川和云南省（区）一些最贫困地区的农村进行了调研。调研结果发现，很多农村地区的妇女往往缺乏发言权，在重大项目的决策和实施方面经常很难发挥作用，甚至难以参与这些项目。此外，在社会保障方面，农村妇女的一些基本权利也难以得到满足。

和世界其他地方一样，学术界对于我国农村妇女的工作及社会保障等问题也存在争议。一方面，一些学者认为，当农业劳动力不足时，我国农村妇女的工作收入低于男性，福利水平较低，社会保障也难以得到保证；另一方面，由于在过去几十年我国农业生产率出现了显著增长，很难相信农村妇女参与工作会对生产力产生实质性的负面影响。

此外，在中国经济快速发展和转型升级过程中，传统农业妇女劳动力在工作中的再分配发生了很大变化，她们的健康和生活保障也受到了一定的影响。由于很多农村的成年男子外出打工，农村留守妇女面临比较严重的现实问题。在现实中，增加对留守妇女的经济援助、加强对儿童和老年人照顾将有可能帮助她们减轻家庭的生活负担。因为许多农村留守妇女的教育水平比较低，政府的公共政策和减贫战略可能会发挥良好的作用，也可以通过医疗、信贷、非农就业和通信网络来帮助这些留守妇女。但是需要注意的是，由于留守现象改变了农村的人口结构，部分原因是由于当地劳动力市场的扭曲和政策失灵所导致的，要想纠正这些扭曲和政策失灵可能需要更加有效和持久的解决方案。

对于我国的城市妇女来说，保险市场仍然存在很大的发展空间。根据国际金融公司于2015年发布的报告，到2030年，全球保险行业预计仅靠妇女就能够赚取高达1.7万亿美元的保费收入，这将为保险行业可持续的包容性增长提供一个重要的机遇。通过对巴西、中国、哥伦比亚、印度、印度尼西亚、墨西哥、摩洛哥、尼日利亚、泰国和土耳其等新兴经济体的妇女保险市场进行调查研究，国际金融公司发现，尽管当前全球保险业仍然拥有显著的市场增长潜力，但该行业在很大程度上忽视了妇女的消费状况。在以上新兴经济体中，妇女在保险市场的潜力主要来源于两个驱动力：首先，伴随着各国妇女的社会经济条件和劳动力参与度的提高，她们往往能够作出支出决定，更加愿意保障她们自己家属的生活，并且增加在安全和保险方面的投资。虽然两性之间的收入差距仍然存在，但当前全球女性的收入和在家庭收入中所占的比重在近年来得到了很大的提升。安永2015年的一份报告指出，预计未来妇女收入增长的速度将超过男性，到2028年全球平均妇女自主支出情况将占所有家庭消费的75%左右。通过调查发现，中国、墨西哥和尼日利亚的妇女愿意花费10%—20%的收入来购买商业保险，防范未来的风险，而男性则只愿意花费7%—10%的收入来保障自己的生活。研究发现，一些城市中的妇女，特别是在职母亲，非常热衷于为父母、配偶和子女购买保险，并且她们的忠诚度非常强。其次，在中国等新兴经济体中，女企业家的数量越来越多，她们代表了一个庞大而且非常有潜力的保险市场。因为如果没有定制的保险，这些女企业家可能更愿意选择低风险的业务策略，以减少经济下行风险带来的负面影响和冲击。而定制保险可以为这些女企业家提供安全保障，使她们能够预测和优化风险，并且使自己企业的资金和劳动在未来更加具有可持续性。

整体来看，在中国等新兴经济体中，伴随着受教育程度和劳动参与度的不断提高以及女企业家数量的逐渐增加，妇女在家庭收入中所占的比重将不断上升，未来她们对保险的需求也会不断提升。而且妇女在保险销售中占据了较为重要的位置，这也在一定程度上促进了妇女保险市场的不断扩大。

二 我国妇女参与的主要保险种类

在我国，妇女的社会保障不但包括养老保险、医疗保险、生育保险、失业保险、工伤保险等以缴费为主的社会保险，还包括社会组织和政府提供的各种社会救助和社会福利。具体来说，我国妇女参与的保险主要有以下几种：

（一）妇女社会保险现状

1. 养老保险

图 3-1 是 2001—2015 年我国参加养老保险的职工和离退休人数，从图 3-1 中可以知道，2001—2015 年我国参加养老保险的职工和离退休人数均呈现上升趋势，其中参加养老保险的职工人数为 35361 万人。根据财政部的统计数据，2015 年我国企业职工基本养老保险基金合计为 26553.97 亿元，其中基本养老保险费为 21095.82 亿元，财政补贴为 3893.33 亿元，利息为 803.75 亿元。

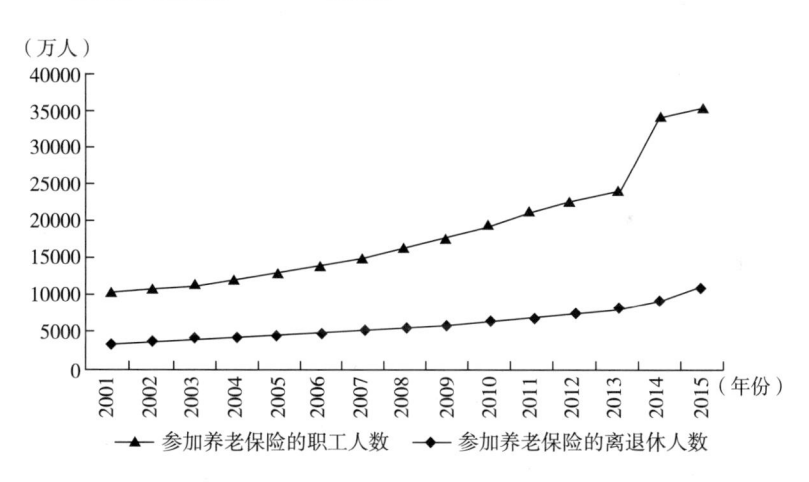

图 3-1 2001—2015 年我国参加养老保险的职工和离退休人数

资料来源：人力资源和社会保障部。

与 2010 年相比，我国社会养老保障覆盖面中的性别差距出现了明显缩小的趋势。特别是我国建立了以居民身份为基础的新型农村社会保障制度和城镇居民养老保险制度，它不仅在很大程度上扩大了我国社会养老保障的覆盖面，而且使更多的妇女在就业过程中受益，为妇女提供了良好的养老保障。

但是，由于我国妇女的收入普遍低于男性，导致社会保险的缴费率较低。而且由于相比于男性，我国妇女的退休要提前5—10年，这导致她们的个人账户积累普遍低于男性，退休后的养老金收入也要低于男性。根据缴费与退休后待遇相挂钩的原则，两性之间的这种差距是合理的，但这种合理性不但承认了社会收入分配的不公平，也把两性之间的社会保障不平等制度化了。此外，随着预期寿命的不断延长，由于我国社会养老保障的这种无形的差异，妇女在退休之后将面临较严重的养老金风险。

2. 医疗保险

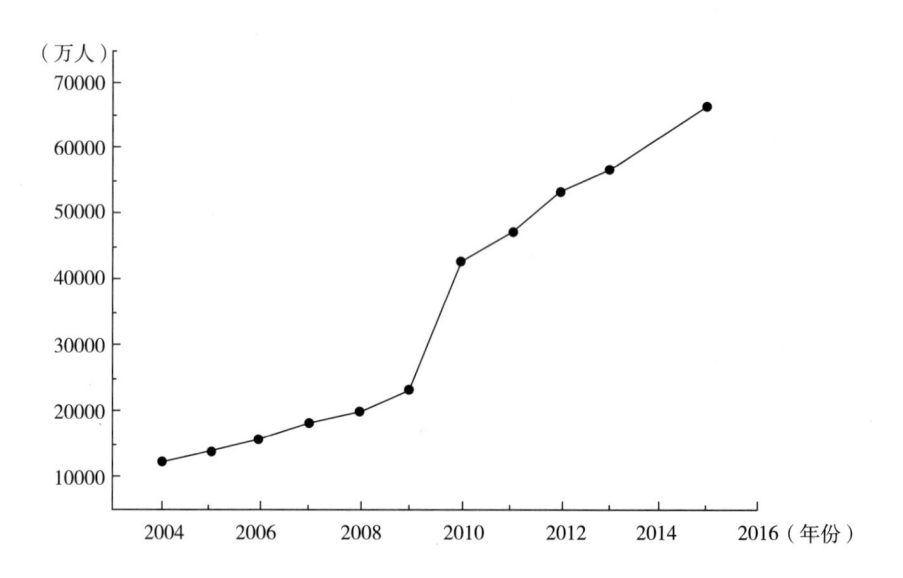

图3-2是2004—2015年我国城镇参加医疗保险人数，从图3-2中可以看出，2004—2009年我国城镇参加医疗保险人数呈现缓慢增长的态势，2009—2015年我国城镇参加医疗保险人数出现了爆发式的增长。截至2015年，我国城镇参加医疗保险人数达到了66582万人，比2004年增加了54178.4万人，其中妇女参保的人数超过3亿人，比2011年增长1.2亿人。根据人力资源和社会保障部的统计数据，2017年8月我国医疗保险的基金收入为11709.85亿元，基金支出为8527.3亿元。

图3-2 2004—2015年我国城镇参加医疗保险人数

资料来源：人力资源和社会保障部。

然而，与男性相比，我国妇女在享受社会医疗保险方面存在着比较显著的差异。举例来说，就保障类型而言，妇女在保障水平较高的城镇职工医保和公费医疗/劳保医疗方面的参保率略低于男性，而在保障水平较低的城镇居民基本医保方面的参保率则略高于男性。就城乡差异而言，城镇妇女参与的医疗保险主要体现为公费医疗/劳保医疗和城镇职工医保，它们的占比达到了62.2%；而绝大多数农村妇女享受新农合医疗保险，占比高达95.3%。以上这种城乡二元化的差异直接导致了我国城乡妇女享受医疗保障水平的差距。特别是在报销水平低和报销程序较为复杂的影响下，许多妇女病人尤其是慢性病患者不能得到及时有效的治疗，而且多数妇女的社会医疗保险的实际使用率较低。因此，相对于扩大社会医疗保险的覆盖面而言，快速提高保障水平是更为迫切的问题。

3. 生育保险

近年来，我国生育保险的待遇水平和覆盖面都得到了很大的提高。根据人力资源和社会保障部的统计数据，2017年8月我国生育保险的妇女参保人数为18799.99万人，生育保险的基金收入为400.77亿元，生育保险的基金支出为504.63亿元。在我国妇女生育保险的财政支持和配套服务日益完善的背景下，女性生育保障水平得到了较大提高。国务院于2012年4月28日发布的《女职工劳动保护特别规定》将参加工作妇女的产假从90天增加至98天，明确规定了怀孕流产妇女的产假日期，并且明确规定了妇女在产假期间的工资待遇、相关费用的支出以及支付方式。

总体来看，我国妇女的生育保险近年来在保障范围、参保人数和待遇水平等方面都取得了显著的成效，但仍有很大的改善空间。根据第三次我国妇女社会地位调查的数据，尽管城镇居民和城镇职工的分娩费用可以由保险基金或所在企事业单位支付，但许多妇女仍需支付部分甚至全部的分娩费用。与此同时，妇女产假的时间不断增加，按照国家规定提供产假的企事业单位的比例也有所上升。根据人力资源和社会保障部的统计数据，2015年我国非农就业的妇女在生育时享受了90天以上产假的占比为62.8%，在休产假期间，非农就业的妇女的收入与产前基本工资的比例为88.9%。与第二次我国妇女社会地位调查的数据相比，非农就业的妇女的收入增加了32.5%。

4. 失业保险

根据人力资源和社会保障部的统计数据，2017年8月我国失业保险的参保人数为18460.53万人，失业保险的基金收入为655.05亿元，失业保险的基金支出为511.97亿元。虽然覆盖面有所增加使得更多的妇女有权领取失业保险金，但是根据第三次我国妇女社会地位调查的数据，只有23.7%的妇女劳动者有失业保险，比男性低4%。失业妇女的失业保险参保率也只有26.5%，和男性的参保率相同。在失业期间，没有享受过失业保险的妇女占比为65.7%，比男性略高。由于妇女在非正规部门的就业比例非常高，这些部门大多不提供失业保险。研究发现，工作越不稳定、就业质量越差和越容易失业的妇女，往往对失业保险的需求更大，这表明我国政府为妇女提供失业保险的潜力仍然很大。

5. 工伤保险

根据人力资源和社会保障部的统计数据，2017年8月我国工伤保险的参保人数为22331.54万人，工伤保险的基金收入为529.88亿元，工伤保险的基金支出为411.82亿元。

根据《中国妇女发展纲要（2011—2020年）》的要求，即到2020年力争我国所有有劳动关系的妇女职工都要参加工伤保险，当前我国妇女职工的工伤保险参保率仍有很大的提高空间。

第三节 中国儿童社会保障的发展现状

一 儿童社会保障现状概述

从历史上看，我国儿童社会保障的发展经历了较为漫长的过程。在计划经济时代，我国儿童社会保障具有明显的普惠制特点，当时它主要提供物质帮助，它的服务对象基本上局限于孤残儿童，并且城乡差别较为明显。改革开放以后，我国儿童社会保障已经发展为以《中华人民共和国宪法》为基础，与《中华人民共和国义务教育法》《中华人民共和国教育法》《中华人民共和国未成年人保护法》《中华人民共和国收养法》和《中华人民共和国残疾人保障法》共同发挥作用的法律体系。此外，国务院还出台了三项儿童发展纲要规划，将国家保护和照顾儿童的意愿作为发展规划和国家政策固定下来，政府和社会也越来越认同和支持儿童优先、弱势儿童更优先的理念。

根据《〈中国儿童发展纲要（2011—2020年）〉中期统计监测报告》，近年来我国通过建设和完善覆盖城乡的医疗卫生服务体系，扩大了医疗保险的覆盖面，提高和完善了妇幼保健服务体系，并且提高了我国妇幼保健服务的公平性。在相关部门的共同努力下，我国儿童的健康状况得到了明显的改善。

具体而言，我国现有的儿童社会保险主要是针对中小学生和儿童的医疗保险，其中中小学生又包括职业高中、中专和技校学生。在具体操作上，儿童社会保险使用城镇居民基本医疗保险报销标准，主要是家庭支付费用，政府适当给予补助，医疗保险基金的作用主要在于支付参保居民门诊和住院的大病医疗费用。平均来说，政府每年给予试点城市的参保居民不低于40元的补助金。此外，政府对属于最低生活保障或子女有严重残疾的家庭给予政府补助，原则上每年人均补助不低于10元。与此同时，根据儿童用药的特点，儿童医疗保险按照"临床需要、使用方便、价格合理、安全有效、兼顾中西药"的原则，适当增加儿童用药的剂型和品种。

图3-3是上海市统计局公布的2003—2015年上海少儿住院基金参保人数，从图3-3中可以看到，2003—2015年上海少儿住院基金的参保人数总体呈现上升的态势，其中2003—2006年参保人数出现了震荡下降，2007—2013年则出现了快速上升。

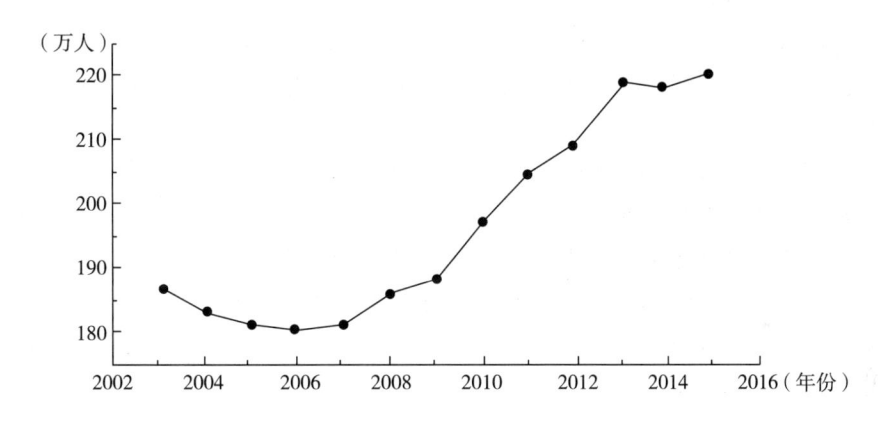

图3-3　2003—2015年上海少儿住院基金参保人数

资料来源：上海市统计局。

但是，当前我国仍未单独设立儿童医疗保险，而是将其分别纳入在新型农村合作医疗和城镇居民医疗保险之中。从参保的资格标准来说，我国对不同儿童的参保限制主要表现在户籍方面，一般来说，对于城镇居民，只有本市非农户口的儿童才有资格享受医疗保险，而农村户口的儿童只能享受新型农村合作医疗保险。

从儿童福利的视角看，近年来伴随着我国经济和居民收入的快速发展，儿童福利的服务体系和制度建设正在不断完善。目前已经取得的成绩主要表现在以下几点：

（1）我国儿童福利机构的数量呈现上升趋势。根据民政部的统计，2016年我国儿童福利机构的固定资产为42亿元，同比增长了18.3%；在儿童福利机构工作的社会服务师有 589 人，同比增长了 19.7%；儿童福利机构工作的助理社会服务师有 448 人，同比增长了 30.2%；其中在儿童福利机构工作的妇女人员占比为 70.3%，同比增长了 1.9%。

（2）我国贫困地区儿童的营养水平得到了较大改善。截至 2016 年年底，我国政府一共拨付经费 1297 亿元，为全国 699 个特困地区县的农村义务教育学生每日补助 4 元（每年 800 元）。为了促进食堂的午餐供应，中央财政拨出 300 亿元专项资金完成 68000 个食堂建设项目，并且新建和改造食堂 2500 多万平方米。此外，中央财政在全国 9 个省份的 13.4 万所小学中实施了营养改善计划，使 3347 万多名学生从中受益，将近 1/4 的义务教育学生能够在学校吃上营养餐。

（3）政府对儿童的教育资助日益均等化。根据教育部统计，2016 年我国城乡义务教育补助经费为 1345 亿元，同比增长了 3%。数据显示，中西部地区普通小学和普通初中的教育资助平均为每人每年 600 元和 800 元，东部地区普通小学和普通初中的教育资助平均为每人每年为 650 元和 850 元。

（4）普惠型儿童福利制度正在全国各地加速试行中。根据《中国儿童发展纲要（2011—2020 年）》和《儿童权利公约》，我国各省市目前正在开展普惠型儿童福利制度的试点工作。截至 2016 年年底，我国已经有 60 多个地区在积极开展适度普惠型儿童福利制度的试点工作，其中山东、浙江、重庆、青海、天津、江苏等 6 省（市）已经建立了较为完善的困境儿童福利保障制度。

二 我国儿童参与的主要保障种类

在我国，儿童的社会保障不但包括医疗保障、教育保障，还包括社会组织和政府提供的各种生活保障。具体来说，我国儿童参与的保障主要有以下几种：

（一）医疗保障

第七次全国人口普查数据显示，截至 2020 年 11 月 1 日，我国 14 岁以下儿童占比 17.95%，达到 2.5338 亿人。根据世界银行的统计，当前中国的婴儿死亡率在发展中国家是最低的，新生儿死亡率也已经下降到与发达国家相当的水平。根据国家卫生计生委的统计数据，2016 年我国婴儿的死亡率只有 7.5‰，这一数据和世界银行的统计数据较为接近。

在医疗保障方面，目前我国的传染病的总发病率正在下降，相对而言，先天性缺陷的频率正在增加，这是导致儿童死亡的主要原因。此外，痢疾、肝炎和蛔虫病等粪便传播疾病仍然是导致发病的主要原因。2015年世界卫生组织的报告认为，在高死亡率的发展中国家中，通过对比较确定的10种主要死亡风险排序发现，不安全用水排名第一位，卫生状况排名第二位，固体燃料室内排放的烟尘排名第四位。一些利用低收入国家家庭调查数据进行的计量经济研究也发现，环境因素与儿童发病率和死亡率之间存在显著的关系。这些证据表明，公共卫生基础设施投资可以改善儿童的健康状况，尤其是儿童未来的发展前景。

现在，许多来中国的游客，特别是那些熟悉其他发展中国家的人，都对中国孩子的健康状况感到惊讶。因为现在中国的大城市中，儿童营养状况已经长期得到改善，绝大多数孩子都散发着快乐和活力，但儿童轻度至中度营养不良现象仍然存在。究其原因，我国儿童健康状况改善的主要原因在于政府强调预防疾病，不断改善周边环境和儿童的卫生、营养状况，并且各级妇幼保健中心和学校都很重视儿童的健康状况。

由于我国各省人口年龄分布存在差异，使用标准人口并不能较好地进行儿童出生率和死亡率的比较。我国的少数民族人口政策与总体政策有所不同，因为多数的少数民族不受人口控制政策的限制。例如，宁夏少数民族人口较多，其中回族人口的占比约为54%，儿童的出生率较高，人口年龄分布与其他省份相比较为年轻。除了省内城乡差异外，我国1—10岁婴儿死亡率还存在区域性差异，具体来说，西南地区和甘肃省、贵州省婴儿死亡率比西北地区的省份要高。

我国城乡二元经济结构决定了基本医疗保障制度是二元的，儿童医疗保障也表现出明显的二元性。在农村地区，我国的儿童医疗保险已经并入农村合作医疗制度，在保障水平和制度上与农村成人医疗保险没有明显的差别。目前我国农村实施的新型农村合作医疗，是由国家资助、家庭投保的自愿医疗保险。然而，新型农村合作医疗基金主要资助大额医疗费用或农民的医疗住院费用。如果条件允许，政府可以实行大额和小额医疗费用补贴相结合的制度。在政策范围内，农村儿童医疗的最高支付限额上涨到全国农民平均年净收入的6倍左右，住院费用可以占基金支付比例的60%左右。综合来看，我国农村儿童保障的重点集中在住院和大病治疗方面，门诊服务和保健得到的资助相对较少，今后应更加重视儿童的体检和疾病预防等方面。

（二）教育保障

从世界范围内，教育被广泛认为是提高一国的经济水平、降低贫困的最重要的政策工具之一，政策必须解决经济生活中的教育不平等问题。因此，分析经济改革对教育的影响，可以更好地理解教育不平等问题的实质。一些学者指出，虽然大多数非农户父母提高了子女的教育程度，但对于受过良好教育的农民父母来说，没有受过教育的非农户子女并没有任何优势，尽管非农户的收入明显较高。因此，我国儿童教育的不平等不仅仅是由中国农村的贫困问题导致的。

一些研究认为，人们的贫困和不平等首先从妇女怀孕开始，在儿童出生后延续这样的状况。由于营养不良，出生于贫困家庭的儿童出生后体重较轻的可能性较大。低收入父母的受教育程度普遍低，对教育孩子的良好做法知之甚少。他们必须努力工作，而不是花更多的时间与孩子一起激励他们的发展。他们也不太可能获得公共服务，如卫生、健康和教育等。最近的一项研究发现，教育不平等占拉丁美洲居民收入不平等的因素比重为20%—50%，早期儿童发展投资（ECD）是打破贫困代际传播和提高机会均等的最具成本效益的战略之一。来自神经科学和纵向研究的证据表明，生命最初6年的经历会影响儿童的大脑发育，进而影响儿童生命后期的认知和社会情感发展。

几十年来，虽然我国实行的经济改革使数亿人脱离了贫困，但是城乡之间的收入差距仍然很大。我国政府日益认识到，只靠经济增长并不能减少绝对贫困和收入的不平等，还需要对人的发展进行投资，以增强社会凝聚力和维持经济增长。世界银行发布的报告分析了我国从出生到六岁的儿童在教育和发展方面面临的挑战，并且详细说明了幼儿发展干预措施为弱势儿童提供的长期社会福利和高经济回报。从长远来说，对儿童早期发展的教育投资是打破代际贫困、提高生产力和提高社会凝聚力的最具成本效益的战略之一。

2015年11月，国务院下发了《关于进一步完善城乡义务教育经费保障机制的通知》。通知不但促进了教育经费的流动，而且规定公立学校和私立学校的学生都可以享受"两免一补"。2016年国务院又下发了《关于统筹推进县域内城乡义务教育一体化改革发展的若干意见》，提出至2020年底我国的"两免一补"全面覆盖城乡地区。在短短一年的时间里，我国政府就制定了10项关于教育发展的法律法规，促进了特殊教育和学前教育均衡发展。

（三）生活保障

自从改革开放以来，我国政府就一直高度重视对一些弱势儿童群体的基本生活权益的保护，尤其是对留守儿童、流动儿童、残疾儿童和贫困儿童的保护，并且实施了面向特殊困难儿童的救助政策。

国家统计局的数据显示，近年来我国国家扶贫项目取得了较大成功，促进农民人均收入以年均增长7%的速度增长，并且促进了农民和其子女的营养和健康水平的提高。免征农业税、农业直接补贴、建立粮食风险管理基金、免费义务教育、扩大农村卫生服务和医疗保险等政策和行为，都有助于改善他们的营养和健康水平。

但是根据卫生部的统计数据显示，我国改善儿童健康和发展所面临的挑战仍然很大。每年在我国出生的婴儿约有1600万人，其中61%在农村地区。各省市产前检查率的差异仍然很大，2015年全国产前检查率为90%，西藏为67%，北京为99%。5岁以下严重营养不良的儿童在北京的比例为0.28%，上海为0.08%，江西和云南为4.2%，西藏为6.5%。早产、出生体重较轻，是中国5岁以下儿童死亡的主要原因。尽管出生体重较轻婴儿的比重随着时间的推移而下降，但由于幼儿期的营养不良，近年来我国5岁以下儿童体重不足的比重高于出生时的比重，而且农村贫困县中儿童体重不足比例高于农村的平均水平。数据显示，2015年贫困农村2岁儿童体重不足的比例为7.3%，而农村则为5.0%。发育迟缓、身高矮小的情况也是如此，农村贫困县2岁儿童中有21%发育迟缓、身高矮小，而所有农村地区的发病率为16%。

在政策方面，近年来我国政府对儿童保障方面做了很大的努力。2015年9月，《国务院关于全面建立困难残疾人生活补贴和重度残疾人护理补贴制度的意见》明确规定，"享受孤儿生活保障基本保障的残疾儿童，不再有权获得残疾人生活津贴，但可以享受重度残疾护理津贴"。2016年2月，国务院发布了《关于加强农村留守儿童关爱保护工作的意见》，首次体现出中央领导对农村留守儿童的关爱和保护，并且进行了全面、系统的制度安排。意见规定，16岁以下无法工作、无生活来源、无法定抚养人的儿童，应当包含在特困人员救助供养范围之内。对有抚养人但其家庭有经济困难的儿童，应当纳入保护范围之内，并适当提高援助水平。对于由于遭受突发性、紧急性和暂时性原因导致基本生活困难的儿童，应根据需要给予适当的临时救济援助。与此同时，我国民政部设立了未成年人保护办公室，这是国务院设立的第一个保护未成年人的专门办公室，关注留守在农村的儿童已被列入政府的重要职责。短短一年来，我国政府一共发布了30份有关儿童保护的文件，其中包含5项生活保障措施和9项救助保护，并且切实解决了"黑户"儿童户口登记和严重残疾儿童护理等一些较为严重的社会问题。伴随着一些法律法规的通过并实施，我国保障儿童权益的法制建设正在日益完善。

第四节 中国妇女和儿童社会保障中存在的问题

由于中国的社会保障制度的设计主要是基于性别中性的理念，所以相关制度和政策对性别差异没有足够的重视，进而导致许多妇女儿童群体的风险得不到有效控制，基本权益也得不到充分保障。特别是伴随着人口老龄化与新型城镇化的快速发展，我国家庭的结构、规模、形态、关系和功能等方面都出现了重大变化。从满足家庭发展的需求着手，分析当前我国妇女和儿童社会保障存在的问题，是促进社会保障不断进步和社会保障协调发展的关键和重点。

一 医疗保险

对中国妇女和儿童来说，医疗保险在以下几个方面存在一些较为突出的问题：

1. 当前中国妇女和儿童的医疗保障水平仍然较低

虽然中国已经建立并完善了全民基本医疗保险制度，但医疗保险筹资水平的提高主要取决于财政补贴，个人缴费比例较小，报销比例较低，医疗保障能力和范围仍然具有一定的局限性。由于保障水平较低，许多人在生病后不去治疗，慢性病、大病患者的医疗费用不能得到有效保障，这些现象表明我国的医疗保障距离"病有所医"还有很长的路要走。国家统计的调查数据显示，在过去3年中，无法承受医疗费用的妇女的比例要高于男性，这在一定程度上显示出妇女的社会医疗保险水平要比男性低。一般来说，妇女的寿命比男性长，而且更可能患有较长的但不是致命的慢性病，她们对医疗服务的需求更大，但医疗保障的覆盖率要比男性低。根据第三期中国妇女社会地位的调查数据，同时患有两种或两种以上慢性病的老年妇女的比例高于男性。老年妇女平均患有2种常见慢性病，其中农村老年妇女平均患有2.1种常见慢性病，老年男性平均患有1.8种常见慢性病。

2. 儿童医疗保险的问题较为严重

虽然医疗保险政策在改革过程中已经逐步扩大覆盖面，很多地区都把儿童纳入基本医疗保险，但是"广覆盖、低保障"是社会医疗保险的重要原则和特点，它决定了其保障范围有限，药物的覆盖面不够大。我国现有儿童医疗保险特点是针对重大疾病的种类较少，保险筹资水平也相对较低，大多数城市儿童的保险筹资金额只有其他群体的 25%—40%，从而致使儿童医疗保障措施较差，保障水平较低。一些新的治疗方法、药物不但非常昂贵，而且都属于自费类别。以北京市为例，目前，北京儿童医保报销可以分为门诊和住院报销，其中门诊报销的话，起付线标准为 650 元，起付标准以上部分报销 50%，一个医保年度内累计支付最高 2000 元；住院报销的话，起付标准为 650 元，起付标准以上部分报销 70%，一个医保年度内累计支付最高 17 万元。然而严重的发烧和感冒门诊服务可能会花费千元，现有的治疗方法难以满足多发病儿童的医疗需求。此外，我国城市医疗资源分布不均，医疗水平高的医院常常难以挂号、预约，有些医院的环境较差，治疗和报销程序也很复杂。

3. 不同身份特征的儿童和妇女的医疗保险存在着较大的差异

一般来说，不同医疗保险制度的保障能力和待遇的差别较大，例如工资待遇较高的职工的基本医疗保险比例较低。妇女享有的社会保障服务也存在着明显的城乡差异，具体来说，大多数城镇妇女主要享受公费医疗/劳保医疗和城镇职工医保，90%以上的农村妇女享受新农合保险，而以上城乡之间医疗保险制度的差异直接导致了城镇和农村妇女享受的医疗保险水平出现了很大的差别。由于城镇医疗保险和新农合的保障水平主要由当地的经济发展水平所决定，因此不同地区的补贴标准差别很大。具体而言，中西部地区的补贴较少，而财力比较发达的东部地区的补贴相对较多，全国各地的医疗保险待遇的差距较大。全国各地根据本地区的保费收入，来分别确定医疗保险的起付线、封顶线、报销目录和报销比例，因此，区域、身份和财政能力的差异导致了全国各地的医疗保障水平存在很大差别，制度的公平性仍有待进一步提升。

4. 当前，我国还没有形成完善的妇女和儿童的医疗保险转移机制

三项基本医疗保险制度仍未实现国家统筹，特别是新农合和城镇医疗保险之间的统筹层次较低。目前我国大部分省区的统筹层次仍停留在地市，不同区域之间的医疗保障水平差距很大，省际间医疗报销的结算工作进展速度较慢。随子女异地定居的老年人、外来务工人员和外地就医的重病患者受到了较为严重的影响，因此妇女和儿童的医疗保险转移机制仍需要进一步改进和完善。

二 养老保险

在当前我国的养老保险制度下，妇女的养老保险主要存在以下问题：

1. 我国妇女的养老保障水平普遍偏低

从平均预期寿命上看，我国妇女要比男性高，而且近年来妇女人口老龄化的趋势越来越明显。尽管当前我国基本养老金制度的覆盖率较高，但在制度设计上缺乏性别区分的视角，这导致劳动力市场上处于相对不利地位的妇女，她们的养老金福利和养老保险参保率均低于男性，而且老年妇女的贫困问题比较突出。当前我国妇女在城乡居民养老保险方面的参保率要高于男性，而在城镇职工基本养老保险方面的参保率要低于男性，退休待遇也普遍比男性低。妇女在养老保险方面的差距主要是由妇女所从事的职业和养老保险制度本身的缺陷所导致的。在我国，妇女的退休年龄比男性早，整体收入水平低于男性，养老金缴费的年限和基数都比男性低，导致一些因家庭需要离开劳动力队伍的妇女和需要承担更多家庭事务的妇女，她们的养老金待遇水平比男性要低很多。

根据国家统计局的数据，2016年我国职工基本养老保险替代率约为67%，为社会平均工资的40%左右。虽然近年来我国政府不断提高企业退休人员的基本养老金水平，但目前我国职工基本养老保险替代率仍然不高。由于受到通货膨胀、退休年龄较低等因素的影响，妇女养老保障水平更令人担忧。在不同的基本养老保险制度下，由于缴费率、缴费基数和政府补贴存在较大差别，导致不同区域和身份的妇女获得的养老金差别也很大。许多以居民身份参加社会养老保险的妇女认为，她们在未来养老方面更多地依靠家庭的其他成员，而不是依靠养老金。

2. 我国的养老保险没有考虑到家庭主要收入来源的劳动者的家庭责任

如果一个家庭中有失去工作能力的配偶或者未成年子女，那么该劳动者的养老保险金将成为这个家庭的主要收入来源。在这种情况下，该劳动者的死亡将给这个家庭带来严重的收入风险，这种风险没有被其他社会保障体系覆盖，有可能会造成巨大的风险缺口。

3. 当前我国的养老保险并没有体现妇女对家庭所做出的贡献

一般来说，妇女由于需要承担较多家庭事务，形成了在职业和收入增长中的机会成本，而男性需要承担的家庭事务较少，从而可以有更好的职业和更高的收入。然而，妇女对家庭所做出的贡献并没有在我国的养老保险制度中体现出来。因为妇女通常比男性有更长的寿命，她们在遭遇丧偶或离婚等家庭突发变故后往往会收入下降，特别是不参加社会劳动的妇女更容易陷入财务困境之中。

三 生育保险

当前，我国妇女的生育保险主要存在以下问题：

1. 全国各地妇女生育保险的保障程度存在着很大的差异

由于不同地区的妇女在支付水平、享受条件和基金征缴等方面差别很大，有的地区补偿不到 1000 元，有的地区则补偿 6000 多元。举例来说，近年来广州建立了妇女生育保险的目录规范、高额核销与不设封顶的制度，生育基金可以每年定期与指定医院结算，参保人只要医疗费用满足生育保险的要求，其医疗费用不管多少都可以由生育保险基金全部支付，而有的妇女曾经花费 45 万元人民币。

2. 我国生育保险制度的总体水平仍有待进一步提高

目前我国实施生育保险社会统筹的地区多数是实施县（市）级统筹，因为统筹水平较低，导致基金的转移功能较差，难以在不同的情况下进行灵活调整，生育保险也很难发挥互助与均衡负担的效果。尽管目前我国的生育保险基金总体上呈现出盈余状态，但是伴随着农民工的大量进城、外来务工人员数量的不断增加和育龄妇女人数的增多，生育保险基金往往花费更多，甚至在未来有可能出现亏损状态。

3. 政府承担的责任不够，一些弱势妇女的生育权益得不到有效保障

当前我国妇女的生育保险仍然体现在职业福利上，由企业单方面进行支付，而政府在妇女的生育保险方面承担的责任是不够的。一般来说，非正规就业的妇女没有资格享受生育保险，因为她们没有资格支付保费，这就进一步影响到妇女就业和两性之间的平等问题。这种企业单方面支付、政府承担责任不够的生育保险制度，导致生育保险的监督和推广远远少于其他类型的保险。

4. 当前我国妇女的生育保险制度仍然有待完善

近年来我国的一些省市都在修订、完善生育保险政策和人口与计划生育条例，但是最新的《生育保险条例》仍未颁布，延长妇女产假的相关法规也不明确。2015 年 11 月，人力资源和社会保障部发布了《关于适当降低企业生育保险费率的通知》，从实施的效果来看，降低 0.1% 的费率对企业来说意义不大，但生育保险基金的收入却会出现明显下降。在"全面二孩"政策的指引下，未来我国生育保险基金的支出将在一定程度上有所增加，地方将因资金压力呈现出降低待遇和缩小保障范围的趋势。由于政策的制约或财力的困难，很多地方无法调整妇女的生育医疗费，也难以扩大保障的范围，这导致妇女的生育待遇出现了不升反降的怪现象。2016 年

人力资源和社会保障部提出了将生育保险和基本医疗保险合并实施的建议，并且确保参保妇女的生育待遇水平不会下降，但具体的改革措施有待进一步明确。

5. 在家庭中，男性在家庭事务方面承担的责任不够，不利于男女平等的实现

当前我国妇女的生育保险制度基本上是以保护妇女的生育权益为重点，产假/育儿假以妇女为主，生育责任也集中在妇女的身上，而对于男性带薪休假没有明确统一的规定，这不能很好地保障妇女的就业权利，不利于实现男女平等，也不利于妇女生育期间的身心健康。一些地方政府进行了男性带薪陪护假方面的探索，多数是按照各省市人口和计划生育条例的规定实施的，休假时间从7天到30天的范围内不等，但是在实践中很多单位却不鼓励男性休假，主要表现为如果男性不休假，单位会给予奖励；或者男性的假期可以转让给女性，以上导致男性带薪陪护假流于表面，没有被执行。在严格执行依法治国方针的条件下，有些地方表示会逐步取消男性的带薪陪护假，而有些地方则表示会逐步取消男性的相应待遇。男性的生育权利无法得到有效保障，也就很难承担家庭事务方面的责任。

四 儿童保障

对于我国的儿童来说，除了一些困境儿童的保障和教育保障得到了较为充分的重视之外，目前我国的儿童保障体系建设还有很大的制度性差距和改进空间。当前，我国儿童的保障体系建设主要存在以下问题：

1. 我国儿童的医疗资源仍然非常短缺

很多儿童的身体发育不完善、抵抗力也非常低下，尤其0—6岁的儿童容易患上咳嗽、肺炎、支气管炎、感冒等，住院的风险也比较高。与此同时，儿童患重病或者遭受意外受伤的概率也远远高于成年人，一些成年人发病率较高的疾病目前呈现出了越来越年轻化的趋势，但相应的医疗保障却仍然不足。

根据国家卫生计生委发布的《中国家庭发展报告（2015）》，当前我国三人家庭的比重最高，达到了31.7%；其次为两人家庭，比重为21.9%。报告指出，2015年我国中央财政对孤儿基本生活费的支出只占当年GDP的0.003%左右，而巴西中央财政对孤儿基本生活费的支出占当年GDP的0.5%左右，俄罗斯中央财政对孤儿基本生活费的支出占当年GDP的0.025%左右。我国同其他金砖国家相比，中央财政对孤儿基本生活费

的支持还有很大的提升空间。此外，2010—2015 年，我国儿科医生的数量不但没有增加，反而减少了 3000 人左右，这也彰显了我国儿童保障制度仍有不足之处。

2. 在教育方面，"全面二孩"政策实行以后将会对儿童的教育质量构成新的挑战

在流动人口较多的地区，目前很多地区教育能力不足的现象有可能会进一步恶化。根据 2016 年教育部的统计数据，当前我国仍有大约 1000 多万的幼儿无法入园，以及 30%多的学前儿童没有机会入学。根据北京师范大学中国公益研究院 2016 年的调查数据，目前我国幼儿园教职工与幼儿的比例为 1∶19 左右，而按照《幼儿园教职工配备标准（暂行）》，幼儿园教职工与幼儿的比例应该为 1∶5—1∶7，这表明我国幼儿园教职工与幼儿的比例比标准水平低很多。由于流动人口持续增长和出生周期性高峰来临等因素的影响，在流动人口较多的地区，教育承载能力不足的现象有可能会加剧。

3. 当前我国的儿童保障制度相对于经济和社会发展来说是比较滞后，儿童利益最大化和儿童优先的原则目前仍没有形成社会共识，儿童也没有被视为独立的主体享受特殊待遇，而是被视为成人的附属品

举例来说，儿童的医疗保险/救助在很大程度上依赖于成人的新型农村合作医疗保险、城镇基本医疗保险与城乡医疗救助等，他们的很多保障措施都是根据成人的系统来进行设计和运作的。此外，我国的儿童保障主要被视为家庭的责任。由于目前我国还缺乏长期、系统和稳定的有包容性的儿童保障制度，而家庭功能弱化和社会人口的加速流动会导致儿童风险的急剧增加，中央和当地政府的补充救济没有给儿童足够的保障。而在法律方面，我国至今还缺乏完整的儿童保障法案来全面保障儿童的合法权益。

五　我国妇女和儿童保险保障体系的整体评估和发展路径

当前，尽管我国妇女和儿童保险保障体系建设取得了一系列可喜的成绩，但还存在很大的制度性差距和改进空间，具体表现为：我国妇女和儿童的医疗保障水平仍然较低、妇女的养老保障水平普遍较差、我国妇女的生育保险制度仍然有待完善、儿童的医疗资源仍然非常短缺，以及儿童保障制度相对于经济和社会发展比较滞后等。此外，一些农村中的贫困和留守妇女和儿童的就业机会不够充分，劳动权益保护也需要进一步完善，管理层需要重视并且采取有效措施来解决以上问题。

为了完善并提升我国妇女和儿童保险保障体系，管理层可以采取以下

发展路径：首先，优化社会发展环境，进一步加强对妇女和儿童发展的政策保障。尽管妇女儿童发展"十二五"规划已经被纳入我国的经济社会发展总体规划，但是在政策落实和实践环节还存在较大的发展空间。其次，进一步关注民生，推动解决妇女和儿童群体的重点难点问题。着力解决妇女发展就业问题、开展未成年人思想道德建设、开展特殊儿童群体关爱行动、推动单亲特困母亲帮扶行动都有益于解决一部分重点难点问题。最后，大力开展媒体宣传，不断凝聚整体合力，加大对妇联干部的教育培训力度，赢得妇女儿童群体的信任和社会各界的支持。

第四章　中国妇女和儿童商业保险发展现状

本章首先介绍世界范围内妇女和儿童的商业保险发展情况，然后分别论述中国妇女和儿童商业保险的现状以及存在的问题，为后文的进一步论述奠定基础。

从世界范围看，妇女在社会中发挥着多方面的作用，使她们成为社会变革和经济进步的重要力量，也使她们成为人民群体中日益重要的一部分。有更多妇女获得高等教育，并且进入劳动力市场之后有望赚取更高收入，其消费能力将会显著增加，也会有更高的保险购买能力。经济合作与发展组织（OECD）的研究结论显示，妇女的教育程度与购买商业保险的意愿之间呈现显著的正相关关系。随着收入的增加，妇女也享受更大的支出和家庭议价能力。在这两个因素的共同驱动下，未来全球妇女商业保险市场将会有很大的发展空间。在大多数发展中国家，儿童占总人口的1/3以上，而且在这些国家的贫困人口中往往比例较高。由于他们的年龄较小，社会地位较低，亟须社会保障和商业保险来提供一定的支持。一般来说，世界范围内关于儿童的商业保险主要有教育保险、健康保险和校园保险等。

现阶段我国妇女商业保险的品种主要包括商业生育保险、重大疾病保险和意外伤害保险，主要存在的问题包括：一些商业保险公司经营理念上存在短视行为；一些商业保险公司的员工素质较低，缺乏诚信意识；专业人才匮乏，一些从业人员缺乏专业知识。现阶段我国儿童商业保险的品种主要包括教育保险、医疗保险和意外伤害保险，主要存在的问题包括：产品研发和设计不规范，同质化现象较为严重；市场要素培育程度较低，供求矛盾较为明显；政府的监管和协调缺位，导致某些群体缺乏商业保险。

第一节　世界范围内妇女和儿童的商业保险

一　世界范围内妇女的商业保险

根据国际金融公司（IFC）于 2015 年公布的一份报告，预测到 2030 年，全球妇女的保费总额将达到 1.7 万亿美元，这是一块非常大的蛋糕。而且国际金融公司（IFC）预测，未来妇女收入的增长速度将高于男性，到 2028 年全球妇女的支出将占家庭中近 75% 的自主支出。因此，国际金融公司（IFC）认为，哪家公司能够快速占领妇女的商业保险市场，就会拥有先发优势，并赢得这个日益富裕的客户群的信任和支持。

国际金融公司（IFC）曾经对巴西、中国、哥伦比亚、印度、印度尼西亚、墨西哥、摩洛哥、尼日利亚、泰国和土耳其等新兴经济体的妇女保险市场进行了较为深入地研究。研究发现，目前这 10 个国家妇女保险的年度市场规模为 980 亿美元，到 2030 年将预计增长 6—9 倍，达到 5690 亿—8740 亿美元。在这 10 个国家中，预计到 2030 年最大的妇女保险市场为中国和巴西，而印度尼西亚和尼日利亚的妇女保险市场增长速度可能最快，这是由于保险业和社会经济的快速发展，特别是妇女收入的快速增长所决定的。这 10 个国家中妇女的寿命平均比男性长 5 年，在巴西、哥伦比亚、印度尼西亚、泰国和土耳其的妇女和男性的平均寿命差距甚至更大。但是，这些国家妇女的法定退休年龄均低于男性，而且很多妇女需要照顾家庭、更可能从事兼职工作，她们在一生中并没有为她们的养老金积累做出太多贡献。这就导致妇女的退休年龄和预期寿命之间的差距越来越大，它意味着，妇女比以往任何时候都需要有足够的储蓄和养老金来保障晚年的生活。

国际劳工组织于 2016 年的调查结果显示，妇女比男性更加担心她们可能成为家庭的负担，例如，由于缺乏足够的储蓄和养老金所引发的债务。因此，除了养老金和社会保险之外，她们还需要购买商业保险来保障自己的生活。与男性相比，妇女的风险意识更强，她们在储蓄方面也更好，是更可靠和更有效的借款人和投资者。当妇女购买商业保险时，有研究表明她们的欺诈性索赔活动较少，与男性相比对保险公司更为忠诚，甚至经常推荐其他人也购买同类商业保险。

从全球人口规模上看，妇女占世界人口的一半左右，她们也代表了全球知识分子的一半以上，并且越来越多地参与了劳动力市场。就保险而言，无论是商业保险还是社会保险，妇女都是一个必不可少的市场。此外，妇女在社会中发挥着多方面的作用，使她们成为社会变革和经济进步的重要力量，也使她们成为人民群体中日益重要的一部分。在有更多妇女获得高等教育，并且进入劳动力市场之后有望赚取更高收入，其消费能力将会显著增加，也会有更高的保险能力。经济合作与发展组织（OECD）的研究结论显示，妇女的教育程度与购买商业保险的意愿之间呈现显著的正相关关系。此外，随着收入的增加，妇女也享受更大的支出和家庭议价能力。在这两个因素的共同驱动下，未来全球妇女商业保险的市场将会有很大的发展空间。

在商业保险的产品形式上，越来越多的保险公司采用小额保险的形式进行销售。它们可以利用新技术和创新的分销渠道，向妇女通过提供各种小额保险产品。一些商业保险公司甚至公开承认妇女在商业保险方面的市场潜力，并认为它们可以在提供小额保险产品发挥更重要的作用。一些小额保险产品，例如小额养老金计划、小额住院保险产品、小额家庭保险、带有现金价值选项的小额人寿保险以及基于妇女风险状况的其他附加小额项目，对妇女来说都是非常具有吸引力的。根据全球小额信贷机构报告，与男性相比，妇女更加具有风险意识，她们是更可靠和有效的投资者，而且她们贷款的违约率更低。在小额保险产品设计的过程中，保险公司认真考虑这些问题和特点是非常重要的。

从摩洛哥的实践经验来看，小额保险产品较为容易受到妇女的欢迎。例如，"援助"是一种面向妇女的小额保险计划，在妇女分娩、住院或者发生重大疾病时，它可以代替妇女付款，并且把所需资金自动附加到妇女的贷款之中。在该产品推广一年后，妇女用户只有20%的索赔率，而低于50%的索赔率就表明该产品具备较好的体验和价值。此外，马里的Orange Money公司近年来也推出了面向妇女的小额保险产品TN。该保险产品包含妇女的生活和残疾保险，以及解决妇女健康需求的产妇保险，它们帮助公司大力开拓妇女保险市场，而且受到了妇女的广泛欢迎。

在保险产品的设计过程中，保险公司需要收集妇女和男性的大量数据，并且进行准确和客观的分析，因为这项工作可以使公司能够更好地观测和分析不同收入的妇女在其投资组合中的行为、风险和收益的特征情况。但是根据全球妇女银行联盟的报告显示，尽管目前世界各国正在收集妇女和男性的相关数据，但至今为止还没有形成妇女保险的较为完整的数据库。此外，除了收集妇女和男性的相关基础数据，还要设置关键绩效指标（KPI）对这些数据进行评价，并且及时了解和分析这些数据的价值。

从监管角度看，目前巴西、加纳、印度、墨西哥、巴基斯坦、秘鲁和菲律宾等国家已经为小额保险业务建立了较为具体的监管框架，并且允许通过包括移动网络运营商（MNO）或零售点在内的其他渠道进行保险销售。虽然这种监管框架对妇女和男性来说都有好处，但妇女被认为是主要的受益者，主要的原因在于它可以通过使用替代渠道来克服进入妇女市场的传统障碍，尤其是由于妇女在一些国家的流动性限制而出现的障碍。但是，除了允许使妇女和男性客户受益的分销渠道之外，监管机构在制定与保险中介机构许可相关的要求时，还应特别关注一些小额信贷机构等与妇女的与妇女的生活联系较为密切的机构。例如，在加纳，大多数小额保险客户是非正规部门的妇女，这主要是因为小额信贷机构是这一细分市场的重要分销渠道。

此外，妇女商业保险的整个价值链，从公司高管到农村保险代理人，包括妇女保险产品的设计、开发、定价和营销等方面都有效提升了妇女保险市场的成熟度，并且提高了妇女的就业率。实际上，妇女能够决定或影响高达80%的购买商业保险的决策，也可以更好地理解家庭风险缓解的问题。从不同公司的视角看，各公司的合作共赢关系和先进的技术可能有助于实现妇女保险的规模经济，有效利用妇女保险产品则有助于实现妇女保险的包容性，而且保险公司仍需加强对妇女保险的宣传力度，用以提高妇女购买商业保险的意识和积极性。

二 世界范围内儿童的商业保险

在世界范围内，儿童的商业保险也备受人们的关注。《联合国儿童权利公约》曾经设定国际儿童早期发展的目标，即，"到2030年，确保世界上所有的儿童可以获得高质量的发展、护理和初级教育，从而为初等教育做好准备"。

儿童早年的发育差距，将会给个人、家庭和社会带来代价昂贵的后果。有研究表明，儿童早期的营养不良将会严重影响其免疫系统和认知功能的正常发育，并且使他们在年龄增长时难以健康地学习。等工作之后，发育迟缓的人在整个生产过程中的工资通常会比正常人低10%—20%。除了营养不良以外，来自弱势家庭的儿童的总体发展通常是不理想的，其中很重要的原因是他们没有足够的早期学习和发展的机会（Schady 等，2014）。通过对智利、哥伦比亚、厄瓜多尔、尼加拉瓜和秘鲁等拉丁美洲5个国家儿童的研究发现，这些国家中最贫穷和最富裕阶层之间儿童的认知差异很大。这些差异的大部分在 3 岁时明显，通常在 6 岁时恶化，之后基本保持不变（Bhutta et al.，2013）。研究发现，在世界其他国家，例如柬埔寨、埃塞俄比亚、印度、马达加斯加、莫桑比克和越南，最贫穷和最富裕阶层之间儿童也存在类似的差距。而十几岁的母亲所生的孩子可能尤其面临风险，因为她们更有可能来自贫穷或没有受过教育的家庭。例如，青春期的母亲怀孕后，死胎和新生儿死亡的风险会增加 50%，死亡的原因包括早产、出生体重低和窒息的风险增加等。

在大多数发展中国家，儿童占总人口的 1/3 以上，而且在这些国家的贫困人口中往往比例较高。由于他们的年龄较小，社会地位较低，亟须社会保障和商业保险来提供一定的支持。一般来说，世界范围内关于儿童的商业保险主要有教育保险、健康保险和校园保险等。

世界银行数据库表明，2015 年全球小学生的毕业率低于 83%，并没有完成之前制定的千年发展目标。根据现有的数据，在 155 个发展中国家中有 37 个国家已经或基本实现了普及初等教育，有 32 个国家接近于完成之前制定的千年发展目标，还有 86 个国家没有能够实现目标。此外，根据世界银行的模拟结果显示，一些贫穷国家，比如撒哈拉以南的 33 个非洲国家每年面临接近 19 亿美元的教育资金缺口。这些国家所需的教育资金也占其总融资需求的很大一部分，在 2015 年教育资金与总融资需求的占比达到了 36%，到 2030 年之前有可能降至总需求的 6% 左右。此外，世界银行研究的四个南亚国家每年需要大约 3.97 亿美元的教育资金支持，拉丁美洲和加勒比地区的三个低收入国家每年将面临 4800 万美元的教育资金缺口，东亚两个低收入国家每年需要大约 3600 万美元的教育资金，中东地区的一个国家每年需要 7000 万美元的教育资金，欧洲和中亚地区的三个国家每年的教育资金缺口将达到 3400 万美元。

正是由于儿童的教育得不到有效保障，各国的保险公司设计和开发了各种教育保险产品，以降低儿童过早失学的风险。其中最常见的产品为教育储蓄类产品，即父母每年强制进行储蓄，为儿童未来的教育提供足够的保障。

根据（Bhutta et al.，2013）统计和分析，在世界范围内，每年由产妇营养不良大约导致 80 万新生儿死亡，而每年由于发育迟缓、体重低和缺乏微量营养素又造成近 310 万儿童死亡。当前，世界上还有一些国家的儿童面临着较为严重的营养不良。例如，根据世界银行的统计，尽管农业生产率的提高导致粮食储备得到了大量提高，但是印度的很多儿童仍然处于非常严重的营养不良状态。截至 2015 年，印度 3 岁以下儿童营养不足或严重营养不良的水平大约在40%左右。出现以上结果的主要原因有两个，首先，当前印度的贫富差距很大，仍然有很大一部分人口无法购买足够的食物；其次，由于卫生条件差和生活条件恶劣，容易使儿童出现腹泻病和寄生虫感染，这样就导致儿童的营养不良，而营养不良反过来又增加了他们对于病毒的易感染性。以上因素的共同作用严重损害了儿童的身体健康，并且导致他们的死亡率偏高。

此外，柬埔寨等国家的儿童的健康仍低于世界各国的平均水平。世界银行的统计数据显示，当前柬埔寨农村与城市的儿童之间的健康仍然存在巨大的不平等。

2015年，柬埔寨大约1/5的最贫困儿童的死亡率为每千名活产中有76人死亡，这比1/5的最富有儿童的死亡率高出了19%。2015年，柬埔寨大约有50万名5岁以下的儿童，这些儿童大约有32%的人出现了发育不良的症状。而由于人口老龄化和生活方式的日益改变，人们对于非传染性疾病的负担越来越重。

值得欣慰的是，随着各国保险业的发展，儿童医疗保险也逐渐成为重要的商业保险品种。尤其是伴随着保险技术、资金运用和销售渠道等技术水平的不断提高，各国的儿童医疗保险取得了较快进步，重大疾病险等保险得到了迅速发展。

在儿童的教育过程中，校园风险也是各国儿童面临的重要风险之一。管理层应当力争保障校园安全和学生教育的连续性，家长和当地社区也应该对此付出一定的责任。一般来说，校园风险包括自然灾害、气候风险、校园暴力等。例如，在撒哈拉以南非洲的萨赫勒地区，每年大约有2700万名儿童出生，这个地区儿童的出生率和死亡率一直在世界上位居前列，其中5岁以下儿童死亡率大约为163‰，是其他发展中国家的两倍，是工业化国家的三倍。在出生的儿童中，65%将会经历贫困，1400万名儿童将直接受艾滋病毒影响，还有1/3将由于性别或种族的原因遭受排斥。此外，该地区儿童的教育程度较差，而且经常遭遇到校园风险。

其他国家方面，一些发达国家的儿童也经常遭遇到不同类型的校园风险。根据世界银行对澳大利亚、美国和其他国家的调查发现，在校园中经常被欺凌的儿童是比较有个性和特点的人，比如不合群的人、同性恋者、有色人种、肥胖者、单亲家庭的儿童等，甚至连戴眼镜也有可能成为被欺凌的原因。根据2016年澳大利亚的统计数据，在全国的公立学校中，平均每周有60多起校园欺凌案件。

在亚洲，同样也有这样的校园欺凌现象存在。根据2016年日本政府发布的《儿童和青少年白皮书》，目前国内的校园欺凌现象普遍存在，并且将近90%的儿童曾经遭遇过校园欺凌，主要的形式包括被集体孤立、被说坏话、甚至遭到欺负等。在韩国，根据调查报告显示，在6—15岁的儿童中，其中大约1/3的人曾经遭受过校园欺凌和暴力，而大约有1/5的人曾经实施过校园欺凌和暴力。

第二节 中国妇女商业保险的现状及存在的问题

中国妇女商业保险可以追溯到20世纪初由外资和私营保险公司开发的各种商业保险产品。但是由于中华人民共和国成立后，我国保险业在较长时间内出现了中断，早期保险和现代保险之间并不存在太多的传承关系，因此我们重点关注改革开放以后保险业的发展情况。随着国外保险产品的引进和保险技术的发展，近年来我国妇女商业保险得到了迅速的发展。

一 中国妇女商业保险的发展历史及现状

在早期发展阶段，我国大多数商业保险是不存在性别差异的，只是根据不同性别存在的死亡率差异来区分不同的产品费率。近年来，伴随着我国社会保障体系不断完善，以及居民收入水平逐渐提高，我国妇女商业保险保持良好发展势头，并且在重大疾病保险与商业生育保险方面都逐步走上了专业化发展的道路。

当前我国妇女商业保险的产品种类较多，根据统计发现，由30多家保险公司推出的妇女商业保险产品共1000多种，我们可以把它们分为以下三类：

（一）商业生育保险

商业生育保险是专门为妇女生育和母婴安全所设计的。该类产品不仅可以对孕妇在怀孕、分娩期间的生病或意外死亡进行保障，还可以为新生儿或胎儿死亡、新生儿先天性疾病和其他的一些特定手术提供一定的保障资金。除此之外，有些妇女的储蓄型分红保险和健康保险也开始覆盖妇女的妊娠期疾病，并且能够为育龄妇女提供具体的保障。

从产品形态的视角来看，一般来说，主要有两种保护新生儿和孕妇的商业保险：其一是专门的生育保险，其二是附加母婴保险。专门的生育保险通常一次性支付，对于孕妇的承保责任一般为15天至1年，对于婴儿的承保责任一般为15天至6岁。由于孕妇的健康风险要比正常人高很多，保险公司通常会对孕妇进行较为严格的身体检查，并与保健医院联系，了解其健康状况后才对其进行保险。此外，这种保险一般都需要较长的观察期，一般来说90—180天后才可以生效。如果妇女选择这种保险，最好在妊娠以前进行投保，如果在妊娠两个月之后再投保，保险公司一般会拒绝。一般来说，附加母婴保险的交费和保险期限比较长，并且可以为新生儿先天性疾病和妇女的妊娠期疾病提供一定的保障。在投保时，孕妇经常作为第一投保人，新生儿作为第二投保人，而且在妇女购买了寿险或者较长期限的健康险之后，保险公司才允许妇女购买附加母婴保险。

（二）重大疾病保险

重大疾病保险是针对妇女特定的身体特征而定的，主要内容是涵盖癌症等各种重大疾病。从产品形态的视角来看，妇女癌症保险产品可以划分为储蓄型与消费型两种，其中储蓄型癌症保险的特点主要是使用储蓄型寿险产品附加抗癌险，保费较高，如果在保险期间没有发生疾病，可以全部退还本金或退还本金的120%。消费型癌症保险的保费金额较少，而且没有返还金额。

当前，我国市场上可以供妇女选择的癌症保险产品主要包含以下几种：

1. 专门对癌症进行保障的重大疾病保险

这种产品对癌症风险进行全面保障，其中包括对妇女癌症进行保障的重大疾病保险。其中保险产品的种类包含身故保险金、癌症保险金、期满生存保险金、癌症疗养保险金与妇女特定癌症保险金等。此外，这种产品还推出了一些妇女护理服务，例如大病咨询、陪同就诊、帮助开通住院绿色通道等。总体来看，这种产品适用于无法满足对癌症有特定保障需求的客户或者只考虑癌症保障的客户。

2. 常见的重大疾病保险

根据近年中国保险行业协会发布的《重大疾病保险的疾病定义使用规范》，这种产品主要表现为面向成年人的重大疾病保险，其中包括恶性肿瘤等重大疾病，并且可以视作人们健康保障的基础产品。从种类上看，这类产品非常多，它们是对妇女进行重大残疾保障的主力产品，适合于有残疾保护需求的妇女进行购买。

3. 对妇女癌症以外的其他疾病进行保障的重大疾病保险

这种产品所针对的疾病包含了妇女独有或高发的癌症，还包括其他的一些疾病，它们对妇女的重大疾病保险是一种较好的补充。

此外，这种保险产品还具有一定的财富管理和投资功能。在对妇女进行人身保障的基础上，妇女们还可以享受保险公司的分红。从产品种类上看，它们不但覆盖了普通人身保险的主要品种，而且还根据妇女的生理特点建立了相应的保险福利。

（三）意外伤害保险

对多数妇女来说，性价比较高而且价格低廉的产品是意外伤害保险。这种保险产品的特点是人们花费几十元钱就能够得到几十万元的保障，保障范围包括"由于突发的、非本意的、外来的、非疾病的事故造成的身体的伤害"。当前我国意外伤害保险的产品种类较为分散，主要集中在某些类型的意外伤害事故上。这种产品种类分散的现状具备一定的优势，因为它们涵盖了各种不同类型的意外伤害事故，而且人们可以根据不同的需求来选择不同的保险产品。举例来说，保险公司为在职场中工作的妇女提供了针对乘坐公共交通工具的意外伤害保险，为家庭妇女提供了针对烧伤的意外伤害保险，还为有车的妇女提供了针对自驾的意外伤害保险。这些不同类型的意外伤害保险，为妇女的日常生活和工作提供了很大的保障。

二 中国妇女商业保险存在的问题

（一）一些商业保险公司的经营理念上存在短视行为

一些商业保险公司不重视长远的发展利益，过分强调短期业务的拓展和短期利益的实现，对于销售人员的绩效考核指标过于追求业务发展而不是全方位的优质服务。此外，这些商业保险公司的短视行为还表现在它们对从业人员专业培训和素质提高等方面的投入较少，商业保险市场上出现了大量的产品折扣战和价格战，这些行为在很大程度上损害了整个保险行业的公信力和可信度。

（二）一些商业保险公司的员工素质较低，缺乏诚信意识

当前，一些商业保险公司的员工素质较低，尤其是销售和客服岗位的员工学历层次较差，业务能力和专业水平也偏低。根据国外有关部门统计，在美国，每101人中就有1人在保险行业工作；在中国台湾，大约有1%的人在保险行业工作。截至2017年，我国国内保险公司的员工有260多万人，只占总人口的0.2%左右。在专门针对妇女商业保险的销售和服务方面，我国保险公司的员工占总人口的比例更低。总体来看，相对于美国和中国台湾等地区，国内保险从业人员总数较少，劳动力素质较低，这难以与保险业的发展相适应，与民众对于保险业发展的理想状态还有很大差距。

此外，一些专门从事妇女商业保险的员工的诚信服务水平较差，诚信意识也不强。有些员工的诚信意识较为淡薄，时而出现非法展览、欺诈误导客户的案件，影响了民众对保险业的信任，不利于行业持续健康发展。根据2016年国家统计局的调查，在5000名消费者中，大约有20.3%的人认为保险公司的服务质量差。其中在3800名消费者中，大约有23.5%的人对保险公司的服务水平不满意，还有10.2%的人认为保险公司的诚信度不高。

（三）专业人才匮乏，一些从业人员缺乏专业知识

目前，我国商业保险公司的专业人才较为匮乏，这已经成为保险业普遍存在的现象，也已经成为制约保险业快速发展的瓶颈。根据2016年国家统计局的调查，在专门针对妇女商业保险的销售和服务的员工中，只有不到30%的人拥有大专或以上的文凭，其中大多数是中专或高中，较为缺乏保险专业知识。

除了专业人才匮乏之外，一些商业保险公司的人才专业结构不合理，全国范围内的人才分布不均衡。在全国商业保险公司的专业人员中，精算、核保、投资的人员比例明显偏低，这与整个保险业的发展不相匹配。根据调查结果显示，目前我国商业保险公司中最短缺的人才依次是高级营销人员、高级管理人员与精算人才。此外，保险核保、财务分析和产品研发方面的专业人才也有一定的市场缺口。

第三节　中国儿童商业保险的现状及存在的问题

一　中国儿童商业保险的发展历史及现状

和妇女的商业保险相比，我国儿童商业保险发展的起始时间要早一些。我国儿童的人身险产品可以分为儿童提供意外、医疗和其他健康保障，以及教育金的储蓄等。我国儿童商业保险与成人保险最大的区别在于，从保障的角度看，成人保险保障了被保险人未来创收的能力，而儿童保险主要用于解决他们成长所需的教育、创业和婚姻费用问题，以及保障他们可能面临的疾病、残疾和死亡等风险。

从我国儿童商业保险的早期产品看，当时我国主要有两类儿童保险，其中一类是健康保险产品，包括面向学校的学生安全保险，另一类是教育储蓄产品。在经历了较长时间的发展之后，目前我国儿童商业保险的品种

出现了很快的增长。从保障类型看，我国儿童商业保险主要包含意外伤害保险、健康保险和教育保险等品种；从消费类型看，我国儿童商业保险主要包含分红型、消费型和投资联结型等类型。下面我们将分别介绍我国几种主要的儿童商业保险及其特点。

（一）教育保险

教育保险又可以称为教育金保险、孩子教育保险、子女教育保险，它是以为子女保障未来教育经费的保险。教育保险是一种储蓄型保险，它不仅具有强制储蓄的功能，而且具有一定的保障功能。在改革开放以后，我国的教育保险快速发展，目前已经成为该行业发展的重要推动力量。

随着很多家庭对儿童教育经费的投入增加，普通银行储蓄开始逐渐难以满足家庭教育的需求。教育保险凭借其固有的优势，近年来在儿童教育经费的规划中起到了越来越显著的作用。当前，这种保险主要用于解决儿童从幼儿园到大学的过程中需要的所有费用，它的特点包括持续时间长、投保金额大和人们的需求强劲等，并且很多产品具有理财和分红的功能，经常被视为强制性储蓄的一种方式。与此同时，这种保险还具有豁免与保障功能。父母为子女购买了这种保险之后，保险公司将要求他们按时支付保险费。如果父母发生了意外事故，他们可以免缴保费，而且孩子可以得到一定的生活补贴。

在我国教育保险的早期，由于很多家保险公司之间的竞争不规范，市场上的教育保险产品在定价与费率设定等方面存在诸多问题。为了使教育保险发展得更加规范，原中国保监会发布了《中国保险监督管理委员会关于开展教育保险有关事项的通知》（保监发〔1999〕91号）。一些保险公司与中国人民银行一起，设计并制定了《子女教育保险条款》，并且使用《子女教育保险（A）条款》《子女教育保险（B）条款》作为监管教育保险的重要依据，最终实现了对教育保险的严格控制和规范化。以上文件规定，保险公司只能在预先设定的寿险利率范围内，按照上述两项保险条款，尽可能采用优惠利率进行精算并确定保险费率，在向中国保监会备案审批之后，才可以向社会出售教育保险产品。

近年来，伴随着我国保险科技的快速发展和保险监管制度的日益完善，教育保险产品市场的规范化程度得到了明显的改善。不过，教育保险产品的市场规模也受到了一定冲击，人们对个性化、灵活的教育保险产品的需求日益增加，这已经成了当前教育保险市场中存在的重要问题。各保险公司显然已经认识到了该问题的严重性，它们根据各自的保险科技和市场状况，来设计各种不同类型的教育保险产品。

(二) 医疗保险

改革开放以来，随着我国保险业的快速发展，儿童医疗保险也日益成为重要的商业保险品种之一。1991年年初，中国人民保险公司就开始在部分地区试办、推广儿童医疗保险，并很快形成了一定规模。近年来，伴随着保险科技、资金运用和营销渠道的不断完善，儿童医疗保险的发展取得了长足的进步，重大疾病保险作为医疗保险的重要组成部分也得到了快速发展。

从保障对象看，儿童医疗保险面对的是18岁以下的儿童和青少年，其保护范围主要包括儿童和青少年的治疗、手术与住院费用，保险公司根据保险合同来对儿童和青少年进行经济补偿。常见的儿童医疗保险产品包括住院医疗保险和儿童重大疾病保险。从经济学的视角来看，婴儿纯粹是消费者，他们没有任何收入来源，其开支完全依靠父母支持。年轻父母需要了解针对婴儿健康和医疗的保险费用，这些可以通过儿童健康保险制度来实现和解决。

总体来看，当前我国医疗保险制度对儿童的覆盖面较小、保障程度相对较差，为了解决以上问题，各保险公司设计的医疗保险产品主要包含以下三种：第一种是儿童重大疾病保险，主要包括对白血病、急性或亚急性重症肝炎、恶性肿瘤、重大器官移植术等重大疾病的保障，并且为儿童提供住院和门诊补贴。第二种是儿童普通医疗保险，这种产品与基本医保相结合，可以提高对儿童的医疗保障水平，扩大医疗保障范围。第三种是儿童特定疾病保险，这种产品主要保障的对象是针对一种或几种特定疾病，容易感染、治疗费用高的儿童重大疾病，其中儿童综合健康医疗保险比较受欢迎。

(三) 意外伤害保险

儿童意外伤害保险主要针对18岁以下的儿童和青少年，当他们因意外事故造成高昂的医疗费用或造成伤残甚至死亡时，保险公司将按照保险条款作出相应的理赔。目前，国内大多数保险公司都有这种儿童意外伤害保险，投保人每年只需要支付几百元的保费，费用相对较为低廉。这种保险的好处是保障程度相对较高、保费比较低廉，但是没有返还。另外，意外医疗赔付也是儿童意外伤害保险的特色之一。在儿童因意外事故需要进行急诊治疗、一般门诊或者住院、入院、手术时，附加意外医疗可以弥补医疗费用，补偿父母支付的医疗费用部分。一般来说，儿童意外伤害保险的保障范围包括意外医疗、意外死亡、意外伤害和意外住院补贴等内容。

近年来，随着儿童意外事故风险的增加，保险公司采取了多项产品创新措施来应对需求。以学生平安保险为例，最初设立时主要考虑的是学生的安全问题，目前已经发展为包含意外伤害的保险责任。该保险最重要的特点是"高保障、低保费"，按照目前的条款和费率，学生平安保险每年数万元的保障只需要缴纳几十元的保费，而且能正常学习和正常生活的学生均可以投保。从保险内容上看，学生平安保险包含了意外伤害医疗、住院医疗和意外伤害等多项保障，其产品设计的特点为保障全面、主附搭配，相对于一般医疗保险有着重要的优点。其中，被保险人的保险包括主险和附加保险。主险是学生和儿童平安保险，附加险是医疗保险、意外伤害和住院医疗保险。如果购买了上述三种保险，就可以得到更全面的保护。在选择特定保险产品时，投保人的可选保险责任必须附加在基本保险或者主险上，用以补充主险的保障范围。

二 中国儿童商业保险存在的问题

尽管我国儿童商业保险发展起步时间比较早，但是目前仍然存在以下问题：

（一）产品研发和设计需完善，同质化现象较为严重

目前我国保险公司对确定儿童商业保险产品费率所需的相关数据还不完善，产品设计缺乏市场细分、专业化和针对性，不能实现客户的差异化需求。根据调研发现，一些保险公司已经认识到了未来我国儿童保险市场的巨大潜力。它们在传统保险产品的基础上，开发了一些以儿童为主体的保险产品。此外，还有一些保险公司将儿童的教育和健康联系起来，为儿童设计了许多商业生活或健康保险产品，也为父母提供了一些管理子女健康和生活风险的选择。然而，由于儿童的生活和教育具备一定的特殊风险，而这些儿童面临的很多风险没有得到这些保险产品的充分保护。

随着市场上保险公司数量的增多与儿童群体特殊风险的逐步显现，一些保险公司的"拼保障范围、拼价格"的传统策略在竞争中难以再取得优势。在此背景下，这些保险公司需要另辟蹊径，除了关注细分市场之外，还要针对目标客户群体进行差异化的产品设计。举例来说，目前我国保险市场上多数儿童商业保险产品保障的意外类型和疾病范围基本类似，大部分重大疾病都已经在覆盖范围之内。此外，许多医疗保险产品之间是无差异的，而且成人产品与儿童产品之间也是无差异的，产品责任中也包含一些儿童很少会出现的疾病风险。同时，我们还发现，在目前市场上保险公司推出的儿童医疗保险产品中，有些处于保障范围内的重大疾病，比如恶性肿瘤、脑中风和心肌梗死，是全体人群中最常见的疾病，但是在儿童中

的发病率并不高。总体来看，当前我国儿童医疗保险的覆盖面仍然比较小，难以满足儿童和青少年医疗保险的总体需求。

（二）市场要素培育程度较低，供求矛盾较为明显

当前我国儿童商业保险产品具备风险性、针对性等特点，但是由于专业化经营起步较晚、保险市场要素培育程度较低，导致儿童商业保险产品的供求矛盾较为明显。

从产品的供给端来看，我国儿童的教育保险和意外保险经历了较长时期的发展，产品设计较为完善，但是健康保险产品起步较晚，目前主要集中在重大疾病保险、医疗费用和住院类型这三种类型，针对孤残儿童的医疗保险供给严重不足，有些甚至还处于空白状态。此外，各保险公司所提供的健康保险产品的同质化比较严重，在承保范围、补充服务与保险责任等方面与都比较相似。我国保险知识普及率相对较低，而重大疾病保险的条款中包含了很多医疗条款、法律条款和保险条款。同时，很多保险代理人普遍缺乏相应的医学专业知识，很难准确地向投保人解释保险条款，容易引起投保人的理解错误。

从产品的需求端来看，目前我国儿童群体的很多风险还没有得到保障，市场扩张的空间还很大。举例来说，根据慕尼黑再保险集团与波士顿咨询公司2016年联合发布的报告，目前我国中产阶级的人数正在从1亿人增长到2亿人，到2020年为止，我国医疗保险市场的平均年增长率将达到35%—40%，其中大约2/3的市场将来自重大疾病保险，预计这一领域的市场需求量将从2015年的2410亿元增加至2020年的1.1万亿元（注：由于受疫情影响，2020年我国商业健康险保费增至8173亿元，2021年为8803.6亿元）。从服务需求的视角看，儿童的身体特点决定了他们对健康管理服务有较高的需求。虽然健康保险主要为儿童提供经济补偿，但就其本质而言，投保人和被保险人希望通过预防疾病变得更健康，因此他们对于日常健康管理的需求更加强烈。从投资需求的角度来看，不论是教育险、重疾险，还是意外险、综合险，投保人都更愿意选择有返还的保险产品，但是目前市场上儿童商业保险产品的供给并不理想。

（三）政府的监管和协调缺位，导致某些群体缺乏商业保险

从各种保险的发展关系看，当前我国社会保险和商业保险的发展关系并不协调，政府主要为各种不同身份的儿童群体提供基本的社会保险，然而大多数商业保险公司对被保险人的健康和监护人都有一定的限制。由于自身的身体和经济特征，一些被拐卖遗弃儿童和新生孤残儿童几乎没有被商业保险所覆盖，现有的一些重疾险和健康险也主要是通过社会捐赠的方

式获得的。

　　政府除了应当发挥特有的政策导向作用外,对购买商业保险的某些困难群体所提供的经济补贴也比较少。此外,商业保险公司的产品在产品体系和保障内容上难以和社会保险实现较好的融合。当然,目前政府也正在与保险公司合作,进行一些新产品开发测试和产品升级。例如,北京市在准备了三年左右之后,采取政府购买商业保险的方式,对由于接种一类疫苗引起的异常反应进行政策性赔偿。与此同时,由保险公司进一步设计和推广配套保险产品,由接受者或监护人自愿进行购买,并且获得一定的额外风险保障。

第五章　中国妇女和儿童商业保险未来发展趋势

本章主要基于前面的分析，系统地分析我国妇女和儿童保险发展的背景、中国妇女和儿童保险未来的发展趋势，以及它们在未来发展的必要性和可行性。

目前中国妇女群体存在着较大的长寿风险、失业和低收入风险和健康与死亡风险，儿童群体面临较大的健康风险，妇女和儿童容易遭遇婚姻和家庭变故带来的风险。作为我国居民安全保障的最基础的组成部分，我国社会保障能对妇女和儿童提供的风险管理能力仍旧是比较有限的，难以满足妇女和儿童风险管理的需求。当前我国商业保险不能充分满足风险管理的要求，我国妇女和儿童保险在未来仍然有很大的发展空间。

根据安联集团的预测，2018—2027年我国保险业的发展将非常迅速，到2027年我国的保险规模将远远超过整个欧洲保险市场，稳居世界保险市场第二位。随着我国妇女在家庭地位中的上升、妇女工资收入的改善，未来我国妇女保险的市场规模也会逐步大幅增加。而伴随着服务业的快速增长，未来我国儿童保险的发展将存在着重要的增长潜力。

第一节　中国妇女和儿童保险发展的背景

一　中国妇女和儿童面临的风险分析

由于我国妇女人口众多，在经济和社会结构不断变化的背景下，妇女全面参与各种经济和社会活动。由于受到人口老龄化和高速城镇化等各种社会趋势的影响，妇女和儿童的传统劳动角色与医疗健康等面临的挑战交织在一起，给妇女造成了较为严重的社会经济风险。一般来说，妇女承担了更多抚养子女的任务，子女的生活条件往往与妇女直接联系在一起，相关的风险也常常对儿童形成直接影响。在其他风险管理措施不能满足要求的情况下，商业保险可以为妇女和儿童提供重要的保障。

在现实生活中，我国妇女和儿童面临着较多的风险，主要包含以下几个方面：

1. 妇女群体面临较大的长寿风险

由于生理和身体结构不同，我国妇女的预期寿命比男性高3岁以上。较高的预期寿命代表妇女的退休时间更长，需要花费更多的养老金，也就面临着更大的长寿风险。当前我国大多数妇女的退休年龄是55岁，比男性要早5年，考虑到现实婚姻生活中男性比妇女的年龄一般要大，经过粗略估算后发现，妇女退休后的养老生活比男性多出8年左右，她们所需要的退休养老费用也要比男性多出8年左右，因此面临的经济压力和生活压力比男性更大。与此同时，男性一般来说寿命相对较短，老年妇女在丈夫离开后可能面临较长时间的独身生活，在此期间她们的精神压力可能也较大。此外，由于要承担抚养子女的责任，妇女群体的收入往往较低，这就有可能导致妇女群体面临养老储蓄不足的风险。

2. 妇女群体面临较大的失业和低收入风险

从世界范围内看，我国妇女的劳动参与率位居世界前列，这主要受益于我国的男女平等政策，该政策对提高妇女的经济和社会地位具有很高的意义和作用。然而，随着现代服务业的快速发展，妇女参与职场平等竞争所面临的压力越来越大，家庭与生育对妇女职业生涯的影响正在不断扩大，抚养子女的成本问题也逐渐成为非常重要的社会问题。在"全面二孩"政策实施以后，第二次生育对妇女的职业生涯形成了较大的影响，越来越多的女性不得不离开工作岗位返回家庭，肩负着抚养子女的重担，对她们的就业和收入形成了严重的冲击。

具体来看，妇女怀孕、分娩和哺乳，这将花费妇女几年甚至更长的时间，这也经常使她们对自己的职业面临着严峻的考验。由于一些高收入职业需要中间不停顿的工作经验，而怀孕、分娩和哺乳对妇女的职业产生很大的影响和冲击，有可能会导致她们的职业出现中断。尽管在劳动法律和法规的强力保护下，妇女因养育子女而失业的风险得到了一定管理，但由于抚养子女而导致职业成长停滞的隐形风险和收入停滞增长的风险仍然对妇女造成了很大的负面影响和冲击，这也是造成现代社会出生率下降的重要原因之一。

根据国家统计局的统计数据显示，目前我国没有结婚和没有生育过的妇女可以达到与男性同等水平的工资幅度和职业高度，但是已婚妇女，尤其是已经有多个子女的妇女，她们未来的职业发展平均水平和高度要远远低于男性。

3. 妇女群体面临较大的健康与死亡风险

同男性相比，我国的妇女群体面临较大的健康与死亡风险，主要表现在以下几个方面：

第一，由于妇女承担生育的主要责任，妇女可能由于接生操作、产房环境、自身健康等因素出现濒临死亡的风险。尤其是在"全面二孩"政策实施以后，疤痕妊娠和高龄产妇等问题不断出现，导致孕产妇发病率甚至死亡率上升。根据国家卫计委公布的数据显示，自"全面二孩"政策实施以来，我国孕产妇的死亡率呈现了明显上升趋势。

第二，由于需要生育和抚养子女，妇女群体很容易出现分娩和哺乳等后遗留的各种后遗症。在一些农村地区，尤其是偏远山区，由于产科护理条件较差，产妇经常会出现一些慢性疾病。相比较而言，城镇妇女的生育医疗护理条件要好一些，但是由于工作压力较大，一些妇女将自己的生育年龄推迟至 40 岁左右，尤其是在"全面二孩"政策实施以后，这种现象更加常见。这些妇女的年龄较大，可能遭受较为严重的健康与死亡风险。

第三，由于妇女群体的预期寿命普遍较长，不少妇女到老年时都会面临各种慢性病，这导致她们的生活质量严重下降。这些长期的慢性病在晚年有可能会演变成癌症，它们严重影响了妇女的晚年生活质量，并且具有治疗和护理费用很高的特点，这给她们以后的生活带来非常大的经济压力。

第四，由于长期参与繁重的家务劳动，妇女更容易产生由长期工作习惯和工作条件引发的慢性疾病。例如，有些妇女长期接触厨房的烟雾，这使得她们出现了慢性呼吸系统疾病；有些妇女长期饮食不规律，这使得她们出现了慢性消化道疾病。在这些病症的综合作用下，有些妇女逐渐形成了心血管疾病。

4. 儿童群体面临较大的健康风险

从某种意义上讲，儿童是社会上的弱势群体，他们在成长的过程中容易受到重大疾病和意外伤害的困扰和威胁。因此，对重病儿童进行援助，这是当前我国面临的一个重大问题。

举例来说，我国的一些儿童可能面临着较为严重的先天性疾病和出生缺陷的风险。伴随着近年来我国儿童和孕产妇死亡率的逐渐降低，儿童出生缺陷的问题日益突出，并且成为较为严重的公共卫生和社会问题。根据最新的《中国出生缺陷防治报告》，当前我国儿童的出生缺陷发生率大约为5.6%左右，每年大约有90万儿童出生时出现了缺陷，其中大约有25万儿童的出生缺陷是由妇女疾病、工伤、残疾、失业、年龄大所导致的，这些出生缺陷有可能导致新生儿出现死胎、婴幼儿死亡、先天残疾或早期流产。以上风险不仅严重危害儿童的生活质量，而且影响家庭的和睦和幸福，还可能造成巨大的潜在生命损失和社会经济负担。尤其是在"全面二孩"政策实施以后，随着孕产妇年龄的不断上升，我国儿童的先天性疾病和出生缺陷也可能经历快速增长和发展的时期。

此外，我国的一些儿童有可能面临着较为严重的健康风险。例如，在儿童的发育和成长过程中，有些先天性疾病将逐渐出现，包括智力低下、先天性器官疾病和发育迟缓等病症，这些疾病给儿童和他们的家人带来巨大的经济和心理压力。随着经济社会的发展，一些儿童的近视和肥胖等新的健康风险已成为儿童的风险来源。

5. 妇女和儿童容易遭遇婚姻和家庭变故的风险

由于妇女抚养子女的压力较大，家庭是保障妇女和儿童生活的最重要的基础。然而，当家庭中发生各种风险事件时，妇女和儿童将面临比较严峻的风险状况。

首先，作为家庭中主要经济来源和劳动力的男性可能会遭遇各种事故并死亡，这将会给家庭中的妇女和儿童造成极大的风险。交通事故、重大疾病和突发事件等都可能导致男性死亡，此时家庭收入将面临巨大风险，妇女将不得不承担起家庭抚养子女的重任。

其次，离异等婚姻变故也对妇女和儿童产生较为重大影响。由于妇女，特别是已婚和受过教育的妇女，往往以牺牲自己的事业和未来为代价来抚养子女，然而根据现行的法律，夫妻双方离婚后的财产分割仅限于严格限定的共同财产，根据这种规定，离婚的妇女很难维持体面的生活。同时，无论离婚后子女归属哪一方，男性在大多数情况下会再次生育子女，这就使原来的家庭子女的生活条件大打折扣，甚至会出现很多孩子都被继母虐待的现象。

二 我国社会保障对妇女和儿童提供的风险管理能力有限

作为我国居民安全保障的最基础的组成部分，我国社会保障能对妇女和儿童提供的风险管理能力仍旧是比较有限的，难以满足妇女和儿童风险管理的需求。具体表现在以下几个方面：

1. 我国社会保险的保障水平较低

从我国社会保障制度的情况来看，由于受到经济发展的影响，当前我

国社会保障水平还比较低。对于妇女和儿童来说,我国社会保险的保障水平较低,主要表现在以下几点:

首先,目前我国公共养老保险的替代率比较低。根据我国公共养老保险的计算方法,衡量养老保险的工资水平低于实际工资水平,并且目前我国至今仍然缺乏养老保险调整的制度化和规范化的方法。根据黄万丁(2016)的精算结果,近几年我国城镇职工基本养老保险制度的替代率一直在下降,目前只维持在40%左右,难以满足妇女养老的基本要求。

其次,目前我国社会保障对很多风险还没有进行管理,这在一定程度上损害了社会保障制度的风险管理作用。我国社会保障主要包括社会保险、社会救助、住房保障和社会福利等内容,其中社会保险又包括失业保险、医疗保险、养老保险、生育保险和工伤保险,它们能够在一定程度上对失业风险、健康风险、长寿风险、生育风险和工伤风险进行管理,但是却没有涉及妇女和儿童的家庭风险、妇女的收入、职业和婚姻风险,这就使得妇女和儿童的一些风险仍然被排除在我国社会保障体系的风险管理之外。

最后,目前我国公共医疗保险的覆盖面、报销方式、自付比例还不能满足妇女和儿童的需求。根据世界银行2016年的报告,当前我国医疗保险制度主要采取报销制度,很多医疗保险机构在购买卫生服务方面尚未采取更积极主动的措施。我国的医疗保险机构一直把重点放在资金管理上,未能发挥机构的战略性购买功能,也无法通过经济激励将投入要素转化为具有成本收益效应的卫生服务。目前我国对社会保险机构绩效的评价仍然是基于能否实现收支平衡,而不是基于能否帮助社区和居民获得质优价廉的卫生服务。因此,我国的医疗保险机构成为被动购买者,而不是主动购买者,这就使得我国医疗保险制度并没有真正发挥风险管理者的角色。

综合以上几点来看,目前我国必须进一步完善社会保障体系,为妇女和儿童提供更加完美和适合的风险管理解决方案。

2. 企业用工成本高对我国社会保险水平的提高形成了较大的障碍

要提高我国社会保障的风险管理能力,只能通过进一步提高社会保障缴费率或者扩大社会保障制度的财政补贴来实现。对当前我国的社会保障缴费率来说,由于目前企业的用工成本很高,社保体系的缴费率已经不能再进一步提高,以支持更高的风险管理水平。根据2016年世界银行的报告显示,目前我国就业人员的边际税负已经达到45%左右,超过了15个欧盟国家大约42%的平均水平,与北欧国家的边际税负较为接近。当经济增速逐渐下降时,这种高边际税负将导致资本和劳动力的回报率下降,也会导致资本出现外流和产业向外转移，从而也会阻碍中国经济结构转型和可持续增长。如果政府机关和公共机构的养老金转型成本由经济社会中的就业人员所承担，那么人们的税收负担将进一步上升，这可能导致公共养老金制度面临较为沉重的压力，并且使很多就业人员从正规部门转移到非正规部门。从以上角度看，企业用工成本高对我国社会保险水平的提高形成了较大的障碍，我国社会保险的保障范围难以进一步扩大。

3. 财政收支的矛盾较大，导致社会保障的投入比例难以提高

现阶段我国政府主要通过加大财政补贴来提高社会保障风险管理水平，但是在这方面，政府受到了财政扩张能力的制约。目前我国经济正在进入新常态，财政收入的增长速度不断放缓，国有企业利润增速也出现了下滑，这些条件导致未来我国政府将会受到财政扩张能力的严重制约。另外，伴随着我国人口老龄化的日益严重，我国现有社会保障体系的支出也将迅速增加。根据国家金融与发展实验室的研究成果，2050年我国基本养老保险的累计缺口将达到802万亿元，将达到当年GDP的91%。在美国的医疗和养老保险制度中，除了社会保险外，商业保险与补充保险起到了非常重要的作用。这也说明了，仅仅依靠社会保障体系来实现我国妇女和儿童保险的保障水平是远远不够的，也是不可持续的。

4. 我国的社会救助缺乏足够的风险管理能力

当前我国的社会救助仍然缺乏足够的风险管理能力，主要表现在以下几个方面：

第一，目前我国社会救助资源较为有限，它们不能够满足妇女儿童的救助需求。我国的自然条件决定了各种自然灾害的频繁发生，我国社会救助制度的主要内容就是救灾赈灾，因此政府向妇女和儿童提供援助的资源就非常有限。伴随着我国社会救助工作不断发展与创新，社会自然灾害救助体系的日益完善，我国城乡社会救助体系已经开始逐渐建立。然而，每年因自然灾害而遭受损失的人数比较多。目前我国城乡居民最低生活保障制度还不健全，住房、医疗和教育等方面的专项救助的基础仍然比较薄弱，社会救助制度还有待进一步完善和提升。在这种情况下，一些孤残儿童和离婚家庭子女等儿童和妇女所需要的社会救助就比较有限。

第二，我国政府部门职责不清晰，造成援助水平较低，效率也较为低下。在当前政府的分工制度下，很多社会救助和社会保障服务均由政府部门来管理，这就造成很多责任不清问题。当困难出现时，有些部门互相推诿，救助效率和水平都较为低下。我国目前的社会救助制度可以分为就业救助、临时救助、特困人员供养、受灾人员救助、最低生活保障、教育救

助、住房救助、医疗救助八大类，该制度由卫生、教育、民政、住建等多个部门分别来负责。仅民政部门就有不同的救助机构分散在不同的司局，社会救助的分散化将不可避免地导致重复救助、责任不清等现象不断出现。

第三，目前我国的社会援助制度不包括对妇女和儿童的必要援助。通过比较现有妇女和儿童的风险情况和社会救助制度的覆盖率，我们发现社会救助制度主要为居民提供最基本的经济援助，但是在许多情况下，我国的妇女和儿童需要更重要的援助服务。举例来说，离婚后的妇女养育子女，除了经济收入之外，往往还需要医疗服务和教育服务；再比如，妇女和儿童遭遇家庭暴力时，需要社会援助机构进行及时干预。然而，以上内容在目前我国的社会救助制度中比较缺失，这就导致了有些妇女和儿童遭遇家庭暴力，甚至会被杀害的悲剧。

三 目前我国商业保险不能满足风险管理的要求

目前我国商业保险不能满足风险管理的要求，主要表现在以下几个方面：

1. 目前我国商业保险不能提供丰富的风险管理选择

第一，我国医疗保险的一个重要作用是减少居民因医疗卫生支出而面临的财务风险。然而，有关研究发现，目前我国医疗保险制度并没有有效地帮助患者避免由这些疾病导致的财富损失。至少对于城市居民来说，非医保患者的自付的医疗费用要比拥有医保的患者低，这表明医疗保险可能会增加居民的经济风险。从某种意义上讲，目前我国的医疗保险制度，包括社会保障和商业保险，在风险管理中并没有真正起到应有的作用。

第二，由于中国经济结构快速变化，很多保险公司在通货膨胀较为严重的情况下缺乏长期风险管理和资本利用的能力。目前我国保障类商业保险产品大多是短期的产品，资金和服务都难以有效对妇女和儿童进行更全面和长期的风险管理。由于经济生活中未来的不确定性较大，消费者在很大程度上拒绝购买长期保险产品，这导致了长期健康保险、护理保险与养老保险等保险市场难以较快增长。

第三，我国现有的商业保险产品，尤其是其中的寿险产品，仍然是以理财型保险和万能保险为主，其中保障型产品的比例较低。即使在统计范围内属于保障产品的健康保险中，也有很多打着健康保险旗号的理财产品。根据我国保监会公布的相关数据显示，近年来我国健康保险的保费增长率基本上都高于总保费增长率，但也有学者指出，很多护理保险和健康保险从本质上讲是具备储蓄和财富管理功能的产品。其中一些护理保险产品的责任覆盖了事故保险和疾病保险，但是这些事件发生的概率极低。

2. 我国保险产品的设计较为复杂，往往令投保人难以理解

目前，我国保险公司的很多产品的设计都非常复杂，而且不同公司提供的保险产品的差别很大。在面临着太多的信息时，投保人往往难以理解产品的设计原理，也难以判断产品的利弊情况，更难以制定最适合自己的风险保障方案。根据行为经济学的理论，投保人在选择过多时往往会犯错，也有可能会选择放弃，以免发生错误。

从某种意义上说，保险产品作为现代金融工具，已经拥有了非常复杂和专业的法律条款和合同。这代表着，保险产品已经成为只有专业人员才能理解的服务合同，而投保人只能选择信任的保险经纪人或代理人进行产品购买，或者选择退出市场。当投保人对保险中介不够信任的时候，他们经常会选择放弃或退出，这表明，如果保险产品的设计过于复杂，那么就容易导致保险市场难以有效扩展。

3. 保险产品碎片化的特征，不能满足妇女儿童风险管理的要求

对我国保险市场的产品结构而言，目前保险产品表现为较为碎片化的特征。中国寿险市场上有大量的针对妇女和儿童的保险产品，每一种产品都指向了妇女和儿童的某些方面，但是缺乏综合和完整的保险产品体系。这样就使得一些缺乏长远眼光和风险意识的投保人不知道该怎么做，也不能做出购买何种保险的决定。举例来说，各种健康保险只能承担风险管理的某些方面，比如重大疾病风险和各种疾病风险等。以上这种细分实际上把原本复杂的健康风险计算变得更为复杂，使得投保人在估计各种健康疾病的主观风险概率时更加困惑，并且对市场造成更严重的伤害。

在互联网时代，保险产品碎片化的特征表现得日益突出。许多互联网公司都将保险产品碎片化视为保险业未来发展的趋势，这将导致保险产品出现了快速碎片化。一些学者认为，目前人们的生活正在被许多场景内容所分割。在移动互联网快速发展的背景下，个性化、碎片化和定制化正日益成为保险业新一轮产品革命的代名词。通过将产品碎片化，我国的保险产品开始出现10元以下，甚至几毛钱的保险产品。网络保险服务平台的建立，尽管可以将这些碎片保险的规模效益变得更大，同时也会对保险市场产生更大的影响和干扰。有些投保人，包含妇女和儿童在内，都会减少购买提供长期全面保障的保险产品，这也使得保险市场难以实现可持续发展，投保人很难找到真正适合的全面有效的风险管理解决方案。

4. 保险赔付与投保人风险管理之间的关系处于割裂状态

目前我国保险赔付与投保人风险管理之间的关系处于割裂状态，主要表现在以下几个方面：

第一，我国目前现有的商业保险主要应用于赔偿损失方面，其服务能力比较有限。在商业保险发展的现有条件下，由于缺乏护理机构、养老机构和医院等服务渠道，我国的保险服务主要是以损失的经济补偿来表示，从这种意义上说，保险服务就相当于简单地处理经济开支。这虽然在经济上是合理的，但它对保险公司的投保人服务和经验缺乏了解，也难以对随之而来的理赔服务进行改善，导致投保人的投保意愿下降。

第二，现有的商业保险并未涉及投保人风险管理的全过程，只涉及事后风险补偿，缺乏事前防范风险和事中管理，降低了商业保险的风险管理效果。风险管理是一个系统性工程，商业保险公司在有大量数据的情况下可以完成数据分析，使用能够帮助投保人提前预防、停止损失的更为重要的方法和手段，帮助投保人降低风险事故的发生率，从而提高了投保人的福利水平。

第三，保险产品作为风险管理的重要手段，不仅应该能够起到经济补偿的作用，而且应该能够为投保人提供较多的健康管理服务。然而，我国目前的保险产品还不能在这方面发挥重要作用。举例来说，重疾险产品是以重大疾病为保险标的的，投保人患病后保险公司应当给予一定的经济补偿。在现实生活中，投保人更倾向于在患病期间进行一定程度的医疗，所以消费者对重疾险产品的预期应该更多的是避免生病或生病后及时就医，而并不仅仅是期望得到经济补偿。

四 我国妇女和儿童保险未来仍然有很大的发展空间

根据全球各国经济的发展规律，从经济欠发达到发达阶段的发展过程中，需要经历工业化、城镇化等不同的发展阶段。我国的经济已经经历了几十年的高速增长，目前正在逐渐从工业化阶段向后工业化阶段转变，经济结构也将由工业主导型经济向现代服务型经济逐步转变。

随着我国居民收入水平的提高、人们对生命财产安全的关注日益增加，保险将为人们提供必不可少的风险管理解决方案，也成为提高居民消费的重要保障。根据全球各国经济的发展规律，随着居民收入水平的逐步提高，食品在消费支出中所占的份额将逐步下降。通过研究不同国家的消费者支出的变化，我们发现，随着居民收入水平的提高，物质消费在总消费支出中的比重将逐步下降，而非物质消费在总消费支出中的比重将逐步上升，以上规律可称之为广义恩格尔定律。根据广义恩格尔定律，居民收入水平的逐渐提高，将导致服务业的消费将不断增加。因此，随着居民收入水平的逐渐提高，包括保险在内的消费品在总消费支出中的比重将继续扩大，我国妇女和儿童保险未来仍然有很大的发展空间。

从现实意义上讲，发展妇女和儿童保险对于我国经济社会的进步将起到非常重要的作用。妇女和儿童是我国经济社会中的重要成员，他们的保险需求也是我国经济社会的重要投入变量。为了探讨在不同国家的保险业的发展情况，我们将基于各国投入产出表的数据，分析保险业对实体经济和其他金融部门的影响和冲击作用，尤其是在社会保障、财富管理、风险管理等方面起到的作用。

具体而言，全球不同国家的投入产出表显示了保险业和其他行业之间的投入产出关系。在研究过程中，分析保险对经济社会发展的促进作用，主要应该分析保险业如何作为重要的中间投入，来推动和促进其他相关行业的发展。分析保险产出占其他行业生产投入的比例，有可能会帮助我们预测和判断中国保险业的未来发展方向。比如，在发达国家中，保险是工业、农业、医药与其他行业的关键投入要素，然而中国保险业对于这些行业的投资较为有限。因此，未来我国保险业应该进行保险产品创新，着力发展健康保险、科技保险等品种，力争为社会治理、创新创业和我国的经济转型做出更大的贡献。为了进一步理解投入与产出之间的关系，消除各国各行业由于统计标准差异造成的各种分析的困难，我们将金融业以外的其他行业分为20个行业，并且按照国家统计局的标准，将金融业细分为保险业与其他金融业。通过数据分析，我们可以发现和总结出保险业发展如何促进GDP增长和其他产业发展的作用。

为了使分析结果更加简单明了，我们选择了英国、美国、瑞士和中国的保险业与其他行业之间的投入产出关系，具体如表5-1所示：

表5-1　　　　2016年全球各国保险业产出的服务对象　　　单位:%

Code	产业或用途	英国	美国	瑞士	中国
A	农、林、牧、渔业	0.36	0.77	0.12	0.75
B	采矿业	0.16	0.26	0.03	1.69
C	制造业	1.59	1.04	1.44	8.16
D	电力、热力、燃气及水生产和供应业	0.20	0.02	0.27	1.06
E	建筑业	0.83	0.01	0.26	2.89

续表

Code	产业或用途	英国	美国	瑞士	中国
F	批发和零售业	1.67	3.69	2.38	3.51
G	交通运输、仓储和邮政业	1.08	1.65	0.84	10.97
H	住宿和餐饮业	0.42	0.85	0.23	0.16
I	信息传输、软件和信息技术服务业	0.52	0.33	0.26	0.87
J	金融业	0.77	2.09	5.27	1.48
J1	保险业	17.52	31.60	15.21	7.21
K	房地产业	2.77	2.47	2.19	1.31
L	租赁和商务服务业	0.65	2.08	0.82	4.73
M	科学研究和技术服务业	0.26	1.02	0.18	1.47
N	水利、环境和公共设施管理业	0.42	0.15	0.52	0.32
O	居民服务、修理和其他服务业	0.11	0.39	0.11	0.77
P	教育	0.19	0.15	0.10	0.07
Q	卫生和社会工作	1.12	9.64	0.41	0.09
R	文化、体育和娱乐业	0.28	0.74	0.18	0.16
S	公共管理、社会保障和社会组织	0.61	0.85	0.29	0.83
*C	消费	48.23	37.08	35.34	47.38
*I	投资	0.00	1.10	0.17	0.00
*X	出口	20.24	2.02	33.37	4.09
总计		100.00	100.00	100.00	100.00

资料来源：笔者根据各国的投入产出表估算。

从表5-1可以看出，我国保险业主要面对的是交通运输业和制造业，它对金融业的投入和产出要比美国低很多，对社会工作和医疗保健的支持力度也要比美国低很多，这表明我国保险业未来在经济社会发展的服务方面还有很长的路要走。

第二节　中国妇女保险未来的发展趋势

一　中国妇女保险发展的基础

根据2017年中央金融工作会议和党的十九大精神，我国妇女和儿童保险应当把创新作为发展的核心要求，把机制创新、理论创新、服务创新和产品创新作为发展妇女儿童保险的重要方向，为妇女和儿童提供量身定制的风险管理和解决方案。

创新是管理学和经济增长理论中非常重要的概念，很多学者都对此进行了较为深入的探讨。创新理论起源于著名经济学家熊彼特的思想，他曾经在"经济发展理论"中提出创新的概念，所谓创新就是设定一种生产函数，并且将崭新的生产要素和生产条件引入该生产系统之中。创新的概念主要包括五种情况：开辟新的市场、采用新的生产方法、使用新产品、设立新的组织、控制新材料的供应来源。根据创新含义的不同，创新可分为激进式创新和渐进式创新两种方式。其中激进式创新主要包括组织创新、产品创新和流程创新，渐进式创新可以理解为持续量变过程中的技术进步，主要包括产品质量提升和产品多样性增加两个方面。就中国保险业而言，由于对妇女和儿童的保险发展水平远远不能满足实际的需要，不仅需要产品创新和质量改进，流程创新和组织创新也是非常必要的。

从绿色金融的角度来看，我国妇女和儿童保险也为促进绿色金融的发展做出了贡献。由于妇女和儿童生理结构的特点，他们比成年男子更容易受到自然环境和恶劣的生态环境的影响。从这个角度看，促进绿色发展有利于保障妇女和儿童的权益。

在发展妇女和儿童保险方面，政府应当鼓励妇女和儿童通过保险产品和风险管理来促进环境保护和节约资源，并在保险服务中体现他们对可持续发展和良好生活的追求。与此同时，通过运用保险资金，积极引导和鼓励绿色金融来使妇女和儿童受益，努力改善妇女和儿童的生活条件和生存环境，提高妇女和儿童的生活和健康水平。

从协调发展的视角来看，积极发展我国的妇女儿童保险是努力实现整个社会持续健康发展的内在要求。在目前的社会和经济问题中，性别发展的差异是较为突出的问题。在我国的就业市场上，妇女面临着较为严重的就业歧视和职业压力。其中就业歧视可以通过立法和执法来避免，而职业生涯的风险可以通过保险产品来进行管理。同样地，我国贫困地区的经济发展尽管可以通过产业政策等手段来实现，但是只有通过社会保障、社会救助和商业保险等手段，才能保障在这些地区的妇女和儿童的生存和发展。通过发展妇女和儿童的保险，增强保险业服务于提升妇女和儿童的风险管理能力，降低公共服务、医疗服务体系、劳动力市场等方面的男女差距，并采取风险管理、健康服务和普惠金融等方法来帮助留守儿童、困境儿童和贫困妇女等进行风险管理，这是在促进城乡协调发展的过程中，保险业快速发展所扮演的角色的具体表现。

从共享发展的视角来看，我国妇女和儿童保险事业的发展应当体现为中国特色社会主义服务的根本要求，因为我国经济发展的最终目的是提高和改善人民的物质生活水平。因此，我国经济发展的成果可以通过社会保障体系为全体人民共享，同时商业组织也需要增强社会责任感，提升服务社会的能力，尤其是针对弱势群体的服务意识，使他们也可以通过商业服务获得较高的福利水平。

保险业作为重要的服务业，其发展的基本准则是为人们提供风险管理服务。在发展妇女和幼儿保险方面，在商业模式、经营管理和产品设计方面，我国保险业的重要任务是把重点放在妇女和儿童群体的风险管理上。我国目前所有的保险产品需要能够真正满足妇女和儿童群体的需求，产品的销售和服务也应该能够根据消费者的真实需求来组织，从用户体验到完善服务，能够真正体现妇女和儿童保险的风险管理作用。

从开放发展的视角来看，我国妇女和儿童保险事业的发展体现在吸收外资保险机构的先进经验，并且融入世界经济发展的大局中。全球化是世界不可逆转的趋势，也是发展中国家过渡到发达国家所必须经历的阶段。全球各国经济发展的历史证明，对外开放是世界各国扩大市场、提高资本回报率、实现规模经济和获取世界尖端技术的重要手段。尤其是对于现代服务业来说，发达国家经过多年的发展已经积累了许多先进的经验，发展中国家通过学习和借鉴，就能够大大降低探索和试错的成本。这是发展经济学所指的后发优势，但是这种优势必须通过学习和对外开放来实现。

我国保险业起步比较晚，在长期护理保险、养老保险和健康保险等方面仍然缺乏足够的经验。在这些方面，经过几十年甚至几百年的探索，美国和其他发达国家已经形成了许多成熟的发展路径和有效的商业模式，可以为中国保险业的未来发展提供一定的参考。中国要大力发展妇女和儿童保险，就需要借鉴发达国家在商业模式、经营管理和产品设计方面的先进经验，创造适合国内市场的商业模式。与此同时，中国的保险资金也需要参与全球化资产配置，这样才可以获得较高的投资回报，才能更好地为中国妇女和儿童的健康和教育服务。

二　中国妇女保险发展的有利条件

伴随着国内保险技术的日益完善，保险业服务中国经济社会的能力也得到了迅速提高，国内保险技术的进步提高了妇女保险服务经济社会的能力，主要表现在以下几个方面：

第一，随着大数据、移动互联网等科技的快速发展，我国保险公司的风险控制能力将会逐渐提升，这将会有效提高保险公司从事创新活动和新产品开发的能力。"偿二代"制度为保险业提供了非常重要的管理工具和风险管理体系，保险公司可以根据监管要求更好地管理业务策略，调整业务运作方式，并且提高风险控制能力。在"偿二代"制度全面运作的条件下，我国保险公司可以更好地管理业务风险，提高为客户提供风险管理解决方案的能力，而我国妇女和儿童保险的风险控制技术也日益成熟。

第二，伴随着资本市场的较快发展，我国保险业资金运用的技术条件也逐渐成熟，国内多元化的投资机会也基本形成。目前我国资本市场的发展水平已经出现了较大提升，资本市场体系进一步完善，市场交易也逐步趋于合理，市场结构也已经基本确立。具体来说，股票市场、房地产市场和债券市场等多元化的投资渠道，为保险资金运用提供了更大范围和良好的环境。根据原中国保监会的统计，我国保险行业的总资产在过去几年出现了大幅度的增长，其中总资产从2004年的1.2万亿元增长至2018年的18.3万亿元，保险资金运用余额从2004年的1.1万亿元增长至2017年的14.9万亿元，两者的年复合增长率都超过20%。在我国资产管理的大类行业中，保险资产管理的规模排名第三位，仅次于银行理财产品和信托产品。在此背景下，目前我国妇女和儿童的保险主要以养老保险、教育保险、长期照护保险和健康保险为主，这将有助于长期的资金积累，并且能够更好地回报股东和客户。

第三，经过很长时间的发展，我国的保险业精算技术发展日趋成熟。自从精算技术引入中国以来，随着金融保险业的快速发展，精算技术从无到有、从小到大，逐渐起到了越来越重要的作用。我国保险业在起步阶段是相对无序的，保险监管部门对保险产品的监管从相对宽松到比较严格，监管体系逐渐完善，保险公司越来越重视精算的作用，保险精算技术也得到了迅速的发展。最近几年来，我国保险监管部门放宽了普通型终身寿险、定期寿险两种产品预定利率的上限，仅仅对这两种产品的平均附加费用率水平进行一定的限制。随着我国保险监管部门逐步完善精算监管措施，尤其是在"偿二代"制度实施以来，我国保险业进一步提升自己的精算技术，开发新型保险产品的能力也大幅增强。为了满足消费者的需要，保险公司应当迅速提高更多新产品的开发能力，有效地支持妇女和儿童保险的快速发展。

三　中国妇女保险未来的发展趋势

近年来，中国妇女保险的发展速度较快，已经有了长足的进步。根据国家统计局的统计数据，2016年我国的妇女参加生育保险的人数为8020万人，比2010年增加了49%左右。2016年我国参加养老保险的总人数为8.9亿人左右，其中妇女大约为3.5亿人左右，其中参加城乡居民基本养老保险的妇女人数大约为1.7亿人左右，参加城镇职工基本养老保险的妇女人数大约为1.8亿人左右。根据安联集团的预测，2018—2027年我国保险业的发展将非常迅速，到2027年我国保险业规模将远远超过整个欧洲保险市场，成为世界上稳居第二位的保险市场。随着我国妇女在家庭地位中的上升、妇女工资收入的改善，未来我国妇女保险的市场规模也会逐步大幅增加。

从目前的实践来看，全国妇联长期以来一直致力于保护妇女的权益和福利援助，具有丰富的经验。维护妇女的合法权益、为妇女提供一定的帮助，是我国妇联的重要责任，同时妇联也应该加强对妇女的各种风险进行管理。全国各级妇联组织通过推动立法、宣传教育、支持维权等多种措施，为我国妇女的权益做了大量的工作，积累了丰富的妇女风险管理经验，并且取得了明显的效果。

举例来说，2015年全国妇联支持全国人大常委会通过了反家庭暴力法，并且参加了全国人大组织的关于妇女权益的专项调查。各地妇联积极参与土地权属登记和发证工作，切实保护和维护农村妇女的权益，把握好群众上访、维权服务和舆情监测，强化突出保护妇女和儿童的权利，对妇女的风险管理有很大帮助。

第三节　中国儿童保险未来的发展趋势

一　中国儿童保险发展的基础

伴随着我国经济增速的逐步放缓，粗放型的经济增长方式逐渐向内涵增长转变。为了促进我国增长方式转变，积极推动和实施供给侧结构性改革，为我国儿童保险的快速发展提供了重要的支持。

近年来我国保险业确实出现了结构性的供给和需求矛盾，其中寿险以带有财富管理功能的万能险为主，各类专业保障型产品的比例相对较低。目前我国多数专业健康险公司、财险公司和寿险公司都有经营商业健康保险的资格，现在已有100多家保险公司开展了商业健康保险业务。对于广大居民来说，他们试图完全转移或者消除风险，但是仅提供少数疾病保障的重疾险只是为投保人提供一套小概率疾病的风险管理解决方案，甚至将最小的疾病风险概率事件排除在外，这导致我国居民的风险管理水平并没有得到明显改善。由于购买健康保险是为了抵御疾病的风险，投保人一般会更加希望或关注对疾病风险的全面管理，这也是一些投保人在疾病风险发生后被拒赔时感到"委屈"的重要原因。为了更好地满足市场需求，保险公司应当努力提高保险产品的设计能力，用自身的风险管理能力来更好地为消费者服务，满足消费者在保险保障方面的诸多需求。

中国保险业尤其是寿险业中存在着较为严重的结构性需求矛盾，为投保人提供风险管理的工具是目前我国保险业的一个短板。当前，我国保险业的人均保费收入一直处于较低水平，国内保险公司的养老保险和健康保险的保费收入要比发达国家低得多，居民购买保险的比例也要比国外低很多。此外，很多国内客户纷纷去香港购买境外保险，这给香港保险公司带来巨额的保费。根据相关数据统计发现，近年来我国香港保险业的保费规模出现了快速上升。这种现象表明，我国投保人对保险的需求比较强烈，但由于国内保险业与香港保险业在资金运用、理赔方式和产品设计等方面存在较大差距，导致投保人对境内外保险市场的态度存在较大差异。从风险管理的视角来说，我国投保人对保险产品的需求较为强劲，并且对未来长期护理和养老保险的供应状况有着比较清醒的认识，这是支撑投保人购买香港健康保险的重要原因。在相关部门加强对我国居民购买境外保险监督管理的条件下，保险业可以通过向人们提供保障程度更高的风险管理计划，将有利于中国保险业进一步发展，并且利于促进保险业和经济社会的协调发展。

按照供给侧结构性改革中"降成本"的要求，我国的保险公司应当进一步完善产品设计精算模型，改进业务管理流程，降低保险公司的成本，并且有效提高单位保费的风险防范水平。根据统计，我国80%以上的健康保险公司的赔付率超过80%，其中个别公司的赔付率超过了200%。再加上管理费用、代理费用等运营成本，一些健康保险公司的经营基本处于亏损状态。从原因上看，这可能是由于目前我国缺乏健康保险的医疗和健康的相关全面、完整的数据，也缺乏产品设计和精算模拟的能力，以及必要的产品销售渠道和风险控制能力，这使得保险公司的成本快速上升，竞争力出现了大幅下降。总体来看，我国保险公司应当快速提升风险控制、市场分析和产品研发的能力，改善对渠道的控制能力，降低管理和销售成本。

二 中国儿童保险发展的有利条件

目前，中国儿童保险发展具备了很多有利条件，主要表现在以下几个方面：

首先，在政策方面看，我国政府对儿童保险的发展一直持支持态度。近年来，我国政府发布了大量促进儿童权益发展的政策，其中包括《中国儿童发展纲要（2011—2020年）》，它们为儿童保险事业的发展提供了有利的政策条件。在《中国儿童发展纲要（2011—2020年）》中，完善了许多面向贫困儿童、残疾儿童和孤儿的就学资助政策，以及面向儿童文化产业和孤儿社会保障的优惠政策。

儿童优先是我国青少年工作的工作方针与指导原则，按照《中国儿童发展纲要（2011—2020年）》规定，政府应当在制定方针政策、发展计划和法律法规时，将儿童优先作为重要原则。我国目前正处于经济转型时期，在全面贯彻儿童优先和落实儿童利益最大化方面仍然面临诸多困难。为了建设儿童友好型社会，政府需要多管齐下，从立法、政策等方面进行详尽的顶层设计和宣传。商业保险是社会风险管理体系中不可或缺的重要组成部分，可以为儿童提供风险管理和权利保护，在落实儿童优先发展方面具有重要作用。

除了提出儿童的健康和教育发展目标之外，《中国儿童发展纲要（2011—2020年）》还重视儿童的社会保障和社会福利。它们在儿童福利领域确定了提高儿童基本医疗保障覆盖率和保障水平、保障儿童享有基本医疗卫生服务、扩大儿童福利范围、为贫困和大病儿童提供医疗救助、提高0—6岁残疾儿童抢救性康复率等八大目标。根据《中国儿童发展纲要（2011—2020年）》的要求，全国各级政府将全面促进各领域中儿童利益和权益的完善。作为社会管理和国家治理体系的重要内容，商业保险承担着非常重要的责任，并发挥着关键的作用。

最近几年来，国务院不断提出儿童发展的新的观念和要求，出台了一些新的发展政策，其中包括对贫困地区的儿童发展规划，以及关爱保护农村留守儿童的政策，这些政策为儿童保险的发展提供了有利的环境。

其次，普惠金融的发展也为我国儿童保险发展提供了有利条件。联合国认为，全球普惠金融的目标是，在一个健全的政策、法律和监管框架内，每个国家都应该有较为完善的金融机构体系，并且为消费者提供适宜的金融服务与产品。具体来说，所谓的普惠金融意味着多数的家庭和企业都能以合理的价格获得较为完善的金融服务，这些服务包含租赁、抵押、保险、短期和长期贷款、支付、本地汇款等内容。为了促进普惠金融的顺利发展，2015 年国务院发布了《推进普惠金融发展规划（2016—2020年）》，2016 年我国政府又公布了《G20 中小企业融资行动计划落实框架》、《G20 普惠金融指标体系》升级版与《G20 数字普惠金融高级原则》，全面推动和促进普惠金融的发展。

从实践看，普惠金融的发展对保险业发展具有特殊的要求。传统保险业的发展主要集中在高净值人群的风险管理方面，普惠金融则要求更多发挥保险产品对弱势群体的风险管理作用。《G20 普惠金融指标体系》升级版明确规定了，每 1000 名成年人的保单持有人数是测试指标体系中的一个非常重要的指标。

根据我国保险业的发展数据，我们发现低收入家庭的儿童对于可以管理风险的保险产品有很大的需求，但是目前市场上还缺乏相应的产品供应，这往往导致他们的家庭在风险事件发生时难以有充足的准备。从这个角度看，我国保险业应当按照《推进普惠金融发展规划（2016—2020年）》的指引，通过创新产品服务、加强保险教育等举措，鼓励保险公司为儿童提供主动的风险管理服务。

三 中国儿童保险未来的发展趋势

改革开放以来，我国居民收入水平不断提高。根据世界银行的发展指数，我国人均 GDP 已经从 1978 年的 155 美元上涨到了 2015 年的 6807 美元，2018 年接近 1 万美元，而 5000 美元左右是中等收入陷阱的重要节点。在 5000 美元这个节点前后，各国经济的增长将逐步由投资驱动型转向消费驱动型，服务业将逐渐成为我国经济中重要的组成部分。人均资本存量和家庭收入的逐步增加，将使得我国经济可以支持更高水平的服务业发展，并且可以满足人们更高的服务消费需求。根据以上数据，我们可以预测，未来我国的服务业将会出现快速增长，这将给儿童保险的发展提供直接的增长潜力。

为了应对人口的老龄化，2016 年我国政府全面放开了二孩生育的政策，这有可能会带来未来我国人口的重大结构性变化。在我国老年人口不断增加、人口老龄化不断深化的条件下，全面放开二孩的政策将有可能带来儿童数量的上升，势必会引发由于居民财富和收入增加所引发的风险厌恶，也会导致人们对婴幼儿照顾、医疗健康照护和生育方面的需求增加。

此外，全面放开二孩政策将不可避免地导致妇女照顾子女的压力加大，妇女和儿童对男性劳动力的依赖度将继续增加，家庭中由于男性死亡而带来的经济风险将显著提高，因此家庭对各种保险产品的需求也将大幅增加。目前，我国以现有工作为基础的社会保障制度和以个人为导向的商业保险制度仍难以满足消费者的需求。从以上分析来看，随着我国全面放开二孩政策的实施、普惠金融的发展，未来我国儿童保险的市场也会逐步大幅增加。

从现实看，经过多年的发展，国内保险行业已积累了丰富的人才储备，已经能够满足儿童保险发展的需要。首先，我国保险业的规模较大、结构较为合理，完全可以满足妇女和儿童保险发展的需求。其次，近年来我国保险业开始逐步重视国际标准与资格认证。许多保险从业人员参加并通过了保险业的各种资格考试，完善并提高了专业知识与技能。最后，国内职业培训机构和高等院校通过培训的方式，为我国保险业提供了丰富的后备人才。根据数据统计发现，目前每年我国大约有1万多名保险专业毕业生进入就业市场，再加上一些从其他行业进入保险业的毕业生，我国保险业拥有较为充足的后备人才，完全可以满足妇女和儿童保险发展的需求。

此外，公益机构可以通过保险机制的杠杆效应来与商业保险进行合作，这样可以有效放大政府资金和慈善基金的作用和功能，并且可以将保险和慈善创新性地结合起来，通过公益保险的形式有效提供儿童所需的风险保障。

第六章 中国妇女和儿童保险保障的其他问题

本章从公益慈善组织、社会救助和金融科技对妇女和儿童保险保障的影响等角度来论述发展我国妇女和儿童商业保险保障的其他问题及解决方法。

近年来，伴随着我国居民消费意识和收入水平的逐步提高，人们对慈善捐赠的热情也越来越高，全社会的慈善捐赠水平也有了极大的改善。从实践来看，目前全国社会慈善的主要捐助方向包括扶贫济困援助、儿童失学救助和儿童大病救助等方面，为我国儿童的风险管理做出了很大的贡献。

目前，我国面向妇女和儿童的公益慈善组织还存在着一些问题和不足之处，主要表现在以下几个方面：①各大公益慈善组织之间的联系和合作较少；②目前公益慈善组织遇到一定程度的信任问题；③各大社会团体之间的互助机制需要通过改革来提高活力。

此外，伴随着金融科技的快速发展，它对保险业的发展起到了较为重要的影响和冲击。在现实中，大数据、人工智能和移动互联等金融科技正在蓬勃地发展，它们对妇女和儿童保险保障产生了重大而深远的影响。根据党的十九大精神，我国应当提高和推动大数据技术在我国保险业的应用与创新，加快对我国保险业数据的采集、应用和创新。从政策角度看，未来我国保险业将通过加强和提升大数据技术等保险科技水平，加深对消费者行为的研究和理解，以便使其在风险管理中发挥更大的作用。

第一节 面向妇女和儿童的公益慈善组织现状

一 社会慈善捐赠总体现状

近年来，伴随着我国居民消费意识和收入水平的逐步提高，人们对慈善捐赠的热情也越来越高，全社会的慈善捐赠水平也有了极大的改善。根据民政部发布的《2016年社会服务发展统计公报》，截至2016年年底，我国已经建立了2.9万个慈善超市和经常性社会捐助工作站，2016年各地民政局收到捐赠衣被达到了6638.3万件，社会捐款达到了5.9亿元，2016年大约有931.0万人免费在社会服务方面接受了2522.6万小时左右的服务。

图6-1是2013—2017年北京市社会捐助款数统计，从图6-1中可以看到，2013—2016年北京市社会捐助是非常活跃的，尤其是在这些年份的年中或年底时期，北京市社会捐助款规模是非常高的。但是自2016年中国"红十字会"事件发生之后，2017年北京市社会捐助款数出现了大幅度的下跌。从最高峰的9.08亿元下降至2017年初最低的0.01亿元，落差非常大。

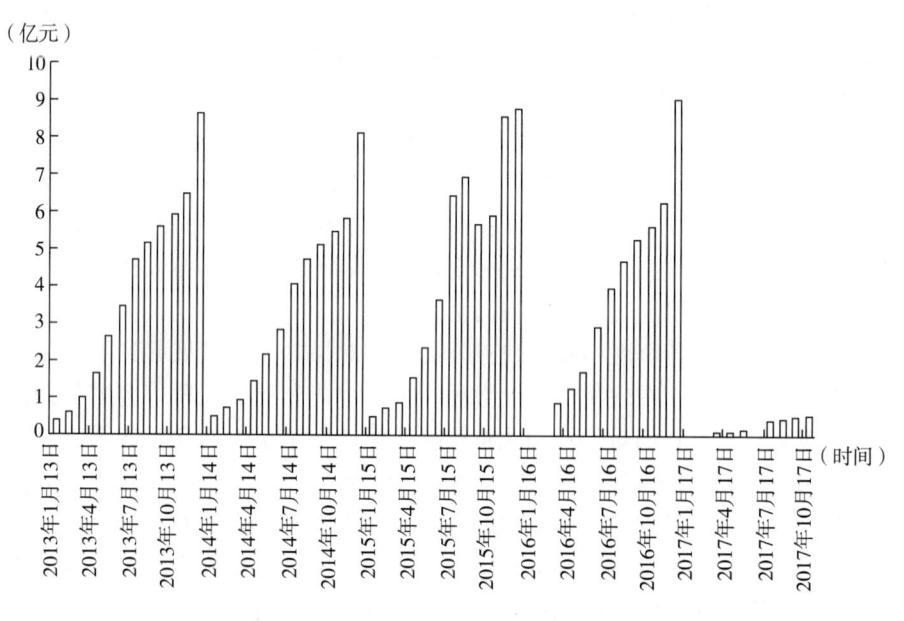

图6-1　2013—2017年北京市社会捐助款数统计

资料来源：民政部网站。

图6-2是2013—2017年全国社会捐助款数统计，从图6-2中可以看到，2013—2016年全国社会捐助也是非常活跃的，但是自2016年中国"红十字会"事件发生之后，2017年全国社会捐助款数出现了大幅度的下跌。从最高峰的88.93亿元下降至2017年初最低的0.95亿元，落差也非常大。从图6-1和图6-2可以看出，2016年中国"红十字会"事件对于

社会捐助款的影响非常大，对于捐助款的金额和慈善机构的声誉都造成了负面的冲击。

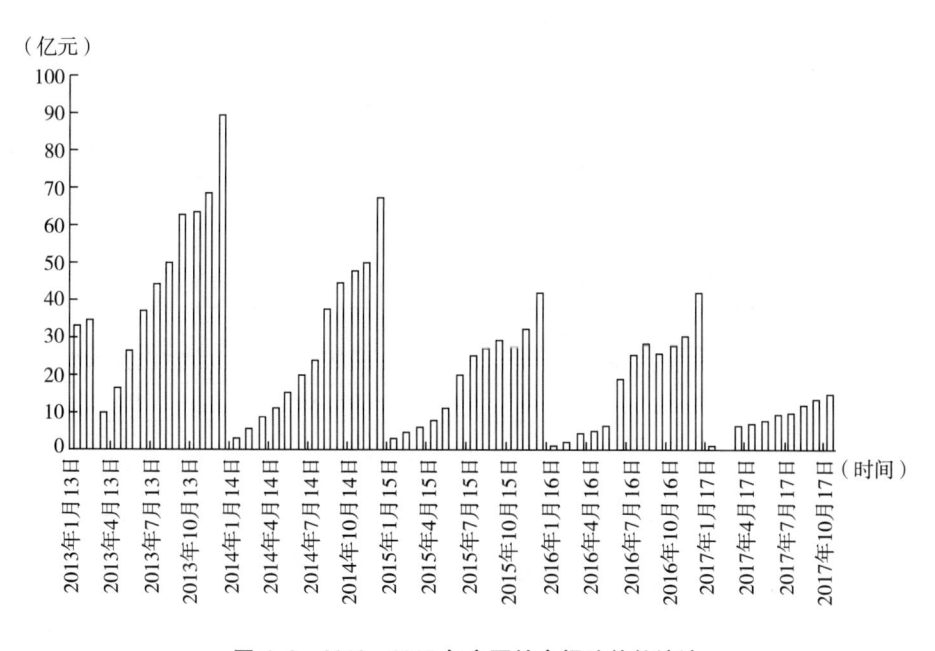

图 6-2 2013—2017 年全国社会捐助款数统计

资料来源：民政部网站。

二 面向妇女和儿童的公益慈善组织发展现状

目前全国社会慈善的主要捐助方向包括扶贫济困援助、儿童失学救助和儿童大病救助等方面，为我国儿童的风险管理做出了很大的贡献。

根据有关的法律规定，公益慈善组织通常以社会组织的形式来实施救济工作，而且很多组织以基金会的形式出现。根据民政部公布的《社会服务统计季报》，截至 2017 年年初，我国一共有大约 67.5 万个社会组织，其中包含 5204 个基金会，34.2 万个民办非企业单位，以及 32.8 万个社会团体。自 1981 年我国第一家基金会成立以来，40 年间我国的基金会已经从零开始迅速发展起来。尤其是在《基金会管理条例》发布以后，2004—2017 年我国基金会的年均增长率接近 20%。与此同时，近几年来我国慈善基金会的活动不断向外拓展，目前已经涉及扶贫助困、创业、教育、医疗救助和公共安全等多个不同的领域。在这些不同的领域中，许多基金会关注的首要领域是教育领域，并且一些非基金会公益慈善组织也开始逐渐关注教育和医疗救助领域。根据相关机构的一些调查，在对 800 多家非营利组织调查中，其中专门从事于教育方面的公益组织占比大约为25.76%，专门服务于儿童青少年的公益组织占比大约为34.52%，专门服务于医疗卫生健康的公益组织占比大约为7.61%。

在研究过程中，我们首先根据基金会中心网关注领域的关键词对5000多家基金会进行统计，然后按照净资产规模的大小对面向妇女、儿童和青少年群体的基金会进行排序，得到的前25家规模最大基金会的最终结果如表6-1所示。

表6-1　　按照净资产对面向妇女、儿童和青少年的基金会进行排序　　单位：万元

序号	基金会名称	所在地	净资产
1	中国青少年发展基金会	北京	119994
2	中国扶贫基金会	北京	105728
3	中国光华科技基金会	北京	64049
4	上海宋庆龄基金会	上海	57505
5	中国儿童少年基金会	北京	51960
6	四川省青少年发展基金会	四川	46082
7	中国妇女发展基金会	北京	41238
8	爱德基金会	江苏	37434
9	深圳壹基金公益基金会	广东	37092
10	中国宋庆龄基金会	北京	37066
11	爱佑慈善基金会	北京	30952
12	中国社会福利基金会	北京	28642
13	哈尔滨市道里区慈善基金会	黑龙江	22711
14	中国人口福利基金会	北京	20739
15	四川省扶贫基金会	四川	16630
16	安徽省人口基金会	安徽	15987
17	中华少年儿童慈善救助基金会	北京	15843
18	福建省龙岩市李新炎慈善基金会	福建	15298
19	贵州省人口福利基金会	贵州	14566
20	上海市青少年发展基金会	上海	14174
21	云南省青少年发展基金会	云南	13357
22	上海真爱梦想公益基金会	上海	13250
23	广东省青少年发展基金会	广东	13240
24	中国人寿慈善基金会	北京	12988
25	中国华侨公益基金会	北京	11938

资料来源：根据基金会中心网站数据绘制，数据截止日期为2017年10月。http：//www.foundationcenter.org.cn/。

从表6-1可以看出，中国青少年发展基金会、中国扶贫基金会和中国光华科技基金会分别位列基金会中净资产的前三名，而中国儿童少年基金会和中国妇女发展基金会也对妇女和儿童的公益慈善做出了很大的贡献。

三 面向妇女和儿童的公益慈善组织存在的问题

目前，我国面向妇女和儿童的公益慈善组织还存在着一些问题和不足之处，主要表现在以下几个方面：

1. 各大公益慈善组织之间的联系和合作较少

当前我国对于医疗救助的需求依然非常旺盛。举例来说，浙江省施乐协会发现，在求助者发布的包含助医、安老、扶幼、求学等信息中，求医信息占据了其中很大的比重。但是因为个人求助的抢救效果较佳、所需资金量也较小，救助者更愿意为学生提供救助。另外，即使是大病救助，不同疾病救助的融资困难也存在着一定的差异。比如说，2016年天津市慈善协会的两个大病救助项目，先天性心脏病儿童资助项目募集的资金达到了50多万元，而血友病患者资助项目只募集到了10万元。多数爱心人士和捐赠企业都倾向于对那些容易救助、治愈效果好的儿童进行救助，这使得社会上的多数救援资源集中在这些儿童身上，而其他重病儿童则缺乏足够的救助资源。对于患有严重疾病的儿童来说，除了给家庭带来较为沉重的经济压力之外，严重疾病引发的儿童的心理上的影响，异地就医所产生的就医、生活方面的困难，学业和社交的中断等，所有这一切都使他们对信息咨询、心理咨询与医疗保障方面有巨大的需求，目前很多慈善组织在这方面做出了非常积极的努力，但是仍然很难满足这些儿童的实际需求。

在现实中，人们对于医疗救助的需求较为旺盛，但是筹集资金的难度很大；在筹集资金的过程中，大多数捐助者仅仅愿意资助直接的康复设备和医疗费用，愿意为援助儿童提供服务的人则寥寥无几。这就导致大病救助慈善组织难以为其他类型的服务或自身建设筹集资金，它影响了慈善机构提供专业服务能力的提高和改善。依靠志愿者提供社会工作服务，在很大程度上影响了社会工作服务的专业性。尽管在短期来说，医疗费用的短期救助仍然是医疗救助的重要需求，但是在全国医疗保险制度不断完善和健康水平不断提高的背景下，人们对于慈善事业的专业服务需求增加将成为必然趋势。

当前，一些慈善组织正在尽最大努力把儿童医疗的各个方面联系起来，以便为大病患儿提供更好的救助。例如，新浪微公益平台、施乐等平台将爱心人士和平台很好地衔接在一起；部分地方政府向慈善机构提供儿童救助名单,这样可以降低慈善机构的筛查成本。然而,现有的合作仍然局限于儿童大病救助中的某几个环节,不太可能将儿童重大疾病的各个方面联系起来。

一般来说,大病患儿的需求是多种多样的,包括生活协助、药品或康复器械、医疗费用等多方面的需求,各家慈善机构对这些需求做出了反应,并且根据自身的资源和能力,在疾病恢复方面提供援助。根据以上分析,不同的慈善机构倾向救助的大病种类有所差异,即便是面向同样患有白血病的儿童,所提供的援助内容和服务也不尽相同。然而,目前大多数慈善机构都在独立运作,缺乏有效的信息沟通手段。对于不同疾病的大病救助来说,由于缺乏协调和配合,这样导致了某些类型疾病的援助资源集中,并且造成了一些大病救助资源匮乏,而其他疾病的救助资源却出现了过剩。就同一疾病的救助儿童来说,在了解救助标准和准备申请资料的过程中,儿童和家长需要花费很多时间来做准备工作。

2. 目前公益慈善组织及监管遇到一定程度的信任问题

从图6-1和图6-2可以看出,全国社会捐助款数也是非常活跃的,但是自2016年中国"红十字会"事件发生之后,2017年全国社会捐助款数出现了大幅度的下跌。全国社会捐助款的金额从最高峰的88.93亿元下降至2017年年初最低的0.95亿元,下跌幅度非常大。

在当前的社会环境中,互联网慈善是新生事物,电子商务公司和基金会正在积极参与到互联网慈善的研发和组织中。根据《中华人民共和国慈善法》,只有符合条件的慈善机构,特别是基金会,才可以接受赞助捐赠。然而,有些基金会与互联网合作发起募捐或以赞赏、红包等形式进行募捐,这些募捐形式现在仍处于模糊的监管地带之中。

3. 各大社会团体之间的互助机制需要改革来提高活力

当前,各大社会团体之间的互助机制需要深化改革来提高活力,主要表现在以下几点:

第一,目前大部分社会团体都是从原来的计划经济体制中诞生的,从原来的政府部门改制到事业单位,他们仍然采用公务员的管理方式,没有把效率作为最重要的任务,导致组织活力下降,公益慈善事业的发展也受到影响。在原有的分工协作体制下,大多数社会组织都承担着各自部门的责任,相对缺乏和外部门的合作和沟通、交流。

第二,在目前社会的许多团体中,准政府机构和事业单位中的工作人员相对单一,缺乏志愿者人员的加入。这就导致了他们在监督、项目实施、社会募捐等各方面缺乏人才、专业精神不足,也不利于调动居民的服务热情。

第三，应当顺应社会潮流，提高社会团体的服务质量和救助效果。举例来说，目前全国妇联捐款的用途集中于贫困母亲上，它应该有效地扩大目标人群的范围，以便使更多的妇女受益。与此同时，它应该为不同的妇女群体提供更有针对性和更好的服务。

第四，当前的各大社会团体多数表现为项目救助，缺乏系统化的规划和执行措施。在许多组织中，规划和执行工作围绕项目进行，这导致很多人对工作缺乏更全面和系统的了解。从某种意义上讲，这些项目没有挖掘到受助者的实际需求，也没有帮助提高援助水平。

第二节 面向妇女和儿童的社会救助体系现状

目前，我国面向妇女和儿童的社会救助包括社会互助和公益慈善、慈善团体社会救助与居民互助等方面，我们将分别来进行分析和探讨。

一 社会互助和公益慈善

根据相关文件的规定，我国社会互助和公益慈善中包含社会组织开展的互助互救。由于在我国开展互助互救的活动主要是由工会和妇联来负责的，其中妇联组织的社会救助和公益性慈善事业主要是通过中国妇女发展基金会和中国儿童少年基金会来实现，而工会组织缺乏详尽的互助互救的统计数据。下面我们分别来介绍中国妇女发展基金会和中国儿童少年基金会的基本情况。

1. 中国妇女发展基金会

中国妇女发展基金会是由全国妇联发起并设立的全国性公募基金会，它设立的基本目的是提高妇女素质、维护妇女权益，促进妇女事业的较快发展。

在较长的一段时间以来，中国妇女发展基金会开展并实施了一系列以妇女扶贫、妇女健康和妇女创业为重点的慈善项目，并且取得了显著的社会效益。举例来说，该基金会组织并实施了"母亲水窖""母亲小额循环""母亲邮包""贫困英模母亲资助计划"和"母亲健康快车"5个项目，并且获得了我国政府颁发的最高慈善奖项。

2. 中国儿童少年基金会

中国儿童少年基金会是中华人民共和国成立后的第一个国家级公募基

金会，它设立的基本目的是培养、教育和抚育儿童和青少年，并协助国家发展儿童和青少年的教育和福利。

通过以上介绍可以知道，中国妇女发展基金会和中国儿童少年基金会通过开展大量惠及全国妇女儿童的慈善活动，大力补充了社会保障的不足之处。他们为妇女和儿童，尤其是贫困妇女和困境儿童提供了支持，并且在妇女和儿童的风险管理方面做出了非常重要的探索和贡献。

二 居民互助

居民互助是指居民不通过中介机构，将物品或钱财直接捐赠给收件人。在互联网和现代通信技术快速发展的条件下，居民互助已经逐渐成为较为重要的慈善活动。根据《2016年度中国慈善捐助报告》，2016年我国一共接受捐赠金额为1392.94亿元，平均到个人为每人捐赠100元左右。其中2016年最受关注的领域分别是医疗健康、教育和扶贫与发展方面，这三个方面占捐赠总量的比例分别是26.05%、30.44%和21.01%。通过以上数据可以发现，国内居民互助等捐赠出现了蓬勃发展的态势。

在现实的捐赠中，网络已经逐渐发展成为居民互助捐款的重要途径之一。目前各类网上慈善事业的发展，不仅满足了许多爱心人士表达爱心的愿望，也提升了慈善捐赠的数量和效率，有效推动了慈善事业的快速发展。我们可以预见的是，未来伴随着互联网技术在社会经济生活中的广泛应用及快速发展，网络慈善将成为我国慈善事业发展的一个重要发展方向。

此外，伴随着网络慈善的快速发展，很多网络诈骗事件也频繁发生，人们对网络慈善的信任度也一度跌至冰点。甚至一些请求捐款的人刻意隐瞒自己的信息，通过博取他人的同情来获得足够的捐款。根据调查结果显示，曾经有47.4%的受访者参与过通过网络平台的捐赠活动，62.4%的受访者认为网络平台的捐赠活动可能会存在欺诈的风险，而只有28.5%的受访者对网络平台的捐赠活动表示信任。一些受访者甚至表示曾经有过网络欺诈的亲身经历，这导致他们对网络平台的捐赠活动失去了信任。

三 慈善团体社会救助

和具有政府背景的其他社会组织相似，慈善团体社会救助主要是民办非企业和基金会等非政府机构通过筹集社会捐款为特定群体提供捐赠或救助。然而，由于大多数慈善组织缺乏政府背景，而且比社会组织更灵活和更有效率，近年来发展速度更快，并日益成为慈善援助的重要力量之一。

相对于政府和企业来说，慈善团体社会救助在开展慈善援助方面有更多的主动性、选择性和灵活性。因此，不同的慈善团体采用了多种不同的运作模式，并且探索了在目前我国经济社会制度条件下存在的各种成功的慈善救助模式。举例来说，根据2016年中国公益研究所的研究成果，慈善团体社会救助一般有以下六种基本模式，它们比较具备代表性：

1. 政府出资支持慈善团体实施救助

一般来说，政府出资支持慈善团体实施救助的项目具有涉及范围广、救助人数大和社会影响大的特点。其中一些较为突出的项目包括江苏省政府出资上千万元开展儿童重大疾病慈善救助项目、彩票公益金出资3亿多元支持中国红十字基金会儿童白血病救助和福建省政府拨款1亿元支持该省的重特大疾病医疗救助项目等。

2. 政府协助慈善团体实施儿童救助

在儿童大病救助领域中，政府和慈善团体分别具备不同的优势，其中有些慈善组织具有财务优势。但是由于缺乏相应的资源来选择和救助需要帮助的儿童，政府可以协助慈善团体来提供支持。在有些需要更多专业服务的其他领域，慈善团体可能比政府更有优势，在此条件下，政府可以通过公共产品购买来提供财政支持，使他们更容易发挥各自的优势。目前我国政府更加注重协助慈善团体来进行儿童救助，其做法包括政府对慈善组织大病救助提供患儿筛选、政府购买慈善组织服务、慈善组织出资后政府实施儿童大病救助等内容，都可以取得较好的救助效果。

3. 与新媒体合作的儿童应急性救助平台

伴随着新媒体的快速发展，我国的一些公益组织也逐渐通过新媒体平台来进行筹款和宣传。目前国内较为知名的新媒体公益平台包含腾讯乐捐、新浪微公益等，这些新媒体公益平台具备积少成多、筹款速度快和灵活性强等多种优点。

4. 儿童互助金模式

近年来，很多地方在缺乏国家医疗保险的情况下，开始逐步探索并建立了儿童医疗互助模式，其中上海市的小学生和婴幼儿医疗基金建立时间最早，手术成功率也最高。即便在各种健全的保障体系下，上海儿童医院共同基金仍然发挥着重要的作用，并且起到了提高儿童医疗和保健水平的作用。

5. 运用捐赠为儿童购买补充商业保险

通过为儿童购买公益补充商业保险，家长们可以在子女生病时获得保险公司的赔付，并且可以为子女提供额外保障。这种产品模式的代表之一是中华少年儿童慈善救助基金会成立的"中国乡村儿童大病医保公益基金"。与其他救助方式的不同之处在于，通过为有需要的儿童提供大病保险，并且在儿童生病之前提供保护，这样采取事前预防性救助方式可以减少家庭的经济负担和儿童的心理负担。

6. 公益项目式救助

除了上述大病和救助方法外，还有些慈善团体采取了由私营部门经营、以私人资金出资的方式来救助各类重病儿童，为儿童的保险保障做出了一定的贡献。

第三节 金融科技对妇女和儿童保险保障的影响

近年来，伴随着金融科技的快速发展，它对保险业的发展起到了较为严重的影响和冲击。在现实中，大数据、人工智能和移动互联网等金融科技正在蓬勃地发展，它们对妇女和儿童保险保障产生了重大而深远的影响。下面，我们分别看下它们对于妇女和儿童保险保障的影响和冲击作用。

一 大数据技术

大数据技术通常用于描述一家公司创建的大量半结构化数据或者非结构化数据，这些数据技术可以帮助人们处理云计算等问题。在保险产品研发方面，目前大数据技术已经成为产品设计、保险精算与业务发展的基础。经过多年的发展，我国已经建立了较为丰富的保险行业数据和微观的家庭金融数据库，这些数据可以用于妇女和儿童保险发展的研究方面。

伴随着我国学术研究的快速发展，很多人口学家、社会学家、经济学家和其他学者的调查研究进一步深入，微观调查数据的使用价值有可能会进一步提升，居民家庭和不同细分人群的人口健康状况、消费行为和社会经济状况将会得到系统性的理解和探索，这将为保险业的基础研究和前沿学术研究提供最直观和最有效的数据。近年来，国内主要的微观数据库包括人口普查长表数据、农村居民住户调查、城镇居民住户调查与人口抽查微观数据，还有专门面向妇女和儿童的全国儿童状况调查和全国妇女地位调查等数据，这些调查活动都是由国家统计局进行组织的。以上调查为保险学术研究提供了最基本数据来源，并且为保险业的发展提供了一定支持。

与此同时，随着相关部门的不断支持和推广、国内保险业的快速发展，保险业数据的统计质量和积累度不断提高，这些数据的可得性和规模也得到了有效提升。举例来说，我国保险监管部门积极构建和完善行业数据库，并且发布了几套经验生命表，为保险产品的发展提供了重要的基础数据库，为保险公司开发各种新产品提供支持和帮助。我国保险监管部门强调，要鼓励发展第三方费率测算机构的快速发展，提高行业信息标准化的程度，完善数据灾备中心、保单登记管理信息平台、行业风险数据库和信息共享平台等基础设施的建设，进一步提升行业数据源的共享程度，探索建立与其他金融监管部门共同受益的统计信息共享机制，并且搭建以风险监测和保险功能服务为核心统计指标的体系。

此外，大数据技术提供了我国保险业发展的重要技术条件。当前，云计算、可穿戴设备和物联网等技术出现了飞速发展，保险公司对住户调查数据的依赖度也出现了迅速下降。大数据技术将为保险公司带来大量的分析数据来源，可以帮助保险公司更快地识别风险结构、风险来源和风险因素，用以获取更加有效的精算模型与情景模拟的结果。根据党的十九大精神，我国应当提高和推动大数据技术在我国保险业的应用与创新，加快对我国保险业数据的采集、应用和创新。从政策角度看，未来我国保险业将通过加强和提升大数据技术，加深对消费者行为的研究和理解，以便使其在风险管理中发挥更大的作用。

二 互联网风险保险

互联网给我们生活带来了极大方便，对我们政治、经济和文化的正面影响的同时，也有很多不良的影响和风险。为了区别现在比较普遍使用的互联网保险概念，这里我们把针对互联网风险的保险称为互联网风险保险。当前，世界各国的财产保险和责任保险越来越多地采用互联网风险保险的形式销售和提供服务。但是，大多数财产保险只覆盖了生产设施等有形资产的损失，这些损失难以通过互联网风险保险进行有效覆盖，而绝大多数的责任保险更是如此。在现实中，有些保险公司试图用两种方式更明确地订立合同的条款。具体来说，保险公司可以通过在传统条款中明确排除一些条款，并提供专门条款（独立的网络条款）来调整其合同条款，或者可以明确纳入相关条款并相应调整保费。在此背景下，一些行为保险模型，如预测理论，可以用来预测客户对两种不同选择的看法（独立的网络条款与现有条款）并提供指导。

近年来，互联网风险保险在美国表现得非常突出，但是截至目前，这些产品的市场覆盖面还很小。但是，在美国以外，互联网风险保险并不广为人知。比如说，欧洲的很多公司并不知道这种保险存在，只有极少数人购买了网络风险保险。美国的数据显示，目前该国互联网风险保险的平均覆盖率大约为 6%，但是各家公司之间的差异很大。根据 Betterley（2015）的报告，目前美国的互联网风险保险的年度毛保费是 27.5 亿美元，平均每年增长 26%—50%。Advisen（2015）估计 2015 年美国互联网风险保险的保费收入已经在 28 亿美元左右。2015 年欧洲大陆互联网风险保险的保费收入大约为 3.92 亿美元，但到 2018 年这一数字有望达到 11 亿美元。根据瑞士再保险公司预计，到 2023 年全球网络保险保费将会大幅上涨，增加到 59 亿美元。

除了商业领域针对互联网风险保险的覆盖率较低之外，各国的个人互联网风险保险市场还不太成熟。目前个人互联网风险保险产品只有极少数，而且大多数人甚至没有意识到这些产品。YouGov 曾经做过一项研究估计，目前全球各国只有 1/100 的个人购买了互联网风险保险。与此同时，该产品的潜力是巨大的，因为根据调查发现，19% 的参与者愿意购买该产品。

由此可见，目前世界各国的互联网风险保险市场目前非常小，但预计未来将大幅增长。美国市场比欧洲市场发达得多，部分原因是美国多年来一直有网络攻击的报告要求，对违规行为处以相对较高的罚款。新法规大大提高了网络风险意识，增加了对网络责任（第三方）网络覆盖的需求。因此，美国的互联网风险保险市场主要由第三方覆盖，而欧洲已经存在的少数政策则更多地侧重于第一方覆盖。但是，现在在欧盟正在就报告义务问题进行讨论。这些新的监管方法可能是欧洲互联网风险保险市场发展的重要驱动力。

由于互联网风险保险市场具有创新的和不断变化的特性，当前它的产品和覆盖范围发生了很大的变化，竞争对手排除的条款和定义差异也很大。互联网风险保险的另一个独特之处在于，企业所面临的风险往往是特定行业所独有的，甚至是公司本身所特有的，在监管时需要进行大量的政策指导。公司规模、客户群的规模、大数据技术、互联网的发展是互联网风险保险市场定价和制定条款的重要决定因素。第三方网络覆盖的互联网风险保险政策包含对网络安全责任、隐私责任、媒体违规行为和知识产权的监管，而第一方覆盖则在数据资产保护、网络敲诈、危机管理和业务风险等领域提供支持。

Biener 等（2015）在 Berliner（1982）可保性标准的背景下讨论了网络风险。该文的结果概述了当前互联网风险保险市场规模相对较小的原因。下面我们讨论互联网风险保险市场的三个方面的风险。

首先，互联网风险保险市场的网络风险并没有给出损失的独立性和可预测性，风险汇总可能并不总是适当的。互联网风险保险市场的风险池仍然很小，因此汇集风险变得更加复杂。因为投资组合越小，实现多样化的全部效益就越困难。另一个问题可以从损失暴露的不可预测性中看出，由于缺乏数据而难以测量损失。而且即使有数据可用，由于互联网风险的动态性和变化，历史数据是否是在未来有意义，这些指标也值得怀疑。

其次，信息不对称。一般来说，经历过严重网络攻击的公司更有可能购买保险，这就有可能导致逆向选择。市场上有些保险公司试图通过筛选、自我选择和合规风控来减轻逆向选择带来的不利影响。

最后，道德风险，即购买保险后的行为改变。一个典型的例子就是，如果提供全面的保险，被保险人在购买保险之后就缺乏对自我保护措施进行投资的动力。在这种情况下，保险公司只能使用筛选和风险分担等工具来降低道德风险。尽管有多种手段，但信息不对称仍然是网络风险可保性的重大问题。例如，由于现代信息技术系统之间复杂的相互关系，企业即使投资了自我保护，也可能容易受到网络风险的影响。因此，一家公司的自我保护投资收益高度依赖于其他相关公司的投资。这可能会加剧道德风险问题，因为自我保护的激励可能会进一步降低。此外，数据的不全和缺失有可能会加剧保单持有人的风险适当分类，也可能会对一些问题形成恶化。当数据资源增加时，这个问题可能变得不那么重要。

三 人工智能和区块链技术

当人们谈论未来的时候，特别是当涉及未来技术将会有什么变化的时候，人工智能可能是最重要的方向。虽然到目前为止，全球还没有具备完善的自我意识的人工智能系统，但相对较低水平的人工智能系统已经逐渐在世界各地得到应用，并且逐渐应用于我们生活的方方面面，取得了令人印象深刻的成果。

当前，人工智能系统已经逐渐应用在很多保险公司的技术中，例如平安科技就声称自己是一个以人工智能为主的科技公司。除了很多保险公司引入人工智能之外，还有许多以人工智能为主的保险创业公司，而且人工智能逐渐成为保险业的一个热门领域。

那么，人工智能技术对保险业的作用究竟表现在哪些方面？我们认为主要有以下四个方面：

1. 可以简化评估索赔的流程，提高评估效率

由于当前多数保险公司评估索赔的流程较为烦琐，而人工智能技术有助于简化评估索赔的流程，提高评估效率。例如，在保险公司评估和索赔之前，客服人员往往会询问投保人以往病史、手术等经历，而人工智能技术可以通过一些计算机程序，将信息自动传输给负责人，并且减少了工作人员手动录入信息的麻烦。

2. 可以通过智能投顾来精准推荐保险产品

人工智能技术可以通过智能投顾来为客户制定个性化方案，并且实现对保险产品的精准推荐。这样不但可以使投保人降低成本，而且可以提高他们的工作效率。例如，一些保险公司的智能投顾可以使用自主开发的一套智能算法，根据用户的收入、家庭状况、财富管理风格和未来规划等情况来分析家庭生命周期的每个阶段的保险需求，并且为他们提供与保险需求相匹配的保险理财方案。

3. 可以降低保险企业的人工成本

人工智能技术在保险企业的应用，在客户服务方面得到了较好的反映。目前，保险公司的客户服务已经成为一个相对规范的业务，事实上人工智能已经开始取代人员，做一些信息的整理和咨询工作。这样，人工智能技术就可以降低保险企业的人工成本，并且提高客户服务的效率。

4. 可以利用图片技术来实现反欺诈的效果

在传统的保险市场中，一些试图骗保、道德品质较差的人，可能会在网上下载图片，然后拿着这些图片去保险公司索赔。人工智能技术可以有效甄别出这些欺诈行为，并且能够结合对理赔者信用的分析，在很短时间内就在线完成索赔，全程不需要人工参与。

区块链技术在没有中央权威的条件下，记录了包含一系列记录的交易，并且将这些交易记录在设计良好的分布式数据结构中，这样就可以实现"去中心化"的效果。由于数据结构是分散的，它们可以由网络或者系统中的所有节点（如计算机）共享。这样不但可以降低多重交易问题的危害，还可以保障数据结构的完整性。

在区块链技术和保险行业结合等领域，区块链技术可以从空间、时间和互惠性等方面为保险行业提供帮助。

首先，区块链技术在空间方面可以有效支持保险产品在空间市场的扩展、产品定价的跨空间和时间的调整与对近实时营销的支持。除此之外，区块链技术可以将保险模型从空间锚定化和绝对中心化模式转变为点对点

双向互动的模式，那时区域差异就变得相对不重要了。

其次，区块链技术能够在互相矛盾的方向上实现对时间的感知和判断。通过跨时间和跨空间来调整保险产品，区块链可以缩短保险产品的运营时间。

在互惠性方面，区块链技术可以为保险公司提供互惠的新方式。如果在产品规模方面获取成功，这可能会导致保险公司可以通过对某些保险产品进行自动化改造，来规避众所周知的或日常的风险，从而保障保险公司的安全。利用基于区块链的点对点的特性，区块链技术可以使人们可以更直接有效地管理风险，而且使用的成本更低。

第七章　中国妇女儿童保险保障的理论分析

本章基于前面几章的分析，从理论方面对我国妇女和儿童保险保障进行分析，并且为后面内容奠定基础。针对妇女儿童保险保障的相关理论很多，比较著名的有生命周期理论和风险感知理论。

在不同的生命周期之内，妇女都面临着不同类型的风险，她们的保险需求也存在着一定的差异。从理论上看，美国学者莫迪利亚尼的生命周期理论可以视为妇女退休养老规划和妇女保险的理论基础。生命周期理论认为，每个人应当全面、综合地考察和分析自己未来和当前的风险、工作时间、退休时间和可预期的开支等因素，通过这些因素来判断自己当前的储蓄和消费水平，这样可以达到他在一生中消费水平稳定的目的。除了基本生活费用之外，从出生到 18 岁是女性的单身期，此时的支出费用主要包括婴幼儿生育费、养育生活费和教育费；18—35 岁是妇女的家庭形成期，此时的支出费用主要包括创业金、房车贷款；35—50 岁是妇女的家庭成长期，此时的支出费用主要包括子女教育金和养老金；50—60 岁是妇女的家庭成熟期，此时的支出费用主要包括医疗费；60 岁以后是妇女的退休期，此时的支出费用主要包括医疗费、老年护理费和丧葬费。

和生命周期理论不同，风险感知理论对于妇女和儿童群体来说都比较适用。假设主观概率、感知之外的其他变量均为固定值，那么妇女和儿童的保险需求取决于风险感知；而当风险的主观概率在不断增加时，妇女和儿童的保险需求将随之上升。假设财富、收入之外的其他变量均为固定值，那么当保费精算为公平值时，妇女和儿童的足额投保即为最优决策。此外，当 $MRS(y-q, f) \geq 1+\eta$ 时，妇女和儿童的最优决策是部分投保或者不投保；当 $MRS(y-q, f) < 1+\eta$ 时，妇女和儿童的最优决策是足额投保。

由于保险产品具有特殊性，而且各保险公司具有不同的销售渠道，所以不同的保险产品应当面向不同价格敏感的客户群体。具体来说，在对妇女和儿童保险的展业过程中，应当对家庭或职场、农村或城市的妇女或儿童展示有效的标识；在个人保险业务中，应当发挥好互联网和保险营销人员的互补优势，积极展开与保险经纪公司的合作，并且在企业客户群体中推广妇女或儿童保险产品。在建立合理的销售渠道的同时，建立和完善妇女或儿童保险产品的服务机制，力争做到及时有效的理赔，并且为妇女或儿童提供紧急救助、身体体检和医疗健康咨询等服务。从保险公司的视角看，妇女或儿童的保险创新可能是保险市场的一个新方向。在我国保险市场的竞争日益激烈的条件下，特别是在人身保险业务领域，如何通过市场客户细分和创新产品服务等途径来适应目前保险市场的需求，并且提高保险公司的管理水平，这有可能是努力提升市场竞争力的一个突破口。

第一节 妇女儿童保险保障理论分析的背景概述

从人类历史的长河来看，近几个世纪以来，人类社会最重大的变化之一就是妇女广泛参与了社会劳动。它解放了人类一半人口左右的创造力与生产力，并且为两性平等打下了坚实的基础。

在我国，妇女是一个很大的群体，大约占社会人口的一半左右，涉及社会的成千上万的家庭。从这个角度看，为妇女群体建立全面的保险保障，通常是社会中的一大难题。由于特殊的性别和生理特征，妇女既需要与男性相同的社会保障，也需要有适合她们需求的特殊的社会保障。在党的十九大精神和中央金融经济会议精神的指引下，建立和完善妇女保险保障的工作具有非常重大的现实意义。综合来看，妇女保险保障是一项政策性强、实施难度较大的系统工程，它不仅需要为妇女提供一站式的保险支持服务，还需要考虑到不同年龄段妇女的需求，并且将此作为妇女保险保障的重点和难点。

以就业为例，妇女的就业在一定程度上造成了妇女在工作与家庭中的角色冲突。其中，生育行为是妇女就业稳定性和连续性的一个重要障碍，而且有可能会引发就业中的激烈冲突，也可能会造成雇主对妇女的歧视。作为对这一现象的反应，一些妇女选择离开劳动力市场，还有一些妇女开始选择不生孩子或少生孩子。目前，世界上很多发达国家和地区的生育率都很低，为了调解这一冲突，社会保障中的生育保险制度作为最重要的公共政策不断完善。生育保险制度可以对生育妇女的劳动保障和生育福利进行支持，它的主要目的是减少雇主对妇女的歧视，同时促进女性人力资本的不断积累，也会对儿童的行为产生一定的影响。

当前，我国妇女保险正在逐渐受到保险公司的广泛关注，并且在母亲节、妇女节等节日经常搞宣传活动，给妇女提供了医疗和生育等方面必要的保障。由于妇女的身体结构具有特殊性，她们具有怀孕生育的自然属性，并且在家庭和社会中扮演了多重社会角色，这给她们的身心健康带来了较大的隐患。从妇女的平均期望寿命、医疗和消费意识、特定疾病的治疗来看，妇女保险的发展是非常必要的，而且也是非常合理的。

从理论上看，生育保险制度的核心是保障她们在生育期间得到必要的经济补偿和医疗保健，使她们在生育之后具有履行原来工作岗位的能力。如果生育保险可以帮助妇女在生育之后回到她们原来的就业岗位，鼓励她们重返劳动市场，就能够更加迅速地提高妇女的工作效率，也可以促进人力资本的不断积累，这样就可以提高妇女在劳动力市场的议价能力，雇主对妇女劳动力的歧视现象也会有所改善。

从风险的角度看，妇女特殊的社会角色给她们带来了很多潜在的风险。一般来说，我国已婚的妇女通常需要承担照顾家庭和抚养子女的责任，还需要在激烈的社会竞争中承担一定的责任。为了保持工作与家庭的平衡，很多城市中的职业妇女的生理和心理压力很大，这给她们带来了经济收入和健康方面的风险。为妇女量身定制的人身保险，应当是妇女面对和处理收入波动风险的重要工具。

对保险公司而言，妇女保险的创新为保险业开辟了一个崭新的市场。在我国保险市场的竞争日益激烈的情况下，特别是在人身保险业务领域，如何适应保险市场竞争的需求，通过创新的产品服务和客户细分市场来提高保险公司的管理水平，这些是保险公司努力提高市场竞争力的可能有效的突破口。

当前，尽管我国正在逐步建立儿童社会保障制度，但是少年儿童医疗救助互助和少儿医保等制度具有的"广覆盖、保基本"的特点仍然难以满足消费者的需求。经过有关部门的调查发现，虽然有些城市已经建立了儿童社会保险制度，但是其保障水平较低，儿童的医疗保险仍然需要商业保险来补充。

以儿童的医疗保险为例，当前我国儿童医疗保险还存在以下缺陷：

（1）我国儿童医疗保险的最高给付额仍然较低。

目前我国的儿童和青少年的医疗保险虽然已经设置了较高的医疗费用报销比例，但是他们的医疗保障水平较低。具体来说，尽管医疗费用的报销比例较高，但赔偿金最高给付额一般比较低，所以这些保障水平仍然不能完全满足儿童和青少年的保障需求。

（2）我国儿童医疗保险的报销比例仍然较低。

第七章 中国妇女儿童保险保障的理论分析

尽管当前我国儿童和青少年的医疗保险都有一定的报销比例，但是在很多情况下父母需要自己出钱来承担报销费用不能覆盖到的部分。我国的大多数地区目前正在建立儿童基本医疗保险体系，有些地区的手术费、部分医药费和门诊费等项目仍然不能报销。一旦儿童和青少年发生了重大疾病，家长就需要先支付医疗费用，然后再进行报销，商业保险则有所差异，它是诊断、确诊之后一次性给付。虽然目前我国儿童和青少年的手术费用和门诊费用的报销情况已经有所改善，但是报销流程仍然比较烦琐，报销比例也比较低。

此外，截至目前，有关我国儿童和青少年的商业保险虽然品种繁多，但是市场较为单一，而且重叠的部分比较多，难以对儿童和青少年的风险实现全面覆盖。更有甚者，一些儿童和青少年的责任保险产品中涉及很多人基本不会发生的风险。经过调查发现，大多数的重大疾病如恶性肿瘤、脑中风和心肌梗死目前处于保障范围之内，这些疾病在成年人中发病率较高，但是儿童和青少年的发病率则较低。通过调查发现，我国有关儿童和青少年的商业保险仍然难以全面满足儿童和青少年的保障需求。

因此，构建我国妇女和儿童保险保障的理论体系，就显得尤为重要。根据一些文献的研究结果，目前人们对于风险的感知维度如图7-1所示：

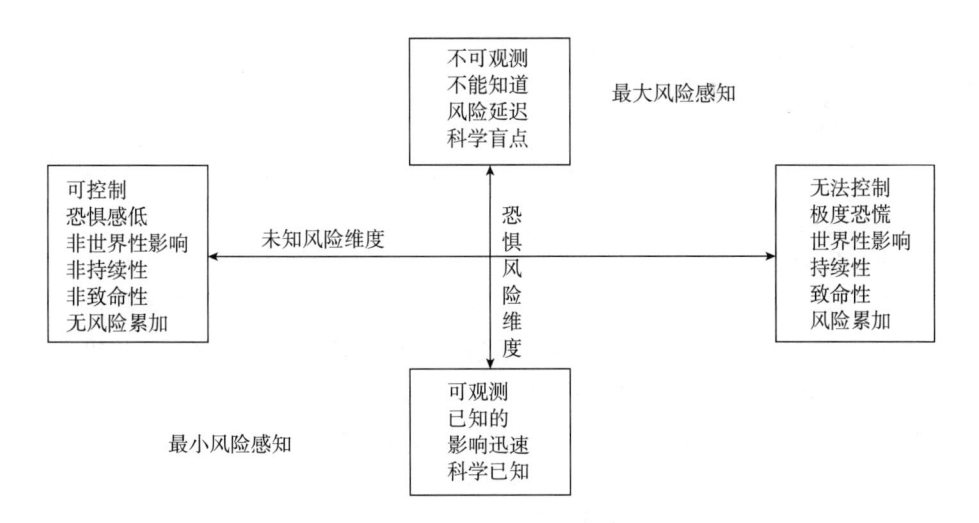

图 7-1 人们对于风险的感知维度

如图7-1所示，人们对于风险的感知维度主要包括未知风险维度和恐惧风险维度两种。在恐惧风险维度中，最大的风险感知包括不可观测、不能知道、风险延迟和科学盲点四种,而最小的风险感知包括可观测、已知的、影响迅速和科学已知的四种。在未知风险维度中,最大的风险感知包括无法控制、极度恐慌、世界性影响、持续性、致命性和风险累加六种,而最小的风险感知包括可控制、恐惧感低、非世界性影响、非持续性、非致命性和无风险累加六种。

第二节 妇女儿童保险保障理论分析过程

针对妇女儿童保险保障的相关理论很多,比较著名的有生命周期理论和风险感知理论。由于妇女具备独特的哺养能力和家务管理能力,在家庭中起着非常重要的作用。多数妇女在家庭生活中花费了大量的时间和精力,并且努力实现着自己的价值。随着社会的发展和进步,有些妇女也在寻求职业生涯的发展,但多数妇女仍然非常重视家庭生活。同样,儿童也是家庭中的重要组成部分,在构建和谐家庭中发挥了独特的作用。因此,我们在对妇女和儿童保险保障的理论分析时,也考虑了家庭的因素。下面我们将分别对这两个理论进行分析和论述。

(一) 生命周期理论

由于儿童的年龄相对较小,因此本章我们讨论生命周期理论主要是针对妇女群体而言的。

妇女保险指保险公司为满足妇女独特的风险管理需求而提供的保险产品,其范围不但包括女性养老、分红、子女教育金储备等理财型保险产品,还包括重大疾病、医疗、意外伤害等基本保障型的保险产品。由于妇女在工作和家庭中承担着较为沉重的双重责任,通常来说她们在生理和心理上要比男性承受的压力大很多,而且她们面临着的危及健康的疾病风险也在上升。伴随着男女平等观念的不断推广和发展,很多妇女在逐步提高经济地位和社会地位、积极参与社会建设的同时,开始重视自己的健康,并且采取积极主动的对策来获得更加完善的保险保障。在现实中,妇女往往具有不同的角色、责任和身份,她们希望获得与男性平等的权利,并且追求有女性特质的生命观和人生观。

在不同的生命周期之内,妇女都面临着不同类型的风险,她们的保险需求也存在着一定的差异。从理论上看,美国学者莫迪利亚尼的生命周期理论可以视为妇女退休养老规划和妇女保险的理论基础。生命周期理论认为,每个人应当全面、综合地考察和分析自己未来和当前的风险、工作时间、退休时间和可预期的开支等因素,通过这些因素来判断自己当前的储蓄和消费水平,这样可以达到他在一生中消费水平稳定的目的。如果用公式表示,生命周期理论可以表示为:

$Con = b \times W + c \times Y_L$

其中,Con 代表消费支出水平;W 代表实际财富的数值或财富收入,b 为财富的边际消费倾向;Y_L 代表一个人的劳动收入,包含长期收入或者持久性收入;c 代表劳动收入 Y_L 的边际消费倾向。

处在不同生命周期的妇女在选择保险产品时应当具有针对性。具体来说,单身的女性应当合理配置好意外保险和日常保险产品;新婚的妇女购买房屋和家具所需要的费用是最大的,应当配置终身寿险和重大疾病保险来规避风险;当家庭处于成长期时,妇女肩负着抚养子女和赡养老人的重担,此时应当使用储蓄型保险计划来规划退休以后的养老金,并且要防止家庭中重大疾病的风险;当家庭处于成熟期时,妇女应当使用投资联结型保险或者理财型保险来储备养老金;当妇女处于退休前期及退休后时,应当重点配置长期护理保险、医疗保险、失能护理风险和大病保险。

根据国家统计局的统计数据,目前在我国一些大中城市中,很多妇女呈现出重大疾病的发病率较高、发病时间早的特征。例如,截至 2016 年年底,我国妇女乳腺癌的死亡率和发病率出现快速增长的趋势,并且占总体癌症患者的 20%—30%,其中 40—49 岁是妇女患乳腺癌的发病高峰期。此外,成年妇女还容易患有卵巢癌、宫颈癌等疾病,妇女在怀孕期、生育期和更年期都会为她们的身体带来较为严重的健康风险。在面对这些疾病风险时,妇女保险为妇女提供了疾病风险的保护,使她们的生活不致陷入贫困中。

图 7-2 是妇女的生命周期示意图,从图 7-2 中可以看到,从出生到 18 岁是女性的单身期,此时的支出费用主要包括婴幼儿生育费、养育生活费和教育费;18—35 岁是妇女的家庭形成期,此时的支出费用主要包括创业金、房车贷款;35—50 岁是妇女的家庭成长期,此时的支出费用主要包括子女教育金和养老金;50—60 岁是妇女的家庭成熟期,此时的支出费用主要包括医疗费;60 岁以后是妇女的退休期,此时的支出费用主要包括老年护理费和丧葬费。

(二) 风险感知理论

和生命周期理论不同,风险感知理论对于妇女和儿童群体来说都比较适用。一般来说,人们可能会对风险的感知存在价格效应、锚定效应、概率认知偏差、乐观偏见和直觉启发等反应,当人们的风险感知水平受到影

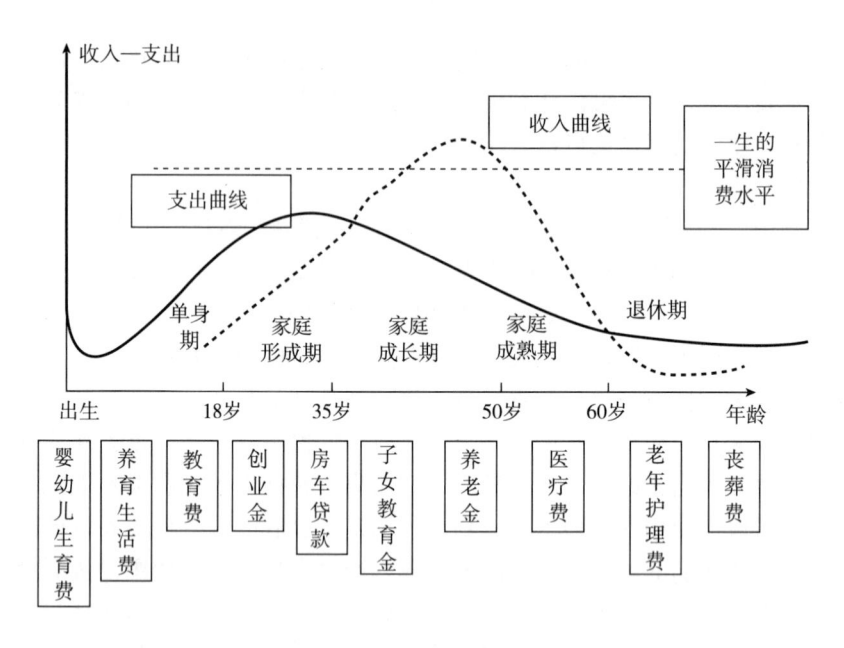

图 7-2 妇女的生命周期示意

响时，面临的保险需求也会相应地发生变化。根据已有文献的研究，以下几点结论已经被证实：风险感知是人的一种本能的反应，也是过去和生理的认知结构的函数；这种风险感知有可能会导致人们的认知和行为偏差，也可能会通过非正式社会网络传导至其他群体，群体对个体之间的风险会进行一定的反馈。从反馈效果看，风险感知在短期内会引发人们对保险产品的购买需求，在长期内则有可能会形成不利影响。

从传导途径上看，风险事件往往会通过经验和情绪的社会强化风险机制来对个体的风险感知产生影响，个体对于风险感知的变化是由背后的对于风险的恐惧所驱动的，其中包含不可预测、无法影响和控制的未知风险。

按照以上理论，当人们在感受到风险的影响和冲击之后，对于风险感知的水平就会上升，同时对于未来风险的主观概率程度也会有所增加。下面我们首先对各术语的英文符号加以规定，然后再建立理论分析模型。各术语的英文符号如下所示：

（1）我们可以将每个家庭的财富分为两个部分，并且使用 r 代表现有或者存量的财富规模，g 代表财富的增加值，其中包含交通费用、衣物、食品等。与此同时，我们假设这两类财富的商品均为正常品，也就是伴随着收入的增长，r 和 g 的规模也不断增长。

(2) 我们使用 y 代表每个家庭的收入，f 代表家庭的初始财富，d 代表保险的金额，包括部分投保、无保险或者足额投保，D 代表家庭可能遭受的损失，q 代表保险的费用，p 代表遭受损失的概率大小，η 代表保费附加因子的数值。

(3) 假设以上两种财产可以代表每个家庭的效用水平，可以用 $U(g, r)$ 来表示，其中 $U(g, r)$ 满足稻田条件，它代表该家庭为风险厌恶型。在此，根据经济学原理，我们很容易知道：$y>q$；$q=(1+\eta)pD$；$D\leqslant f$；$\eta>0$；$0\leqslant p\leqslant 1$。

对于风险感知理论，本书将分别从两种情况进行讨论：

(1) 假设主观概率、感知之外的其他变量均为固定值，那么主观概率、感知和保险需求的关系如下：

根据期望效用理论，我们可以得到：

$$\text{Max}EU = pU(y-q, f-1+D) + (1-p)U(y-q, f)$$

$$dEU/dD = -p^2(1+\eta)U_g(y-q, f-1+D) + pU_r(y-q, f-1+D) - (1-p)p(1+\eta)U_g(y-q, f)$$

再根据期望效用的凹性，可以得到：

$$dEU^2/dD^2 = p^3(1+\eta)^2 U_{gg}(y-q, f-1+D) + 2p^2(1+\eta)U_{gr}(y-q, f-1+D) + pU_{rr}(y-q, f-1+D) + (1-p)p^2(1+\eta)^2 U_{rr}(y-q, f)$$

$$= p[\partial^2 U(y-q, f-1+D)/\partial^2 D^2] + (1-p)p^2(1+\eta)^2 U_{rr}(y-q, f) < 0$$

如果考虑到不同的主观概率 p_1 和 p_2，并且 $p_1 > p_2$，那么就可以得到：

$$\left.\frac{dEU}{dD}\right|_{D=x, p_1} = p_1 U_g(y-q, f)[MRS(y-q, f) - (1+\eta)]$$

$$\left.\frac{dEU}{dD}\right|_{D=x, p_2} = p_2 U_g(y-q, f)[MRS(y-q, f) - (1+\eta)]$$

由此可知，$\left.\dfrac{dEU}{dD}\right|_{D=1, p_1} - \left.\dfrac{dEU}{dD}\right|_{D=1, p_2} > 0$

即 $\left.\dfrac{dEU}{dD}\right|_{D=1, p_1} > \left.\dfrac{dEU}{dD}\right|_{D=1, p_2}$

由于 EU 是具有凹性的函数，那么我们就可以得到以下结论：

在其他条件保持不变时，妇女和儿童的保险需求取决于风险感知；而当风险的主观概率在不断增加时，妇女和儿童的保险需求将随之上升。

(2) 假设财富、收入之外的其他变量均为固定值，那么财富、收入和保险需求的关系如下：

根据期望效用理论，我们可以得到：

$MaxEU = pU(y-q, f-1+D) + (1-p)U(y-q, f)$

$dEU/dD = -p^2(1+\eta)U_g(y-q, f-1+D) + pU_r(y-q, f-1+D) - (1-p)p(1+\eta)U_g(y-q, f)$

再根据期望效用的凹性，可以得到：

$dEU^2/dD^2 = p^3(1+\eta)^2 U_{gg}(y-q, f-1+D) + 2p^2(1+\eta)U_{gr}(y-q, f-1+D) + pU_{rr}(y-q, f-1+D) + (1-p)p^2(1+\eta)^2 U_{rr}(y-q, f)$

$= p[\partial^2 U(y-q, f-1+D)/\partial^2 D^2] + (1-p)p^2(1+\eta)^2 U_{rr}(y-q, f) < 0$

由于 $U(g, r)$ 是具有凹性的函数，那么有：$\partial^2 U(y-q, f-1+D)/\partial^2 D^2 < 0$，$U_{gg}(y-q, f) < 0$，从而就可以得出期望效用的凹性。

假设家庭进行足额投保时，并且令 $D=1$，那么可以得到：

$\left.\dfrac{dEU}{dD}\right|_{D=1} = -p^2(1+\eta)U_g(y-q, f-1+D) + pU_r(y-q, f-1+D) - (1-p)p(1+\eta)U_g(y-q, f)$

$= pU_r(y-q, f-1+D) - p(1+\eta)U_g(y-q, f)$

$= pU_g(y-q, f-1+D)[MRS(y-q, 1+\eta)]$

再根据期望效用理论，$U_g(y-q, f) = U_r(y-q, f)$，可以得到：

$\left.\dfrac{dEU}{dD}\right|_{D=1} = -p\eta U_r$

因此，当保费精算为公平值时，妇女和儿童的足额投保即为最优决策。此外，还可以根据 $1+\eta$ 和边际替代率 $MRS(y-q, f)$ 两者的数值大小来判断，具体来说：

当 $MRS(y-q, f) \geq 1+\eta$ 时，妇女和儿童的最优决策是部分投保或者不投保；当 $MRS(y-q, f) < 1+\eta$ 时，妇女和儿童的最优决策是足额投保。

第三节　妇女儿童保险保障理论分析的结论及启示

通过以上妇女儿童保险保障的生命周期理论和风险感知理论的分析，我们可以得到一些结论，并且将对此结合现实情况进行分析。

首先，妇女儿童保险保障的生命周期理论和风险感知理论的结论包括：

（1）除了基本生活费用之外，从出生到18岁是女性的单身期，此时的支出费用主要包括婴幼儿生育费、养育生活费和教育费；18—35岁是妇女的家庭形成期，此时的支出费用主要包括创业金、房车贷款；35—50

岁是妇女的家庭成长期，此时的支出费用主要包括子女教育金和养老金；50—60岁是妇女的家庭成熟期，此时的支出费用主要包括医疗费；60岁以后是妇女的退休期，此时的支出费用主要包括老年护理费、医疗费和丧葬费。在不同的生命周期之内，妇女都面临着不同类型的风险，她们的保险需求也存在着一定的差异。

（2）和生命周期理论不同，风险感知理论对于妇女和儿童群体来说都比较适用。假设主观概率、感知之外的其他变量均为固定值，那么妇女和儿童的保险需求取决于风险感知；而当风险的主观概率在不断增加时，妇女和儿童的保险需求将随之上升。假设财富、收入之外的其他变量均为固定值，那么当保费精算为公平值时，妇女和儿童的足额投保即为最优决策。此外，当 $MRS(y-q, f) \geq 1+\eta$ 时，妇女和儿童的最优决策是部分投保或者不投保；当 $MRS(y-q, f) < 1+\eta$ 时，妇女和儿童的最优决策是足额投保。

根据以上结论，我们可以结合现实情况进行一些分析：

（1）根据生命周期理论，在不同的生命周期之内，妇女都面临着不同类型的风险，她们的保险需求也存在着一定的差异，因此如何选择保险理财产品至关重要。

从理论上看，生命周期理论的核心和本质是人们需要通过使用各种预防措施来防范不同年龄阶段的各种风险。当前现代社会生活的节奏很快，妇女在养老、经济和健康等方面面临着很大的担忧和压力，特别是在健康方面，妇女的死亡率和发病率都在逐步上升，并且日益成为家庭幸福的潜在风险。与此同时，妇女的平均预期寿命比男性高，这就表明她们退休以后的生活可能会面临着更高的生活成本，以及经济拮据、高龄失能等风险。所以大部分妇女需要提升对自身风险保障的认识，使用保险产品将自身的风险转移到保险公司，并且对风险采取预防措施。

在妇女保险产品的选择上，人们应该依据不同生命阶段和生命周期理论来选择保险产品，而且妇女保险产品费用的负担应该是适度的，也就是说，妇女保险产品的总保险额度应当是年度收入的10倍左右，其中年度收入的10%左右应当用于缴纳保险费。考虑到生育、疾病医疗和意外伤害等风险和妇女自身的偏好，应当分别配置相应的保险产品组合，从而可以获得全面的保护。

图7-3是妇女的生命阶段、面临风险与保险产品组合，从图7-3中可以看到，在不同的生命阶段，妇女都面临着不同类型的风险，她们应当选择不同的保险产品组合。举例来说，在单身期内，适合妇女的保险产品组

合包括意外险、重疾险和定期人寿险；在家庭形成期内，适合妇女的保险产品组合包括意外险、重疾险、终身险和生育险；在家庭成长期内，适合妇女的保险产品组合包括两全险、意外险、重疾险、教育储蓄险、护理保险和养老年金；在家庭成熟期内，适合妇女的保险产品组合包括两全险、意外险、重疾险、护理保险和养老年金；在退休期内，适合妇女的保险产品组合包括疾病医疗、护理保险和遗产规划。

名称	生命阶段	面临风险	保险产品组合
单身期	参加工作至结婚前期	意外、重疾、死亡	意外、重疾、定期人寿
家庭形成期	结婚至孩子出生前期	重疾、生育意外、死亡	意外、重疾、终身、生育
家庭成长期	孩子出生至参加工作期	死亡、重疾、医疗费用	两全、意外、重疾、教育储蓄、护理保险、养老年金
家庭成熟期	孩子工作至退休前期	疾病、死亡、医疗、护理费用	两全、意外、重大疾病、护理保险、养老年金
退休期	父母亲退体后期	疾病、失能照顾	疾病医疗、护理保险、遗产规划

图 7-3　妇女的生命阶段、面临风险与保险产品组合

（2）在保险公司为妇女提供保险产品组合时，应当注重后续的保险产品服务。首先，建立健全妇女保险客户的定期体检制度，定期检查危害妇女健康的疾病种类，并且让她们定期到保险公司指定的专业医院去检查身体，提高她们的健康保健意识。其次，参考和借鉴发达国家的相关经验，为妇女提供诸如修身会所、美容院、妇女购物专柜等有特色的保险服务，为她们提供美容、养生方面的讲座，并且为她们提供健康咨询服务，将后续的保险产品服务做到位。

此外，妇女在按照生命周期理论选择保险产品组合时，还要注意了解保险市场的动向和其中一些产品的特点。从现实情况看，当前我国保险市场上专门针对妇女保险的产品并不多，妇女群体应当选择品牌保险公司进行投保，还要考察这些公司的服务质量、营业网点和渠道等方面的因素，同时还要比较妇女保险产品的价格、条款、保障期限和免责范围等内容，以便选择具有较高的性价比的产品，并且力图实现自己保险利益的最大化。

（3）根据风险感知理论，假设主观概率、感知之外的其他变量均为固定值，那么妇女和儿童的保险需求取决于风险感知；而当风险的主观概率在不断增加时，妇女和儿童的保险需求将随之上升。假设财富、收入之外的其他变量均为固定值，那么当保费精算为公平值时，妇女和儿童的足额投保即为最优决策。这一结论也非常具备现实意义。

在保险公司对妇女和儿童进行产品设计时，应当提升保险产品质量，适量提高产品定价能力，这样才能够使保费精算成为公平值。在保险条款的制定过程中，首先，保险产品条款要通俗易懂、内容完整和格式清晰，并且规避一些不清楚和不规范的规定，以便提高产品的接受度，尽量减少一些法律纠纷。其次，保险产品条款的设置应当满足不同妇女和儿童的保险需求，并且按照公正、公平的原则并且对其进行风险分类，以此来确定保险保障的范围和费率的数值，还要合理设置绝对和相对的免赔额，避免在业务流程中运营成本过高、处理效率过于低下。

（4）当前我国的健康保险市场已经进入较快发展期，尤其是妇女和儿童的健康保险发展速度非常快。为了保障妇女和儿童家庭中良好的财务状况，"健康管理"已经逐渐成为健康保险行业的重要内容，并且在保险公司的医疗费用控制和健康保护方面具有重要的现实意义。一般来说，经营健康保险业务的保险公司应当通过和第三方妇女健康管理公司积极开展合作，这样才可以建立好健康管理医疗服务、养生保健和健康保险等一体的、具有综合功能的产品链，也能够更好地满足妇女和儿童的多样化需求，从而避免过度的价格竞争。

由于保险产品具备特殊性，而且各保险公司具有不同的销售渠道，所以不同的保险产品应当面向不同价格敏感的客户群体。具体来说，在对妇女和儿童保险的展业过程中，应当对家庭或职场、农村或城市的妇女或儿童展示有效的标识；在个人保险业务中，应当发挥好互联网和保险营销人员的互补优势，积极展开与保险经纪公司的合作，并且在企业客户群体中推广妇女或儿童保险产品。在建立合理的销售渠道的同时，建立和完善妇女或儿童保险产品的服务机制，力争做到及时有效的理赔，并且为妇女或儿童提供紧急救助、身体体检和医疗健康咨询等服务。

从保险公司的视角看，妇女或儿童的保险创新可能是保险市场的一个新方向。在我国保险市场的竞争日益激烈的条件下，特别是在人身保险业务领域，如何通过市场客户细分和创新产品服务等途径来适应目前保险市场的需求，并且提高保险公司的管理水平，这有可能是努力提升市场竞争力的一个突破口。

第八章　中国妇女儿童保险保障的实证研究与启示

本章首先描述和分析了中国社会保险基金的发展现状、历年来的经济增速和妇女儿童的人口结构，然后使用2000—2016年的月度数据，构建了结构向量自回归模型（SVAR），对中国妇女儿童人口占比与经济增长、社保基金总收入增速之间的动态关系进行研究，并对实证结果进行分析和解读。

实证结果显示，儿童占人口比重与GDP增速之间呈现较为显著的正相关关系，而妇女占人口的比重与GDP增速之间呈现较为显著的负相关关系；GDP增速与社保基金总收入增速在短期内也呈现了较为显著的正向促进关系；儿童占人口比重与社保基金总收入增速在短期内呈现较为显著的正相关关系。

基于以上实证结果，我们得到的启示有：实行"全面二孩"政策、推行延迟退休，并且通过深化改革继续挖掘传统"人口红利"，是目前我国亟须关注和实行的措施；完善儿童社会保障法律法规，提高儿童占人口比重，建立生育保险制度，这些举措都会对提高社保基金总收入增速具有一定的积极意义；维持我国经济中高速增长，既可以实现改善民生、提升社保基金总收入增速的目的，又可以为完善生育政策、提高生育率提供良好的环境和氛围。

第一节　实证研究的背景及思路

前面几章探讨了中国妇女儿童群体的风险、社会保障、商业保险的现状，以及加快发展商业保险的可行性和必要性，使得我们对中国妇女儿童保险保障的发展现状及未来趋势有了较为透彻的了解。为了进一步研究中国妇女儿童保险保障的发展路径及其与宏观经济的相互关联情况，本章将构建实证模型来进行分析。

一 中国社会保险基金的发展现状

中国的社会保险基金主要包含五大类，分别是基本养老保险基金、基本医疗保险基金、工伤保险基金、失业保险基金和生育保险基金。各项社会保险基金按照社会保险险种分别建账，分账核算，执行国家统一的会计制度。社会保险基金应专款专用，不允许任何组织和个人以任何形式侵占或者挪用。

图 8-1 是 2000—2016 年中国社保基金总收入增速走势，从图 8-1 中可以看到，2000—2016 年中国社保基金总收入增速呈现了不规则的走势。具体来说，2000—2002 年、2004—2007 年和 2010—2012 年它的增长较大，其余年份则表现相对平缓。尤其是 2012 年中国经济进入新常态以后，社保基金总收入增速同比出现了下降的趋势。

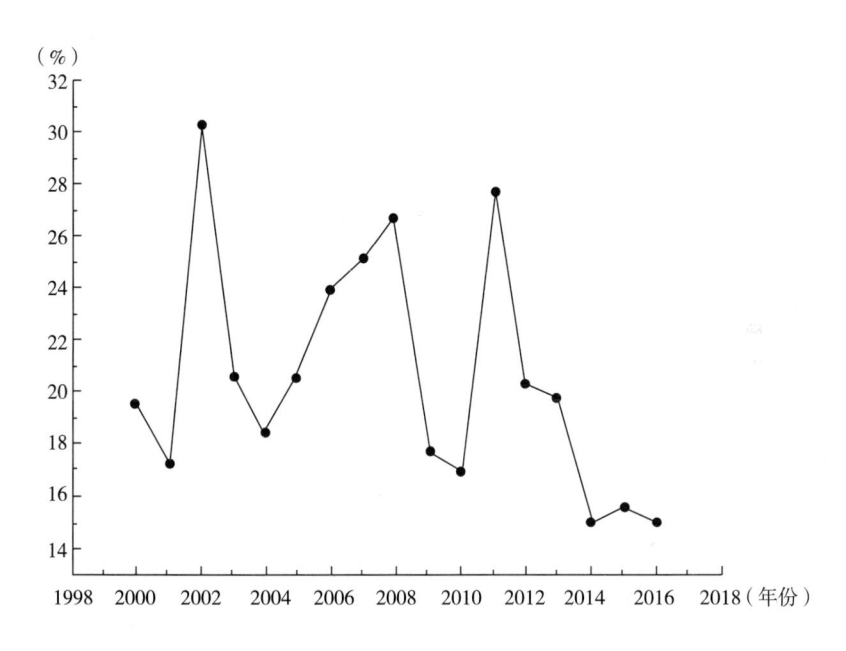

图 8-1　2000—2016 年中国社保基金总收入增速走势

资料来源：国家统计局网站。

二 中国历年来的经济增速

随着我国经济的结构调整及战略转型，新常态（New Normal）成为经济学界越来越流行的词汇。自美国太平洋投资管理公司总裁埃里安于 2010

年提出新常态一词以来,国内外很多专家学者对中国经济增速进行了较为深入的研究。经济新常态是指经济不会出现快速"V"形复苏,而是会出现较长时间的疲软甚至滞涨。总体来看,经济新常态背景下,GDP 增速下滑是大概率事件,宏观经济波动也会经常发生。尤其是在我国非金融企业杠杆率高企不下、金融风险集聚上升的背景下,经济增速下滑是较为合理、正常的情况。但是在"三去一降一补"政策实施和落地以后,2017年和 2018 年中国的经济增速基本保持稳定。

图 8-2 是 2000—2016 年中国经济增速走势,从图 8-2 中可以看到,2000—2007 年中国的经济增速呈现一路走高的态势,最高在 2007 年达到了 14.16%。2008 年以后,中国的经济增速就出现了逐年下滑,2016 年跌至 6.7%。在"供给侧结构性改革"和"三去一降一补"政策的实施下,2017 年和 2018 年我国的经济增速基本保持稳定。

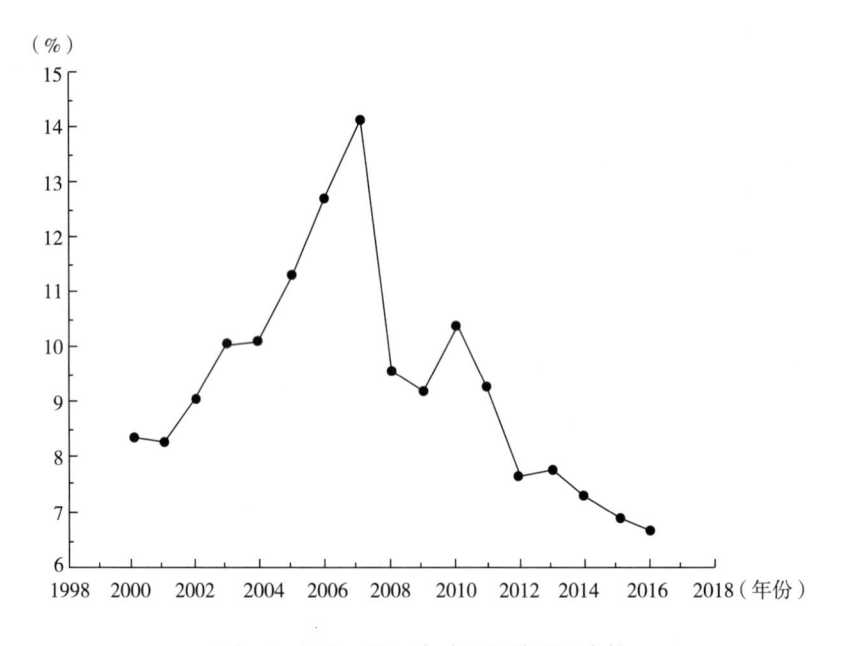

图 8-2　2000—2016 年中国经济增速走势

资料来源:国家统计局网站。

三　中国妇女儿童的人口结构

在本书的第一章已经探讨过中国的分城乡分性别人口结构以及人口年龄金字塔,因此本章不再赘述。简单来说,据历年的《中国统计年鉴》,

我国人口年龄结构可以做以下三类划分：0—14 岁阶段，15—64 岁阶段及 65 岁以上阶段，其中 0—14 岁阶段就可以视作儿童阶段。而历年来中国妇女的人口占比在国家统计局网站上都可以查到，2000—2016 年以来一直稳定在 48.5% 左右。

四 实证研究的思路

近年来，伴随着我国"全面二孩"政策的实施，妇女儿童人口占比势必会对我国经济增长及社保基金总收入增速带来一定的影响和冲击。那么妇女儿童人口占比与我国经济增长、社保基金总收入增速之间是否具有显著的关系？它们之间究竟具备什么样的影响？相应的政策及建议是什么？这是本章所要研究和讨论的问题。本章将构建结构向量自回归（SVAR）模型对中国妇女儿童人口占比与经济增长、社保基金总收入增速之间的动态关系进行研究，并对实证结果进行分析和解读。

第二节 模型设计及数据来源

一 实证模型的设计

在对时间序列数据进行实证分析时，由于普通的向量自回归模型（VAR）往往在处理即时变量的过程中不能全面考察经济理论的约束，而且经常不能得到唯一的脉冲响应函数的方差和解，因此在实证检验中存在着一定的缺陷。为了规避以上缺陷，本章使用结构向量自回归模型（SVAR）对实证过程进行分析。

通常情况下，一个含有 n 个变量和 m 阶滞后项的 SVAR 模型可以表示为：

$$A_0 Y_t = \sum_{i=1}^{m} A_t Y_t L^i + c + \varepsilon_t \tag{8-1}$$

在式（8-1）中，Y_t 是一个向量，A_t 是一个 $n×n$ 阶的矩阵，L^i 则是算子，c 是 $n×1$ 的矩阵，ε_t 为具备白噪声性质的 $n×1$ 阶的随机变量。如果我们对于式（8-1），等式两边同时乘以 A_0^{-1}，那么就可以变形得到普通的向量自回归模型（VAR），可以表示为：

$$Y_t = \sum_{i=1}^{m} A_t A_0^{-1} Y_t L^i + A_0^{-1} c + A_0^{-1} \varepsilon_t = \sum_{i=1}^{m} B_0 Y_t L + C + u_t \tag{8-2}$$

其中式（8-2）中，$B_0 = A_t A_0^{-1}$，$C = A_0^{-1} c$，即可以得到式（8-2）的

结果。

一般来说，使用参数关系体系方程可以更好地研究 SVAR 模型中各变量之间的动态关系。因此，我们可以令 x_t、y_t 和 z_t 分别等于 lnzbwt、lnhl 和 lngdp，就可以得到参数关系体系方程，并可以写为：

$$x_t = \alpha_{10} + \alpha_{12} y_t + \alpha_{13} z_t + \beta_{11} x_{t-1} + \beta_{12} y_{t-1} + \beta_{13} z_{t-1} + \gamma_{11} x_{t-2} + \gamma_{12} y_{t-2} + \gamma_{13} z_{t-3} + u_{1t} \tag{8-3}$$

$$y_t = \alpha_{20} + \alpha_{21} x_t + \alpha_{23} z_t + \beta_{21} x_{t-1} + \beta_{22} y_{t-1} + \beta_{23} z_{t-1} + \gamma_{21} x_{t-2} + \gamma_{22} y_{t-2} + \gamma_{23} z_{t-3} + u_{2t} \tag{8-4}$$

$$z_t = \alpha_{30} + \alpha_{31} x_t + \alpha_{32} y_t + \beta_{31} x_{t-1} + \beta_{32} y_{t-1} + \beta_{33} z_{t-1} + \gamma_{31} x_{t-2} + \gamma_{32} y_{t-2} + \gamma_{33} z_{t-3} + u_{3t} \tag{8-5}$$

在式（8-3）、式（8-4）、式（8-5）中，其中 $t = 1$，2，3…T。α_{12} 和 α_{13} 分别表示妇女儿童人口占比和 GDP 增速对于社保基金总收入增速的即时冲击，β_{2i} 和 γ_{2i} 用以分别表示妇女儿童人口占比、GDP 增速和社保基金总收入增速的滞后项对 GDP 增速的冲击，u_{1t}、u_{2t} 和 u_{3t} 则分别表示方程三个中的随机冲击项。当 α_{21} 和 α_{31} 都不等于 0 时，u_{1t} 对于社保基金总收入增速的随机冲击就会生成对妇女儿童人口占比和 GDP 增速的即时冲击，也就是会生成间接的即时影响。

二 数据来源

本章采用结构向量自回归（SVAR）模型来研究我国妇女儿童人口、GDP 增速与社保基金总收入增速，原因在于 SVAR 模型在处理即时变量的过程中能够全面考察经济理论的约束，并且能够得到唯一的脉冲响应函数的方差和解，还可以研究某时刻特定变量受到的随机冲击对于其他变量的动态影响。

本章的数据来源于历年的《中国统计年鉴》及国泰安金融数据库、Wind 数据库，数据选取为 2000—2016 年的月度数据，样本总数为 816 个。需要说明的是，由于 2000—2016 年我国的货币增速很大，为了保持数据的一致性、避免出现较大偏误，本书的 GDP 增速与社保基金总收入增速的数据均使用名义的数据。

三 变量解释

在模型的实证检验过程中，儿童占人口的比重（young）用以衡量 0—14 岁阶段的儿童占我国总人口的比重；妇女占人口的比重（women）用以衡量妇女总人数占我国总人口的比重；GDP 增速（gdp）用以衡量我国每年的 GDP 增长速度水平；社保基金总收入增速（sbjj）用以衡量我国每年社保基金总收入的增长速度情况。

第三节　实证检验过程

一　稳定性检验

在模型的实证检验过程中，很多时间序列数据由于数据不平稳会出现 t 检验失效或者伪回归的情况，为了避免这些情况的出现，经常会在实证检验之前做数据稳定性检验。一般情况下，在实证检验中使用较多的数据稳定性检验方法主要有 PP 检验、DF 检验及 ADF 检验等，本章数据稳定性检验方法采用 ADF 检验，得到的结果如表 8-1 所示：

表 8-1　　　　　　　模型 ADF 稳定性检验结果（5%）

变量	临界值（5%）	ADF 值	P 值	变量的状态
young	-2.18945	-3.653267	0.5436	非平稳
women	-3.09348	-3.945832	0.3976	非平稳
gdp	-4.58369	-3.976198	0.1436	非平稳
sbjj	-1.97852	-1.598726	0.2953	非平稳
d_young	-6.58359	-3.098256	0.0011	平稳
d_women	-3.95892	-2.196735	0.0091	平稳
d_gdp	-3.69258	-1.975894	0.0187	平稳
d_sbjj	-5.82596	-2.087659	0.0096	平稳

表 8-1 是模型在 5%的显著性水平下 ADF 稳定性检验结果，由以上检验结果可以看到，变量 young、women、gdp 和 sbjj 在 5%的显著性水平下都是非平稳的，而这些变量在经过一阶差分之后，变量 d_young、d_women、d_gdp 和 d_sbjj 则均拒绝了数据不稳定的原假设，这说明这些一阶差分之后的变量都是稳定的。因为在时间序列的实证分析模型中，一般只有相同阶数的时间序列才可以形成相对稳定的协整关系，而变量 d_young、d_women、d_gdp 和 d_sbjj 均为一阶单整的序列，因此可以说明中国妇女儿童人口占比与经济增长、社保基金总收入增速之间存在着协整关系。

二 Johansen 协整检验分析

根据模型数据稳定性检验的结果，中国妇女儿童人口占比与经济增长、社保基金总收入增速之间存在着协整关系，因此可以进行协整检验分析。在实证检验过程中，人们经常使用的协整检验方法有 E—G 两步法和 Johansen 协整检验等方法，本章利用 Johansen 协整检验方法对模型进行检验，并且用检验结果来进行长期均衡模型的构建。

在进行 Johansen 协整检验之前，为了使实证检验的结果更加精确，一般要求在检验之前先确定实证分析模型的滞后阶数。在确定模型的滞后阶数时，首先要能够准确反映模型的性质，这就要求滞后阶数必须足够大，其次又要防止模型的单位根出现和自由度太小，在进行实证检验时应当同时满足以上两个条件，才能使模型的滞后阶数更加准确。在本章的实证分析过程中，我们分别使用 AIC 值、SBIC 值和最大似然比（LR）检验等方法来确定模型的滞后阶数，结果显示本章实证分析模型的最佳滞后阶数是 3 阶。

表 8-2 是模型进行 Johansen 协整检验的结果，由以上结果可以得知，在显著水平为 5%时，原假设为 r=0 时最大特征根检验的 P 值是 0.0028，而迹检验的 P 值是 0.0009，这两个检验结果都拒绝了没有协整关系存在的原假设，这表明中国妇女儿童人口占比与经济增长、社保基金总收入增速之间存在协整关系，也就是说在长期中存在着比较稳定的关系。

表 8-2　　　　　　　　Johansen 协整检验结果

原假设	最大特征根检验	5%的临界值	P 值	迹检验	5%的临界值	P 值
r=0	27.86934	20.58739	0.0028	54.19849	21.79697	0.0009
r≤1	20.59687	16.29386	0.1952	19.39658	14.49879	0.1429
r≤2	1.598296	3.893879	0.1876	1.798279	3.869283	0.1918

三 结构向量自回归模型（SVAR）的脉冲响应图

在对 SVAR 模型进行数理上的设定和变换之后，我们就能够用计量软件刻画出脉冲响应图，以此来反映各变量之间的动态关系及效应。本章在实证分析过程中，为了使模型刻画的脉冲响应图更加准确，特使用蒙特卡罗方法，即对原有数据重复抽样 100 次的方法来构建脉冲响应图的置信区间。本章将构建以下三个模型：①模型一探讨儿童占人口的比重、妇女占人口的比重分别与 GDP 增速之间的动态关系。②模型二考察 GDP 增速与社保基金总收入增速的相互动态影响。③模型三考察儿童占人口的比重、妇女占人口的比重分别与社保基金总收入增速的动态关系。

1. 中国妇女儿童人口占比与经济增长之间的脉冲响应结果

其一，中国妇女儿童人口占比对 GDP 增速的冲击。

图 8-3（a）显示了在 95% 的置信区间下中国妇女儿童人口占比对 GDP 增速的冲击结果。从图 8-3（a）中可以看出，儿童占人口比重受到一个正向标准差的冲击后，短期内 GDP 增速会上升至 0.6 个标准差位置，之后才会缓慢下降。即儿童占人口比重与 GDP 增速之间呈现较为显著的正向关系，因为儿童是未来劳动力的重要补充力量，也是人口红利形成的关键因素；妇女占人口比重受到一个正向标准差的冲击后，短期内 GDP 增速会下降至 -0.4 个标准差位置，之后出现了逐步反弹。由于妇女在成年之后并非是劳动的主力，部分妇女选择了休闲或成为全职主妇，因此妇女占人口比重与 GDP 增速之间呈现较为显著的负向关系。

（a）中国妇女儿童人口占比对GDP增速的冲击

（b）GDP增速对中国妇女儿童人口占比的冲击

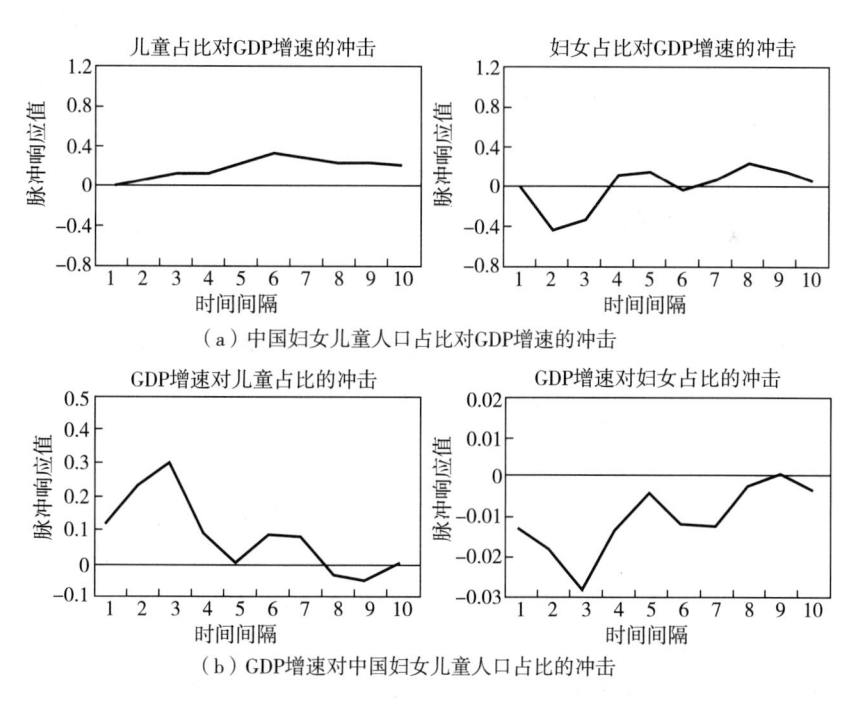

图 8-3　95% 置信区间下中国妇女儿童人口占比与 GDP 增速的脉冲响应

其二，GDP 增速对中国妇女儿童人口占比的冲击。

图 8-3（b）显示了在 95% 的置信区间下 GDP 增速对中国妇女儿童人

口占比的冲击结果。由图8-3（b）所示，GDP增速在受到一个正向标准差的冲击后，儿童占人口比重在短期内上升至3个标准差位置，之后才会缓慢下降；妇女占人口比重会在短期内下降至负0.28个标准差位置，之后逐步上升。

2. 经济增长与社保基金总收入增速之间的脉冲响应结果

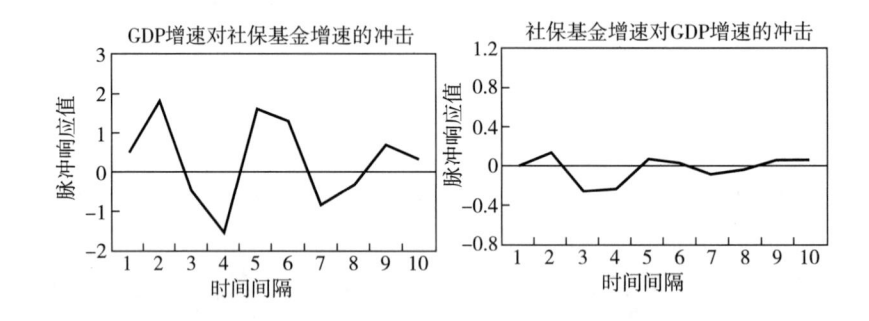

图8-4是95%置信区间下GDP增速与社保基金总收入增速之间的脉冲响应，从图8-4中可以看出，在GDP增速受到一个正向标准差的冲击后，社保基金总收入增速的反应非常剧烈，在短期内社保基金总收入增速会快速拉升至2个标准差位置，之后又快速下跌至-1.5个标准差位置，随后才会逐步趋于稳定。同样，在GDP增速受到一个正向标准差的冲击后，社保基金总收入增速在短期内会上升至0.18个标准差位置，在经历了波动较大的震荡之后才趋于平稳。总体来看，GDP增速与社保基金总收入增速在短期内都呈现了较为显著的正向促进关系。

图8-4 95%置信区间下GDP增速与社保基金总收入增速之间的脉冲响应

3. 中国妇女儿童人口占比与社保基金总收入增速之间的脉冲响应结果

其一，中国妇女儿童人口占比对社保基金总收入增速的冲击。

图8-5（a）显示的是在95%的置信区间下中国妇女儿童人口占比对社保基金总收入增速的冲击结果。从图8-5（a）中可看出，当儿童占人口比重经受了1个正向标准差冲击后，社保基金总收入增速在第2期之后呈现较为显著的正相关关系；当妇女占人口比重经受了1个正向标准差冲击后，社保基金总收入增速在短期内会下降至-1个标准差位置，之后会逐步趋于稳定。

第八章 中国妇女儿童保险保障的实证研究与启示　155

(a) 中国妇女儿童人口占比对社保基金总收入增速的冲击

(b) 社保基金总收入增速对中国妇女儿童人口占比的冲击

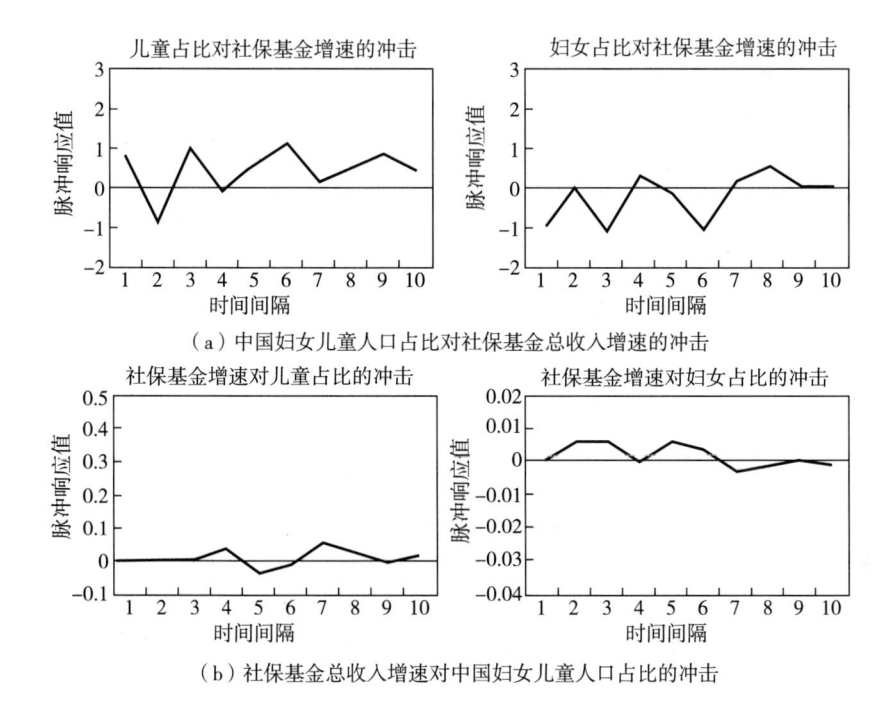

**图 8-5　95%置信区间下中国妇女儿童人口占比与
社保基金总收入增速的脉冲响应**

其二，社保基金总收入增速对中国妇女儿童人口占比的冲击。

图 8-5（b）显示的是在 95%的置信区间下社保基金总收入增速对中国妇女儿童人口占比的冲击结果。从图 8-5（b）中可看出，当社保基金总收入增速发生了 1 个正向标准差冲击后，儿童占人口比重受到的影响较小，在第 3 期上升到 0.4 个标准差位置，然后在经历了震荡后趋于稳定；当社保基金总收入增速发生了 1 个正向标准差冲击后，妇女占人口比重在短期内快速上升至 0.005 个标准差位置，之后逐渐趋于稳定。

第四节　实证结果及启示

本章通过向量自回归模型考察了结构向量自回归（SVAR）模型来研究我国妇女儿童人口、GDP 增速与社保基金总收入增速之间的动态关系，实证分析之后得到了以下的主要结论：

一 模型的主要结论

从图 8-3（a）和图 8-3（b）的脉冲响应结果看，儿童占人口比重与 GDP 增速之间呈现较为显著的正相关关系，而妇女占人口的比重与 GDP 增速之间呈现较为显著的负相关关系。从图 8-4 的脉冲响应结果看，GDP 增速与社保基金总收入增速在短期内也呈现了较为显著的正向促进关系。从图 8-5（a）的脉冲响应结果看，儿童占人口比重与社保基金总收入增速在短期内呈现较为显著的正相关关系。

二 启示及政策建议

（1）实证结果显示，儿童占人口比重与 GDP 增速之间呈现较为显著的正相关关系，同时儿童占人口比重与社保基金总收入增速在短期内也呈现较为显著的正相关关系。当前，伴随着我国经济步入新常态，支撑高速经济增长的传统源泉呈现枯竭的迹象，而且"人口红利"也逐步消失，因此实行"全面二孩"政策、推行延迟退休，并且通过深化改革继续挖掘传统"人口红利"，是目前我国亟须关注和实行的措施。

（2）一些学者（如杨菊华等，2008）认为，2005 年以来我国已经掉入意愿性和政策性叠加的双重超低生育率陷阱。在此背景下，通过调整和完善生育政策，提高我国人口生育率，不仅可以在若干年之后适度增加劳动力供给和降低人口抚养比，还可以推迟人口老龄化高峰的到来。因此，鼓励生育、提高生育率，对促进经济长期稳定发展将会起到重要作用。

（3）实证结果显示，儿童占人口比重与社保基金总收入增速在短期内呈现较为显著的正向促进关系。完善儿童社会保障法律法规，提高儿童占人口比重，完善生育保险制度，这些举措都会对提高社保基金总收入增速具有一定的积极意义。

（4）实证结果显示，提高 GDP 增速可以有效促进儿童占人口比重的增加，同时 GDP 增速与社保基金总收入增速在短期内也呈现了较为显著的正向促进关系。因此，维持我国经济中高速增长，既可以实现改善民生、提升社保基金总收入增速的目的，又可以为完善生育政策、提高生育率提供良好的环境和氛围。

第九章 妇女儿童社会保障和商业保险的国际经验及启示

本章在梳理妇女儿童社会保障的国外发展现状、商业保险的国外发展现状和妇女儿童商业保险市场与经营模式的基础上，梳理总结发达国家通过社会保障体系和商业保险机制加强对妇女和儿童群体权益保护与风险管理的先进经验，比较中国与发达国家之间在风险管理方面的差距，并结合中国目前的现实状况与未来人口经济社会形势，提出针对性的风险管理解决方案。

总体来看，西方发达国家通过商业保险和社会保障，建立了基本上可以覆盖个人人身风险的社会保障制度。社会保障制度可以为全国民众提供最低风险的管理方案，可以解决工伤、残疾、老年、妊娠、重大疾病和丧偶等风险，从以上视角看，我国的社会保障制度基本上与西方发达国家相同。然而，西方发达国家的社会保障制度进一步考察了更加重要并且详细的风险事件，例如，可以向更广泛的居民群体提供更为全面的保障措施、向全体民众提供税收减免或家庭津贴、以遗属津贴的形式向居民家庭提供风险保障等。通过以上几种途径，西方发达国家能够提供的社会保障水平比中国高很多。与此同时，西方发达国家的商业保险也根据消费者的自身风险情况，来考察更高的保障水平和更详细、更全面的风险状况。

目前，西方发达国家的大部分社会保障都已经非常成熟，妇女儿童商业保险的产品形式主要包含养老保险、健康保险、教育保险和生育保险等几个类别。通过分析中国妇女和儿童群体的风险状况和权益保护现状，梳理总结发达国家通过社会保障体系和商业保险机制加强对妇女和儿童群体权益保护与风险管理的先进经验，比较中国与发达国家之间在风险管理方面的差距，可以结合中国目前的现实状况与未来人口经济社会形势，提出针对性的风险管理解决方案。

第一节　妇女儿童社会保障的国外发展现状

根据前面几章的论述和分析，妇女和儿童的保险保障由市场提供的商业保险、民间的社会慈善机构和政府提供的社会保障制度共同组成，它的目的是管理妇女和儿童在不同生命周期内的个人风险。从国际上看，西方发达国家经历了数百年的社会保障体系建设，也积累了非常丰富的经验。因此，在这一部分，我们主要关注西方发达国家为妇女和儿童提供的保险保障体系和商业保险。

一　西方发达国家妇女儿童社会保障制度概述

由于西方发达国家具有较高的财政收入和国民收入，它们可以支持较高的社会保障水平，并且国民收入越高，保险密度和保险深度的水平越高，商业保险发展水平也就越高，商业保险在为妇女和儿童提供保险保障方面能够发挥更重要的作用。目前我国经济将从高速增长期逐步转向中高速增长期，可以预期未来我国经济有可能会跨越中等收入陷阱，并且非常有希望实现从中等收入国家向发达国家的跨越。与此同时，国民收入和人民生活水平的提升，有望给居民带来商业保险水平和社会保障水平的提高。因此，对国外社会保障制度进行深入的研究，可以了解未来我国商业保险和社会保障的发展方向，并且对现在我国商业保险和社会保障体系的完善具有很重要的启示。

然而，发达国家的经济和金融环境存在差异，发展观念也不同，各发达国家之间的商业保险水平和社会保障水平也存在着较大的差异。举例来说，由于各国养老保险制度存在功能和结构上的差异，全球各国的养老保险制度可以分为以德国和日本为代表的法团主义福利制度、以美国和英国为代表的自由主义福利制度和以北欧国家为代表的社会民主福利制度。

需要说明的是，我们的研究目的并非是研究西方发达国家的商业保险水平和社会保障水平的差异之处，而是梳理和分析西方发达国家社会保障体系中的各种做法，力图为我国的社会保障制度提供参考和借鉴，因此我们将对西方发达国家社会保障体系中有价值的经验进行参考和分析，并非对所有西方发达国家社会保障体系中的做法进行整理和探讨。根据以上原则，我们在OECD、国际劳工组织和国际社会保障协会的数据库的基础上，整理出了西方发达国家商业保险和社会保障对不同生命周期人身风险管理的经验。

表 9-1 是发达国家社会保障和商业保险对不同生命周期人身风险管理的经验，从表 9-1 中可以看到，本章主要从死亡、健康护理、人身伤害、经济和家庭等方面对发达国家的社会保障和商业保险进行分析。人们的不同生命周期主要包括婴幼儿时期、儿童时期、青少年时期、青中年时期和老年时期。

表 9-1　发达国家社会保障和商业保险对不同生命周期人身风险管理的经验

	社保/商保	婴幼儿时期	儿童时期	青少年时期	青中年时期	老年时期
死亡	社会保障	—	—	—	—	—
	商业保险	寿险	寿险/教育险/意外险	寿险/教育险/意外险	寿险/教育险/意外险	寿险/教育险/意外险
健康护理	社会保障	医疗救助/生育保险/家庭医保	医疗救助/家庭医保	医疗救助/家庭医保	医疗救助/家庭医保/生育保险	医疗救助/家庭医保/老年护理
	商业保险	生育保险/家庭健康保险/护理保险	家庭健康保险/护理保险	家庭健康保险/护理保险	个人健康保险/家庭健康保险/生育保险/护理保险	个人健康保险/家庭健康保险/生育保险/护理保险
人身伤害	社会保障	寿险	寿险/教育险	寿险/教育险	寿险/教育险	寿险/教育险
	商业保险	意外险	意外险	意外险	意外险	意外险
经济	社会保障	贫困救济家庭津贴	贫困救济家庭津贴	贫困救济家庭津贴	家庭津贴失业救济	贫困救济家庭津贴
	商业保险	—	教育保险	教育保险	教育保险	养老保险
家庭	社会保障	遗属津贴	遗属津贴	遗属津贴	遗属津贴离婚养老金分割	遗属津贴
	商业保险	遗属津贴	遗属津贴	遗属津贴	遗属津贴配偶IRA	遗属津贴配偶IRA

资料来源：OECD、国际劳工组织和国际社会保障协会数据库，笔者整理。

总体来看，西方发达国家通过商业保险和社会保障，建立了基本上可以覆盖个人人身风险的社会保障制度。社会保障制度可以为全体民众提供最低风险的管理方案，可以覆盖工伤、残疾、老年、妊娠、重大疾病和丧偶等风险，从以上视角看，我国的社会保障制度基本上与西方发达国家相同。然而，西方发达国家的社会保障制度进一步考察了更加重要并且详细的风险事件，例如，可以向更广泛的居民群体提供更为全面的保障措施、向全体民众提供税收减免或家庭津贴、以遗属津贴的形式向居民家庭提供风险保障等。通过以上几种途径，西方发达国家能够提供的社会保障水平比中国高很多。与此同时，西方发达国家的商业保险也根据消费者的自身风险情况，来考察更高的保障水平和更详细、更全面的风险状况。后面我们将重点分析西方发达国家在商业保险和社会保障这两个领域的典型的做法，试图获得对我国社会保障制度改革有益的方法和思路。

二 西方发达国家妇女儿童社会保障制度的发展现状

在多数的西方发达国家中，妇女儿童群体均享受社会援助、社会保险和社会福利等社会保障制度。本章我们将重点研究西方发达国家妇女儿童的社会保障制度，以及该制度对于保障他们的权益将产生什么样的影响。

一般来说，西方发达国家中的妇女和儿童的社会保障制度在很多方面是具有很高的关联度的，在有些方面几乎保持一致。所以我们将妇女和儿童的社会保障制度结合起来分析，例如从健康保险、家庭津贴、遗属津贴和社会救助等方面进行分析。下面我们首先对西方发达国家中的妇女和儿童的社会保障制度的发展现状进行较为详细的论述，然后再分不同国家对它们展开分析。

（一）西方发达国家妇女儿童社会保障制度的发展现状

从某种意义上看，社会保障制度的存在是为了应对生命周期的风险，但这些风险的性质和严重程度会随着时间而改变，并将取决于经济、社会、人口和环境等趋势的演化。根据国际社会保障协会的调查和分析，未来劳动力市场的转型、气候变化和自然资源匮乏、人口挑战与家庭、性别和社会变革等因素将会对全球社会保障制度的演变起到深远的影响。举例来说，目前全世界有超过10亿的国内和国际移民。形成移民的一个重要驱动因素往往是人们寻求更好的工作和就业条件，对许多人来说，是否能够获得社会保障的覆盖面是至关重要的。在经济发展的过程中，很多弱势群体如妇女和儿童对一个国家未来经济发展起到的作用可能是关键性的，这是很多国家社会保障体系覆盖这类群体的诸多原因之一。

以养老金制度为例，众所周知，养老金制度主要有两个发展目标，即平滑老年人的消费水平和扶贫。在大多数国家的养老金制度中，历史上的个人就业和收入情况是计算养老金收益的基础,从而为平滑老年人的消费水平目标服务。对于第二个目标来说,各国政府可以通过使用各种手段来实现扶贫的目的,包括最低保障福利、福利制度中的再分配以及社会养老金形式的全民福利。目前,各国的养老金制度除了退休年龄、产假和养老金福利之外,在设计中还应当具有性别差异方面的效应。性别差异养老金是性别薪酬差距的结果或体现,它反映了养老金制度设计、劳动力市场的现实情况以及人口统计学三个方面的性别差异。在实际生活中,妇女往往比男性活得更久,这就导致老年妇女在老年人中的比例往往会很高,并将其养老金待遇延长了多年。在工作中,妇女的工资或报酬往往低于男性,所以她们的养老金薪酬也比较低。那些从事正规工作的妇女往往比男子的职业生涯短,要么是因为她们为了孩子的教育中断了自己的职业生涯,要么是因为她们为了照顾老年亲属而提前退休。

图 9-1 是 2016 年东亚各国不同性别出生时的预期寿命情况,从图 9-1 中可以看到,韩国的妇女的预期寿命最长,大约维持在 75 岁左右,其次是中国、泰国、马来西亚、越南,而印度尼西亚、菲律宾和蒙古国的妇女的预期寿命较短。在以上八个国家中,其中中国(1951)、马来西亚(1951)、蒙古国和菲律宾(1954)在 20 世纪 50 年代开始引进了养老金制度,而韩国(1988)、印度尼西亚(1992)、泰国(1991)和越南(2005)在 20 世纪 80 年代之后才开始引进养老金制度。这八个国家在养老金制度的设计上也有所不同,其中六个国家拥有强制性固定福利养老金,而三个国家有明确的缴费计划。此外,各国将公务员纳入养老金制度的程度也存在很大的差异。从各国养老金的覆盖面上看,韩国近年来的养老金制度改革使养老金在该国大幅度扩大了覆盖范围;中国和泰国遵循了将养老金覆盖范围扩大到绝大多数人的标准;与之相反的是,越南的养老金是为很少

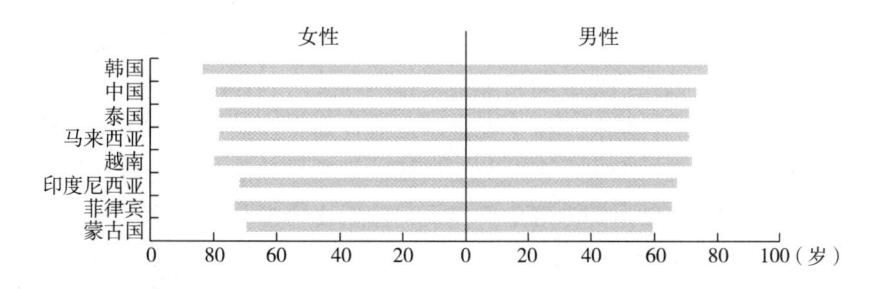

图 9-1 2016 年东亚各国不同性别出生时的预期寿命情况

资料来源:世界银行数据库。

的人口设计的,而且只覆盖了很小一部分老人;蒙古国的老年人覆盖率很高,但工作年龄正在缩小;在印度尼西亚,养老金固定缴费制度的覆盖面非常低,而且没有其他的社会保障制度或者社会援助来应对这一挑战。

以欧盟为例,当前欧盟各国的养老金改革还在进行中,而且需要三个因素:首先,由于预计人口进一步老龄化,目前的高支出水平和相关的预算压力只会恶化。其次,正在进行的社会经济变化使得现行的养老金的规模不够充分。最后,欧洲经济一体化和人民币汇率会促进各国内外移民的增加,但目前的退休规定并不支持这种需要的劳动力流动。事实上,大多数西欧国家的公共养老金支出水平远高于其他工业化国家的收入水平。世界银行统计发现,2015年大约15个欧盟国家的平均养老金支出占国内生产总值(GDP)的百分比为13.4%。这个估计数字很低,因为它只包括经济政策委员会(EPC)预测的开支,比经济合作与发展组织(OECD)中欧洲的富裕国家,如澳大利亚、加拿大、韩国、日本和新西兰的平均值大约高出1.3个百分点。而美国养老金支出占国内生产总值(GDP)的百分比大约是8.3%,比15个欧盟国家的平均值要低很多。在欧盟国家中,只有爱尔兰养老金支出占国内生产总值(GDP)的比例相对比较低。此外,中欧和东欧的一些国家也存在着这种差别,除了罗马尼亚以外,所有其他国家的支出份额都接近欧盟的平均水平,因此远高于非欧洲经合组织国家,尽管这些国家的收入水平可能更低。例如,波兰的养老金支出占国内生产总值的将近15%左右,该数值与奥地利、意大利等国家比较接近。从以上数据看,各国的人口年龄结构并不能解释这些国家养老金支出水平与非OECD国家之间的差距。

相反地,OECD国家和非OECD国家之间福利水平之间的差距反映了这些国家之间的经济发展水平和居民退休年龄之间的差异。一般来说,养老金支出较高的国家的福利水平的替代率通常要比养老金支出较低的国家高出很多,因为除了丹麦、爱尔兰、荷兰和英国之外,大部分国家的公共养老金几乎都难以得到私人消费和财政经费安排的补充。与此同时,很多国家的有效退休年龄通常较低,原因主要是由现行计划下提前退休的激励措施以及过去有意试图维持低失业率的劳工市场政策所导致的。伴随着欧洲老龄化加速,退休金制度下的养老金支出人口构成比例将会发生较大的变化。

当然,由于欧洲一些国家近年来已经实行了一些改革措施,制度依赖率(受益者对贡献者)不会像老年抚养比一样恶化,因此未来几年养老金支出不一定会出现大幅度的增长。相反地,欧盟经济政策委员会认为,2018—2050年欧洲国家可能会有更多的妇女和老年人参与劳动。因此,欧盟的平均养老金支出占国内生产总值的比重预计将从2015年的13.4%上升到2040年前的15.6%的高峰,其中西班牙的养老金支出占国内生产总值的比重预计将从2015年的14.6%上升到2040年前的24.8%。与此同时,欧盟经济政策委员会指出,欧盟养老金平均支出水平的小幅上升将需要对养老金计划进行重大调整,以及对提高劳动力市场参与度和延迟退休决定的激励措施。换句话说,只有进行重大改革,才能防止这些欧洲国家进一步大幅增加养老金支出。

当然,就算没有改革的预算和人口压力,大多数欧洲国家仍然需要重新调整养老金制度,这样才能够使其社会经济发生变化。因为当前这些国家出现了三个显而易见的变化,即妇女参与劳动的增加、人们非典型就业的增加以及终身学习的需要。

在这些欧盟国家中,近十年来,妇女在劳动中的参与率得到了大幅度的提高。在几十年前的计划经济时代,这些国家的妇女在劳动中的参与率非常高,但是在国家向市场经济转型的过程中,妇女在劳动中的参与率却有所下降。例如,2015年意大利妇女在劳动中的参与率大约为53%,而丹麦妇女在劳动中的参与率大约为50%左右,预计这些国家的数据在未来仍会有进一步的上升空间。但是,截至目前,妇女在劳动中的参与率的这种变化在养老金收益结构中很少体现出来。一般来说,妇女的福利水平在一定程度上反映了老年妇女需要养老金来维持生活水平的形象和定位。但是,各国目前的离婚率上升使得获取这种养老金的资格变得更加复杂,估计有50%的婚姻在欧盟和其他国家都难以长时间持续。在实践中,只有少数几个国家妇女的养老金权利能够得到充分的保障,妇女养老金受益陷阱在许多国家仍然存在,如果想让妇女有资格获得遗属养老金,就应该有反对重新参加劳动力市场或再婚的激励措施出台。

最近几年来,伴随着全职工作岗位的减少和兼职就业、临时就业的增加,世界各国的非典型就业率出现了快速上升。这种趋势可能是由于全球化和职场中的竞争使全职工作表现的压力更大,或者可能与劳动力市场上更多自主选择的灵活性(包括退休规定的选择)有关。不管是什么原因,这些非正规就业人员的生活在许多现行的基于全职的养老金计划下都可能面临着一定的困难,因此,对养老金计划进行改革是非常必要的。与此同时,很多国家的养老金计划仍然采取将教育、工作和退休休闲进行严格的终身分离制度,但是根据现代经济和终身学习的需要,各国目前需要更加完善和合理的养老金计划,使得鼓励而不是阻碍教育、工作和退休休闲的混合。举例来说,妇女经过多年的工作回到学校再次接受教育,或者退休之后再次上班（比如从 70—72 岁）。而目前大多数国家的养老金计划都不鼓励这种灵活性。

此外，欧洲养老金改革方案的主要推动力为欧洲经济一体化和各国统一使用欧元后服务和生产要素服从于共同的目标。这个目标对妇女退休后的收入将会产生较大的影响，并且将加大劳动力市场的灵活性，并且为劳动力市场增加人员的供应。

从西方发达国家妇女儿童社会保障制度的具体内容看，这些国家社会保障体系的主要内容主要包括生育保险、遗属津贴和家庭津贴等方面。

第一，生育保险。从历史上看，许多国家早已将生育保险作为社会保障制度的一部分，如医疗保险或健康保险，用以帮助妇女在生育期间甚至哺乳期获得必要的收入来赡养她们的家庭。迄今为止，全球已经有 150 多个国家和地区建立了社会保障体系，这些体系绝大多数都包含生育保险。具体来看，不同国家的生育保险制度在实际操作和制度规范上各不相同，这反映了这些国家不同的经济水平和社会文明程度。

从西方发达国家生育保险的具体内容看，这些国家的生育保险主要包括生育补助金、生育津贴、产假、儿童津贴和医疗保健五项，其中很多国家生育保险的覆盖面已扩大到包括所有不参加劳动的妇女。一些国家或地区对生育保险的享受资格不加以限制，只要是本国的女性公民就有资格享受。为了平衡劳资双方的利益，降低小微企业在妇女生育方面的成本，多数国家或地区的生育保险费用主要由政府承担。举例来说，《美国家庭和医疗休假法》规定，企业劳动人数超过 50 人时，雇主才应该必须承担企业内一定的妇女的生育义务。而英国、法国、瑞典和澳大利亚等国家规定，妇女的生育和分娩的费用主要由政府来承担。

在有些国家中，除了使女职工能够享受收入补偿之外，生育社会保障还提供了一定数量的实物补贴，这有助于提高整个社会的福利水平。举例来说，玻利维亚、葡萄牙和法国等国家已经明确规定了生育收入补偿以外的"育婴津贴"或者"护理津贴"，在这些规定下，不但有保障的妇女，而且一些有保障的男子的妻子也能够领取一次性的补助金。除了基本的现金生育津贴之外，一些国家还向家庭发放护理津贴，通常支付期约 6 个月，比例大约为生育津贴的 20% 或 25%。有些国家直接给新生婴儿提供全套衣服和其他必需品，另一些国家则提供全套服装的补贴。在妇女的生育社会保障方面，为了减少雇主的机会主义行为、淡化雇主的刻板印象，一些国家已经建立了可供选择的替代制度。

在带薪产假方面，西方发达国家妇女的产假时间一般较长。在某些国

第九章　妇女儿童社会保障和商业保险的国际经验及启示　165

家中，从培养未来劳动力的视角来看，仅仅为妇女提供产假是不够的，还需要增加培养孩子的假期，从而要使产假时间进一步延长。与此同时，在产假期间，相对于其他国家来说，西方发达国家妇女的福利水平相对较高，而且生育社会保障的收入补偿是所有社会保险的险种中最高的，绝大多数国家的妇女在产假期间的薪水为生育前原薪的100%。从经济意义上看，这种情况主要取决于妇女生育所具有的社会价值。为了平衡妇女的待遇，在一些国家中，如果产假较长，那么她们的收入补偿也会相应减少。例如在芬兰，尽管妇女产假的时间为33周，比很多国家的产假时间都要长，但是她们的收入报酬只占原来工资的55%。此外，在有些国家中，妇女生育的收入补偿是按照疾病保险的待遇发放的，这其实在很大程度上降低了妇女的工资待遇。

此外，世界上许多国家都规定了父亲有一定时期的育儿假。举例来说，卢森堡规定了父亲有八个星期的育儿假，丹麦规定了父亲有两个星期的育儿假。瑞典、法国、英国和葡萄牙等国家也相继出台了父亲的育儿假，也就是说，父母中的任何一人可以选择休假来照顾孩子。例如，澳大利亚在2011年就为父亲提供了带薪育儿假，具有以上资格的父母可以享有18周的带薪育儿假。

通过检索OECD数据库，我们获取了每个OECD国家中妇女带薪休假和产假的时间和待遇情况。从OECD数据库可以看出，各国带薪休假和产假的时间长短、待遇情况等大致与这些国家其他社会保障的慷慨程度大体相当。具体来说，东欧和北欧国家的待遇水平普遍较高，其他国家的待遇水平略低，而新西兰、爱尔兰和澳大利亚等国家的待遇水平则较低。表9-2整理出了一些OECD国家妇女带薪休假和产假的时间和待遇情况，其中包括带薪产假、母亲带薪及家庭照料休假和母亲带薪休假总计三部分内容。

表9-2　一些OECD国家妇女带薪休假和产假的时间和待遇情况　单位：周

国家	带薪产假			母亲带薪及家庭照料休假			母亲带薪休假总计		
	产假长度 (1)	平均待遇比例 (%) (2)	待遇相当于全职工作周数 (3)	休假周数 (4)	平均待遇比例 (%) (5)	待遇相当于全职工作周数 (6)	休假周数 (7)=(1)+(4)	平均待遇比例 (%) (8)	待遇相当于全职工作周数 (9)
澳大利亚	6.0	42.0	2.5	12.0	42.0	5.0	18.0	42.0	7.6
奥地利	16.0	100.0	16.0	44.0	80.0	35.2	60.0	85.3	51.2
比利时	15.0	76.6	11.5	17.3	20.3	3.5	32.3	46.4	15.0

续表

国家	带薪产假 产假长度（1）	带薪产假 平均待遇比例（%）（2）	带薪产假 待遇相当于全职工作周数（3）	母亲带薪及家庭照料休假 休假周数（4）	母亲带薪及家庭照料休假 平均待遇比例（%）（5）	母亲带薪及家庭照料休假 待遇相当于全职工作周数（6）	母亲带薪休假总计 休假周数（7）=（1）+（4）	母亲带薪休假总计 平均待遇比例（%）（8）	母亲带薪休假总计 待遇相当于全职工作周数（9）
加拿大	17.0	48.3	8.2	35.0	54.7	19.1	52.0	52.6	27.3
智利	18.0	100.0	18.0	12.0	100.0	12.0	30.0	100.0	30.0
捷克	28.0	70.0	19.6	82.0	44.7	36.7	110.0	51.1	56.3
丹麦	18.0	54.1	9.7	32.0	54.1	17.3	50.0	54.1	27.0
爱沙尼亚	20.0	100.0	20.0	146.0	44.6	65.1	166.0	51.3	85.1
芬兰	17.5	78.5	13.7	143.5	20.1	28.9	161.0	26.5	42.6
法国	16.0	93.5	15.0	26.0	14.6	3.8	42.0	44.7	18.8
德国	14.0	100.0	14.0	44.0	65.0	28.6	58.0	73.4	42.6
希腊	43.0	53.9	23.2	0.0	0.0	0.0	43.0	53.9	23.2
匈牙利	24.0	70.0	16.8	136.0	40.0	54.3	160.0	44.5	71.1
冰岛	13.0	63.8	8.3	13.0	63.8	8.3	26.0	63.8	16.6
爱尔兰	26.0	35.0	9.1	0.0	0.0	0.0	26.0	35.0	9.1
以色列	14.0	100.0	14.0	0.0	0.0	0.0	14.0	100.0	14.0
意大利	21.7	80.0	17.4	26.0	30.0	7.8	47.7	52.7	25.2
日本	14.0	67.0	9.4	44.0	59.9	26.4	58.0	61.6	35.8
韩国	12.9	79.7	10.2	52.0	29.0	15.1	64.9	39.0	25.3
卢森堡	16.0	100.0	16.0	26.0	38.8	10.1	42.0	62.1	26.1
墨西哥	12.0	100.0	12.0	0.0	0.0	0.0	12.0	100.0	12.0
荷兰	16.0	100.0	16.0	0.0	0.0	0.0	16.0	100.0	16.0
新西兰	16.0	47.9	7.7	0.0	0.0	0.0	16.0	47.9	7.7
挪威	13.0	98.7	12.8	78.0	41.8	32.6	91.0	50.0	45.5
波兰	26.0	100.0	26.0	26.0	60.0	15.6	52.0	80.0	41.6
葡萄牙	6.0	100.0	6.0	24.2	57.6	14.0	30.2	66.1	20.0
斯洛伐克	34.0	65.0	22.1	130.0	23.4	30.4	164.0	32.0	52.5
斯洛文尼亚	15.0	100.0	15.0	37.1	90.0	33.4	52.1	92.9	48.4
西班牙	16.0	100.0	16.0	0.0	0.0	0.0	16.0	100.0	16.0
瑞典	8.6	77.6	6.7	51.4	61.1	31.4	60.0	63.4	38.1

续表

国家	带薪产假 产假长度(1)	带薪产假 平均待遇比例(%)(2)	带薪产假 待遇相当于全职工作周数(3)	母亲带薪及家庭照料休假 休假周数(4)	母亲带薪及家庭照料休假 平均待遇比例(%)(5)	母亲带薪及家庭照料休假 待遇相当于全职工作周数(6)	母亲带薪休假总计 休假周数(7)=(1)+(4)	母亲带薪休假总计 平均待遇比例(%)(8)	母亲带薪休假总计 待遇相当于全职工作周数(9)
瑞士	14.0	56.8	7.9	0.0	0.0	0.0	14.0	56.8	7.9
土耳其	16.0	66.0	10.6	0.0	0.0	0.0	16.0	66.0	10.6
英国	39.0	31.3	12.2	0.0	0.0	0.0	39.0	31.3	12.2
美国	0.0	0.0	0.0	0.0	0.0	0.0	0.0	0.0	0.0
OECD平均	17.7	—	—	36.4	—	—	54.1	—	—
保加利亚	58.6	90.0	52.7	51.9	41.1	21.3	110.4	67.0	74.0
克罗地亚	30.0	100.0	30.0	26.0	34.2	8.9	56.0	69.4	38.9
塞浦路斯	18.0	72.0	13.0	0.0	0.0	0.0	18.0	72.0	13.0
拉脱维亚	16.0	80.0	12.8	78.0	53.1	41.4	94.0	57.7	54.2
立陶宛	18.0	100.0	18.0	44.0	100.0	44.0	62.0	100.0	62.0
马耳他	18.0	87.1	15.7	0.0	0.0	0.0	18.0	87.1	15.7
罗马尼亚	18.0	85.0	15.3	43.0	85.0	36.6	61.0	—	—

资料来源：OECD 数据库，笔者整理。

第二，遗属津贴。许多国家早已建立了配偶死亡的抚恤金和未成年子女家庭生活保险，以此作为养老金的辅助保险，用以帮助家庭主要的劳动者死亡后，他的配偶和未成年子女能够有能力来继续保持其基本生活水平。由于妇女在劳动中的收入水平和参与率较低，预期寿命较长，遗属津贴就成了一些国家妇女在社会保障方面的重要制度安排。一般来说，多数国家的遗属津贴也经常为未成年子女提供津贴，这也是儿童保护的重要组成部分。

在这些国家中，社会保障体系往往通过遗属津贴来向退休人员或参保人员的家属提供定期收益，但有的国家则只支付一次性收益。一般情况下，遗属津贴是按照死者死亡之前养老金的一定比例来支付给他们的家属，通常比例范围从 50%—75%，在某些情况下高达 100%。当然，家属领取遗属津贴时需要具备一定的条件，例如因残疾等因素丧失劳动能力，或者已经达到了退休年龄。这种遗属津贴通常以终身年金的形式授予符合条件的老年人和残疾配偶。当遗属津贴支付给年轻的配偶母亲时，除非配偶达到规定的年龄或残疾，否则通常在所有的孩子达到一定的年龄时终止发放待遇。在许多国家中，未成年子女生活津贴的年龄限制与孤儿津贴的年龄限制相同，通常略高于义务教育或学徒制度，但也适用于无行为能力或残疾高龄者。大多数遗属津贴还区分单身孤儿（失去一个父母）和所有孤儿（失去父母），一般来说后者的福利要高于前者。

在没有更多符合条件的人员（配偶或子女）的情况下，很多国家的社会保障制度也可以向其他尚存的亲属，如父母、祖父母和外祖父母支付遗属津贴。一般国家设定的总待遇水平不应超过原来待遇领取者的支付水平。

表 9-3　　　　一些国家遗属津贴覆盖对象和待遇水平　　　　单位:%

国家或地区	已婚遗属	离婚配偶	未婚配偶	子女	赡养的父母	总上限
中东与北非国家（第一支柱）						
巴林	37.5	0	0	50	12.5	100
约旦	50	0	0	33	17	100
摩洛哥	50	0	0	25—50	0	75—100
突尼斯	75	离婚赡养费	0	10—30	0	100
拉丁美洲（第一和第二支柱）						
阿根廷（P1，P2）	70	0	5年或有子女且2年	20	0	100
智利（P2）	60	离婚赡养费，子女	子女	15	50	100
哥伦比亚（P1，P2）	50	0	代替妻子	50	如无其他领款人	100
哥斯达黎加（P1）	50—70	0	Yes	30	20	100
墨西哥（P1，P2）	90	0	5年或已有子女	20	20	100
秘鲁（P1，P2）	50	0	0	50	如无其他领款人	100
乌拉圭（P1，P2）	66	离婚赡养费	5年共同生活或民事结合	0—66	如无其他领款人	75
东欧与中欧（第一支柱的遗属津贴）						
捷克	相同水平津贴+50	0	0	相同水平津贴+40	0	无限制
爱沙尼亚	33—50	60岁以上	0	33—50	若无法工作	100

续表

国家或地区	已婚遗属	离婚配偶	未婚配偶	子女	赡养的父母	总上限
匈牙利	60	离婚赡养费	10年以上或已有子女	30	如无其他领款人	无限制
拉脱维亚	收入关联	0	0	50	0	90
立陶宛	相同水平津贴（20）	0	0	50	0	100
波兰	32—85	离婚赡养费，离婚时分割P2缴纳金	0	32—85	85	95
高收入OECD国家（第0支柱的统一水平津贴）							
澳大利亚（P0）	没有规定的遗属津贴，但所有居民都能获得相同水平的第0支柱的老年津贴						
加拿大（P0, P1）	相同水平津贴+60	离婚时分割	符合普通法即可	相同水平津贴	0	无限制
丹麦（P0, P1）	相同水平津贴+LS	离婚赡养费	共同生活2年	收入关联	0	无限制
芬兰（P0, P1）	相同水平津贴+17—50	离婚赡养费	必须有民事结合	33	0	100
冰岛（P0, P2）	相同水平津贴+50	0	必须登记	相同水平津贴	0	无限制
荷兰（P0, P2）	相同水平津贴	离婚赡养费	共同生活，子女，或残疾	相同水平津贴	0	无限制
新西兰（P0）	相同水平津贴	子女	民事结合	0	0	无限制
挪威（P0, P1）	相同水平津贴+55	离婚赡养费，子女	5年，有子女或民事结合	0	0	无限制
高收入OECD国家（第一支柱的大多数遗属津贴）							
奥地利	40—60	Alim.，离婚时分割	0	40	0	无限制
比利时	80	部分	0	0	0	无限制
法国	54	共同拥有	0	0	0	54
德国	55	分割或共同拥有	民事结合	10	0	100

续表

国家或地区	已婚遗属	离婚配偶	未婚配偶	子女	赡养的父母	总上限
爱尔兰	相同水平津贴	离婚时分割	0	22	0	无限制
意大利	60	离婚赡养费	0	20	如无其他领款人	100
日本	相同水平津贴+752	离婚时分割	0	75	若无其他领款人	10
卢森堡	相同水平津贴+75	共同拥有	注册	25	—	100
葡萄牙	60	离婚赡养费	2年共同居住	20	如无其他领款人	110
西班牙	52	离婚赡养费	5年共同居住	20	20	100
瑞典	55	离婚时分割 P2	共同居住+子女或民事结合	30	0	100
瑞士（P1）	80	离婚时分割	注册	40	0	第1支柱已婚配偶+子女津贴不得超过平均工资水平
瑞士（P2）	602	离婚赡养费	注册	20	0	收入水平
英国	相同水平津贴+50	离婚时分割	注册	0	0	无限制
美国	100	100	0	75	82.5	180

资料来源：OECD 数据库，笔者整理。

第三，家庭津贴。当前，许多国家都实行了家庭津贴制度，慷慨补助妇女单亲等特殊家庭，并从个人所得税减免，社会保险替代率提高，财政转移支付等方面获得更多的政府援助和社会保障支持。一般来说，家庭津贴制度包括生育津贴、儿童津贴、产妇津贴、儿童特别津贴、单亲津贴等。实行家庭津贴的目的通常是为有子女的家庭提供额外收入，用以补贴这些家庭抚养孩子的成本。在有些国家，家庭津贴制度还包括产妇津贴、妇幼保健服务和成人家庭津贴等内容。

通常来说，家庭津贴计划包含与就业有关的和通用的两种类型。与就业有关的家庭津贴计划适用于所有有工资的工作家庭，在某些情况下也可覆盖自我雇用人群；家庭津贴计划不论家庭收入水平多少，为所有常住家庭子女提供了特定的津贴。大多数与就业有关的方案都是支付家庭津贴，用来支持被保险人养育和照顾子女，或者在退休或暂停工作时接受失业、工伤、残疾或其他社会福利。一般来讲，家庭津贴计划的差异往往反映在融资方式的差异上。在通用的类型中，付款往往由政府的一般收入来提供。与此相反，与就业资格相关的家庭津贴成本全部或部分来自雇主缴款，通常是统一的工资百分比。如果用人单位的缴费不能承担全部费用，其余部分通常由政府补贴来解决。很少有国家需要家庭支付家庭补助，但也有一些国家需要自谋职业者支付费用。

家庭津贴的领取资格通常与家庭规模有关，在某些情况下则与家庭收入有关。许多国家从第一个孩子开始就支付家庭津贴，有些国家为失业的妻子或其他经济上无人陪伴的成年人支付津贴，不管有没有子女。而在其他的一些国家中，只有一个孩子的家庭不能领取家庭津贴。一般来说，不同的国家对儿童的最高年龄要求不同，但通常根据最后一年的中学教育或最低工作年龄来算资格。根据统计发现，大多数系统的最高年龄在14—18岁。如果儿童参加职业培训、学校教育或学徒制，那么他们领取家庭津贴的资格将相应延长。很多国家已经延长了残疾儿童的年龄限制，用以支持残疾儿童继续教育，或在某些情况下支付终身津贴。

通过改变与子女数量相关的待遇水平，政府在家庭政策方面的意图可以得到体现。举例来说，如果政府推行政策的主要目的是刺激人口增长，那么每一个儿童，特别是更多儿童较多家庭的津贴水平就可以提高。在有些国家中，无论一个家庭的子女总数是多少，每个孩子都能得到相同的福利，而其他国家的津贴却不一样。例如，第五个孩子比第一个或第二个孩子得到的津贴可能更多。一些国家对免税儿童的子女数量进行了限制，而在另外一些国家中，家庭津贴已经被信贷或其他形式的所得税减免所取代。

（1）美国特朗普的减税方案。

2017年12月22日，美国总统特朗普签署了高达1.5万亿美元的税收改革法案，这是过去30年来美国最大的减税行动，这也是特朗普上台后共和党取得的第一个立法成果。

该法案保留了七个所得税的税种，但降低了税率。在减税时，员工将会看到自己在2018年2月薪水扣减中反映的变化。一般来说，收入水平会随着通货膨胀而上升。但由于该法案使用的是链式消费价格指数，因此它们的涨幅会比过去缓慢。随着时间的推移，越来越多的人在纳税时将使用比以往更高的税率。

表9-4是特朗普减税法案的所得税率及对应的申请人的收入水平情况。从表9-4中可以看到，2018—2035年申请人收入所对应的所得税率比2017年得到了大幅度的降低。该法案取消了大部分逐项扣除，其中包括一些移动费用。有些老人的赡养费不能被扣除，而接受赡养费的人的费用可以。2018年开始，预付费用通常会扣除其中的一些项目。例如，员工的免付业务费用、房屋净值贷款利息费用等。

表9-4　特朗普减税法案的所得税率及对应的申请人的收入水平

所得税率		申请人的收入水平	
2017年	2018—2025年	单身者收入	已婚者收入
10%	10%	0—9525美元	0—19050美元
15%	12%	9526—38700美元	19051—77400美元
25%	22%	38701—82500美元	77401—165000美元
28%	24%	82501—157500美元	165001—315000美元
33%	32%	157501—200000美元	315001—400000美元
33%—35%	35%	200001—500000美元	400001—600000美元
39.6%	37%	500001美元及以上	600001美元及以上

从实施效果上看，纳税人将有可能扣除高达10000美元的州和地方税，他们必须选择财产税和收入或销售税。这将会对纽约州和加利福尼亚州等高税国家的纳税人造成伤害。如果2018年总额超过10000美元，可以提前预付这些税款。该法案也扩大了2017年和2018年医疗费用的扣除部分。它允许纳税人扣除收入的7.5%或更多的医疗费用，这将有助于老年人和慢性病患者。2015年，美国至少有880万人扣除医疗费用，而且只能扣除超过10%的医疗费用。特朗普减税法案将扣除的标准加倍，单身报税人的扣除额将从6350美元增加到12000美元，已婚申报人的扣除额从12700美元增加到24000美元。

此外，特朗普减税法案废除了奥巴马对2019年没有医疗保险的人的税收补贴。没有这个任务，国会预算办公室估计有1300万人会放弃他们的计划，政府不用支付补贴就可以节省3380亿美元。但是随着医疗保健费用上涨，较少的人会得到预防性护理。从规模上看，70亿美元的补贴补偿了美国人降低收入的成本，但是它不会抵消由废除奥巴马法案造成的更高的医疗保健价格。

特朗普减税法案还将电子税免税额提高了一倍，对单身人士来说是1120万美元，对夫妻来说则是2240万美元，这有助于增加最高收入的百分之一的人支付。该法案还将儿童税收抵免从1000美元增加到2000美元，即使是没有足够缴纳税款的家长，也可以把这笔贷款提高到1400美元。已婚税务申报人将收入水平从11万美元提高到40万美元，它允许家长使用529储蓄计划支付私立和宗教K-12学校的学费，他们也可以把这些资金用于在家接受教育的学生。它还允许每个孩子有500美元的信贷额度。

对于企业来说，该法案将最高公司税率从35%降至21%，为1939年以来最低。美国是世界上税率最高的国家之一，但是大多数公司不会付出太多的代价，平均有效税率是18%。大公司有税务律师，帮助他们避免支付更多的税收。该法案限制了企业将利息费用扣除收入的30%部分，这使金融公司借钱成本更高。上市公司将不太可能发行债券并回购股票，股价可能下跌，但是，限额产生的收入来支付其他税收减免。

根据美国国税局的要求，税收减免是根据纳税人的婚姻状况和家庭规模计算的。虽然年度税收抵免水平不同，但基本规定是一样的。由于税收可以起到调节收入结构的作用，高收入家庭将不再享有税收优惠，已婚家庭的免赔额将适用于更高的收入，从而允许已婚但未进入劳动力市场的家庭主妇和其他人可以通过减税来提高家庭福利。与此同时，家庭规模越大，税收抵免就越高，家庭在抚养孩子方面的经济支出就可以通过税收抵免得到保证。

除了美国特朗普的减税之外，最近几年来，美国国会通过了数十项减税政策，惠及中低收入家庭，特别是针对有孩子的夫妇，减税力度更大。这些税收减免法案的重点是向家庭经营的纳税人提供税收优惠，其中包括鼓励人们为退休储蓄、鼓励成年人继续接受教育，降低"婚姻惩罚"的影响，以及青年接受大学教育等。

（2）里根、小布什和奥巴马的减税方案。

在美国历史上，事实上有过多次的减税方案，其中影响最大的当属里根、小布什和奥巴马的减税方案，下面我们分别对这些减税方案进行简要的分析。

1981年里根总统执政以后，使用供给学派的主张，开始执行大幅度减税政策来刺激经济。当时里根总统的减税方案可以分为两个阶段，即1981—1986年的实质性减税和1986—1989年的中性减税这两个阶段。第一阶段开始于1981年，当年美国国会开始实行全面减税，将最高税率70%下降至50%，将个人所得税最低税率14%下降至11%，增加对已婚双职工家庭的抵扣额度，扩大员工持股计划，允许所有纳税人设立个人退休账户，并且增加资本利得税减免额度。第二阶段开始于1986年，随着《税收改革法案》的出台，里根税制改革方向转向结构改革，税制改革目标定为中性减税。政府继续简化税制和减税，将原有的最低税率的11%，最高税率的50%，改为15%、25%和28%的三档税，并且提高了起征点。公司所得税从5级累进税率转变为4级累进税率，各级税率分别是15%、18%、25%和34%，最低资本利得税税率也下降了3%。

2001年美国经济再次陷入衰退之后，小布什试图效仿里根政府，通过减税的方式来恢复经济，核心是通过削减企业负担和遗产税以及增加税收抵免来减少税收。小布什政府在2001—2003年分别颁布了《经济增长与减税协调法案》《就业与增长税收减免协调法案》和《增加就业和援助雇工法案》等减税法案，在这些减税法案公布之后，仅2003年的减税规模超过2000亿美元，相当于美国GDP的2%左右。

2009年2月，奥巴马政府通过了一项7870亿美元的经济刺激方案，实际上奥巴马减税和财政刺激政策，类似于特朗普的减税和基础设施建设的组合。从实施效果看，奥巴马减税和财政刺激政策使美国从金融危机中很快地解脱出来，但是政府的赤字率也达到了阶段性的高点。

2010—2012年，奥巴马政府又进行了两次减税，这实质上是对布什政府减税的延续。2010年年底，奥巴马签订了延期减税的法案。2012年，奥巴马又签订了《美国纳税人减税法案》，它又重新规定了个人所得税、遗产税和资本利得税以及调整后的税收抵免的最高边际税率。奥巴马的减税政策实际上是将小布什政府对富人减税政策的适度减少，并且保留了面向中产阶级的减税政策。

（3）英国的减税政策。

近年来，英国也开始实施了一系列的减税政策，这些政策也开始不断生效。减税政策的内容主要包含：2017年4月1日起，将永久性减免企业所得税；25岁以下的学徒，可以免除国民保险税；资本利得税税率从28%下调到20%；就业税费扣除标准从2000英镑增加至3000英镑。此外，至2020年，企业所得税有望降低至17%。在此之前，媒体曾经预计英国政府将把企业所得税降至15%以下，这将是世界20大经济体中最低的，而且减税的速度和力度都有望超过预期。

除了为企业减税之外，英国首相还发表声明说，在未来几年中，英国政府将每年增加20亿英镑（约合172.3亿元人民币）的研发支出，并将继续投资到2020年。这些研发经费将通过新设立的基金来筹集资金，并将率先投资于工业生物技术、医疗技术和机器人等领域。

（二）西方各国的健康保险情况

由于西方各国没有专门针对妇女群体的健康保险的社会保障制度，我们将具体分析各国现行的健康保险社会保障制度。例如，英国的国家卫生服务体系是世界上非常典型的卫生社会保障体系，对健全和改善中国的卫生社会保障具有重要的参考价值，也可为各国妇女团体健康保险的社会保障提供参考和借鉴。

根据不同国家提供医疗保险费用来源和医疗服务的方式，西方各国的医疗保险制度主要包括社会医疗保险制度和政府医疗保险制度等几个方面。下面我们分别分析这两种医疗保险制度的区别和联系。

首先，社会医疗保险又称强制医疗保险，它是政府通过立法强制执行的一种医疗保险制度。实行社会医疗保险模式的西方发达国家有德国、日本和韩国。社会医疗保险的特点主要为：大部分的医疗保险筹资方法都是通过法律法规，强制具有一定收入水平的雇主和雇员按规定的数额或比例缴纳保险费，并且政府作为国家医疗保障制度的一种形式，在该制度中起到互助共济、酌情补贴和现收现付的作用。当前，社会医疗保险已经成为现代社会的发展趋势，但是由于医疗保险基金收入少，如果不实施有效的医疗成本控制机制，就可能会刺激医疗消费，从而会导致医疗卫生资源的过度利用。与此同时，伴随着人口的负增长和老龄化趋势的发展，社会负担也有可能会逐渐加重。

其次，实施国家医疗保险模式的西方发达国家有英国、加拿大和其他国家。国家医疗保险，也可以称为政府的医疗保险，它是指政府直接设立医疗保险业务，通过征税来筹集医疗保险基金，并且采取预算拨款设立国有医疗机构或者由私人医疗机构合同购买，来免费为本国公民提供医疗服务。国家医疗保险的特点是医疗保险基金来源较为单一，福利待遇较高的医疗保险服务覆盖全国所有公民，而且政府卫生部门也直接参与医疗保险服务的规划、管理、供给和分配等服务过程中，医疗服务活动具有垄断性的特征。此外，国家医疗保险通常实行高度规划的医疗服务，人们的医疗需求通常会受到医疗服务供给不足的影响，也不利于充分发挥市场机制的调节作用。

因为很难获取关于妇女和儿童健康保险的专门数据，本文将每个国家的健康保险的覆盖范围作为对妇女和儿童健康保险覆盖面的替代变量。从一些 OECD 国家的商业卫生保险筹资占卫生总开支的比例看，大多数发达国家的商业医疗保险比例相对较低，只有不到 15%，而美国商业卫生保险

表 9-5　一些西方国家的医疗健康费用支出比例

单位：%

出资体系	资金来源	比利时	加拿大	智利	爱沙尼亚	芬兰	冰岛	韩国	卢森堡	墨西哥	波兰	斯洛文尼亚	瑞典	瑞士	美国
政府体系	政府国内收入转移	11.4	69.2	2.3	9.8	62.2	52.1	11.1	7.6	24.5	8.9	3.4	83.4	18.6	26.1
	政府国外收入转移				0.2						0.2				
	强制提前支付														
	其他国内支付					0.0			0.8						
	直接国外支付														
强制健康保险体系	政府国内收入转移	28.7		25.1	2.3	5.9	29.0	7.4	27.9	28.1	1.7	1.9		12.1	10.8
	政府国外收入转移				0.0						0.1				
	社会保险缴付	37.6	1.5	21.6	63.2	7.2		42.5	46.7		60.2	65.1		4.3	10.7
	强制提前支付			11.5				1.3			0.4			30.1	1.6
	自愿提前支付														
	其他国内支付				0.0				0.5			0.7			
	直接国外支付								0.0						
自愿健康保险体系	政府国内收入缴付	4.4	3.2			0.0			0.0						0.7
	社会保险缴付														
	强制提前支付					0.3								1.5	
	自愿提前支付		9.8	6.7	0.2	2.2			4.1	5.0	4.4	14.8	0.6	5.6	33.7
	其他国内								0.1						

第九章 妇女儿童社会保障和商业保险的国际经验及启示

续表

出资体系	资金来源	比利时	加拿大	智利	爱沙尼亚	芬兰	冰岛	韩国	卢森堡	墨西哥	波兰	斯洛文尼亚	瑞典	瑞士	美国
非营利机构资助体系	政府国内收入转移	0.1			0.0	0.2			0.9		0.2	0.1			
	政府国外收入转移										0.0				
	强制提前支付	0.0				0.0									
	自愿提前支付	0.0							0.0						
	其他国内收益	0.0	1.3		0.4	0.4	1.5	0.6	0.6	1.6	0.8		0.1	1.0	4.6
	直接国外支付	0.0									0.0				
企业资助体系	社会保险缴付					2.3			2.4			1.1			
	强制提前支付		0.7		1.4			0.1	4.4		0.6		0.4		0.2
	其他国内收益														
家庭自付	政府国内收入转移	17.8	14.3	32.8	22.7	19.1	17.5	36.8	3.9	40.8	22.5	13.0	15.5	26.7	11.5
	社会保险缴付														
	其他国内收益				0.0	0.0			0.0						
外国资助	直接外国支付														

资料来源：OECD 数据库，笔者整理。

筹资占卫生总开支的比例高达35%。通过OECD国家的健康数据库，我们进一步对各国政府、强制健康保险、家庭自付与自愿健康保险等不同参与者承担的医疗保健费用份额进行比较。通过比较后发现，对于大多数发达国家来说，自愿医疗保险与家庭共同承担的比例相对较低，强制性社会保障制度支出的比例相对较高，美国则是自愿健康保险支出的比例较高，这与其他发达国家构成较为鲜明的对比。

在西方发达国家中，英国是国家医疗模式的典型代表，国家医疗模式是指政府为所有公民提供低收费甚至免费的医疗保障和医疗服务。这种模式的筹资方式主要来源于医疗服务机构、国家税收或者个人医疗费用。英国在早年间颁布的《国家卫生服务法》，建立了由政府资助、政府出资，并且由国家管理的全民健康服务体系，政府既是服务的提供者，又是卫生服务的购买者，绝大多数服务和药品都是免费的。

在公共卫生保健系统中，全科医生通常是普通患者遇到的第一个医疗服务提供者，他们充当守门人的角色，通过全科医生转诊后，患者才可以进入二级医疗服务机构接受专科治疗。当患者在国家卫生服务部门接受医疗服务时，大多数服务和药物都是免费的，每项费用只需要支付7.1英镑，而牙科服务的每年费用不超过200英镑。除此之外，英国国家卫生服务体系免除了低收入者、老年人和孕妇等群体的医疗费用中的自付部分，并对需要大量药物的患者通过费用预付机制降低了自付比例。

尽管国民医疗服务体系在英国医疗保障体系中扮演着非常重要的角色，但英国仍有大约12%的人购买了商业健康保险，这些客户可以去私人医疗服务机构获得更好的医疗服务。

（三）西方各国的儿童医疗保障情况

从政府主导的儿童保障体系是否具有针对性来看，西方各国的儿童医疗保障可以分为两种模式。其中一种是与全民保健体系统一，儿童的非专业化和对儿童的不同待遇不统一；另外一种是考虑到儿童本身生理的脆弱性，这是专为医疗保障制度设计的。

国家医疗卫生体系统一的整体模式，可以根据医疗保险本身的特点，可以将其划分为社会医疗保险与免费医疗保险两种。具体来看，加拿大、英国等发达国家实行的全民医疗保险制度都属于公费医疗。举例来说，加拿大以合法居民的身份向所有人提供方便、全面和有依赖性的医疗保障。这种为全体居民提供的免费医疗只能靠经济发达国家的力量来支撑，关系到他们的福利主义的文化基础、公平价值和社会价值。在这种模式下，政府所承担的责任无疑是最大的，它面临的财政负担也是最重的。

与国家医疗卫生体系不同，社会医疗保险按照参保对象的差异，可以划分为职工参保和居民参保，其中职工参保又可以根据缴费方式和参保形式划分为三类。第一类是免费保险，例如德国的"免费联动保险"，家庭成员不缴纳医疗保险费，实际上由雇主、职工缴纳保险费；第二类是职工完全参保，参保职工为家庭支付医疗保险费，保险费的金额根据职工的家属人数确定，例如智利的公共医疗保险和私人医疗保险；第三种是职工部分缴费，职工的家属也要缴纳部分医疗保险费，同时政府需要支付很低比例的不足补助金或医疗保险基金。通常来说，社会保险的特点是具有互利性，政府只具备监督、组织实施和补偿差额的职能，从这个意义讲，这种模式下政府的责任比免费医疗低。

具体来说，专门针对儿童的医疗保障制度，可以分为社会医疗保险、社会互助金、免费医疗和医疗补助等不同制度。例如，越南6岁以下儿童享受公费医疗服务，卫生部通过公共财政来支付医疗费用，而6岁或以上的学龄儿童由卫生部越南健康保险公司承担学校医疗保险的费用。而在美国，以政府为主导，关于国家儿童健康保险的项目主要是"国家儿童健康保险项目"和"医疗补助"这两个。这两个项目都是由卫生与公众服务部管理，由联邦和州政府资助，针对中低收入家庭来服务的。在自由主义与凯恩斯主义理论的影响下，美国建立了以市场经营为主，政府只为穷人和老年人提供基本医疗保障的市场保险模式，它极大地影响了美国民族观念中固有的自我责任观念，这个社会群体的孩子也受到这种哲学的影响。

以美国为例，美国实行的是以市场为导向的医疗保健制度，而不是类似于英国式的全民健康保险制度，商业医疗保险发挥着重要作用。因此，美国人依靠他们从工作中获得的医疗保险来支付医疗费用。在进一步推进市场化的同时，美国还为穷人和老年人提供了两种政府支持的社会医疗保险，用于帮助符合条件的弱势群体解决医疗需求，这在一定程度上体现了医疗的公益性。美国医疗补助计划提供的服务范围包括为病人提供诸多的医疗服务，内容有家庭健康计划咨询、专业护理机构的照顾、小孩各种疾病的检查和治疗以及医院和医生的服务等内容。美国各州还可以有选择地提供牙齿护理、处方药、小孩与老人的精神病治疗、弱智者的护理等服务。

在多年以前，美国联邦政府和各地的州政府合作，还建立了儿童健康保险计划，用以专门支持那些没有资格申请医疗补助的低收入家庭的儿童。儿童健康保险计划由美国联邦政府和州政府共同资助，其帮助目标是"没有任何保险的低收入儿童"，联邦政府将不满19岁、不满足社会医疗保险的准入条件、没有任何保险，以及家庭收入低于联邦贫困线1—3倍的儿童规定为符合条件的参保人群。此外，各州政府在儿童健康保险计划的政策制定和准入条件等方面享有很大的自由。根据美国联邦政府的规定，已经购买其他保险或者符合社会医疗保险的儿童不允许参加儿童健康保险计划，成年人也没有资格参与该计划。不过，有几个州经过政府特批之后，将参保人群的范围扩大到参与儿童健康保险计划的父母、没有孩子的成年人与孕妇等方面。根据统计数据，2016年美国参与儿童医疗保险计划的人数多达920万人。

在美国，各州政府通常有三种不同的方式来实施儿童医疗保险计划，一是扩大社会医疗保险的准入范围，增加以前不符合社会医疗保险计划的儿童；二是与社会医疗保险相分离，建立单独的保险项目；三是以上两个计划共同实施。根据统计数据，截至2016年年底，美国有12个地区和州实施了扩大儿童健康保险计划中社会医疗保险覆盖面的计划，有19个州实施了单独的儿童医疗保险计划，有20个州采用第三种方法，将以上两个计划共同实施。

根据美国各州政府对于儿童医疗保险计划的实施方式来看，目前存在两套完全不同的保障措施。第一种是采取扩大社会医疗保险制度的州，政府必须提供全部社会医疗保险费用，其中包括免疫、透视检查、对疾病进行必要治疗、早期教育保健等方面。美国联邦政府的法律允许各州面向儿童健康保险计划的一些服务和受益人收取相应的费用，但对受益人收取的费用采取最高限制措施。第二种是采取扩大社会医疗保险方式的各州，应当符合社会医疗保险费用分摊办法。早期社会医疗保险的投保儿童可以不缴纳保险费，也不必承担任何费用。

根据美国人口普查局的统计数据，2015—2016年，美国无医疗保险的人数下降0.3个百分点。2016年，整个年度没有医疗保险的人口的比率为8.8%，即2810万人，低于2015年无医疗保险的人数（9.1%或2900万人）。全部或部分健康保险的人口比率为91.2%，高于2015年的90.9%。2016年，私人医疗保险覆盖率继续比政府覆盖率更高，分别为67.5%和37.3%。在健康保险覆盖的亚型中，雇主保险涵盖了历年部分或全部人口的55.7%，其次是医疗补助（19.4%）、医疗保险（16.7%）、直接购买（16.2%），以及军事覆盖（4.6%）。2015—2016年，美国医疗保险覆盖率上升了0.4个百分点，达到2016年部分或全部人口的16.7%（高于2015年的16.3%）。2015—2016年，任何其他健康保险子类别均无统计学差异。2015—2016年，65岁以下大部分年龄段的医疗保险覆盖率都在下降，工作年龄的成年人（19—64岁）的减幅普遍较大。未成年子女在19岁以下的比例为5.4%，2015—2016年没有明显变化。在2016年，19岁以下贫困人口的无保险率为7.0%，高于无贫困儿童的无保险率，为5.0%。非西班牙裔白人的种族和西班牙裔群体的未保险率最低，为6.3%。黑人和亚洲人的无保险比率高于非西班牙裔白人，分别为10.5%和7.6%。西班牙裔未婚保险率最高，为16.0%。2015—2016年，非西班牙裔白人年均无健康保险人数下降了0.4个百分点，达到6.3%。其间，黑人、亚洲人或西班牙裔的无保险率没有统计变化。39个州的失业人员比例下降，而11个州和哥伦比亚特区的未参保率没有统计上的显著变化。

儿童健康保险计划、社会健康保险与政府通过退伍军人事务部提供的政府医疗保险，这些构成了美国的基本医疗保险网，覆盖了美国将近25%的人口。其中，政府的医疗保险计划保障了弱势群体的医疗需求，在促进社会公平方面起到了不可替代的作用。

（四）西方各国的儿童教育保障情况

在现实中，西方发达国家经常为儿童提供慷慨的实物和现金赠款，这样可以保障儿童和青少年能够享受免费的基础教育，所有这些费用都由公共财政支付。由于各国的金融体系与经济体制存在着一定的差异，担保和融资的具体方式也有很大的区别。下面我们将列举一些代表性国家的教育保障情况，并由此分析发达国家教育保障情况的共同特点和一些差异。

第一，英国的儿童教育保障情况。英国的儿童教育保障为儿童提供教育援助，让该国的儿童免费接受中小学教育，并且免费提供文具、教科书和学校午餐。近年来，英国财政大臣提议，政府应当扩大托儿服务和免费早期教育的覆盖范围，并且满足一定条件的2岁儿童就可以享受免费的托儿服务和早期教育，5岁的儿童就可以开始接受义务教育。从教育的形式看，英国的小学一般都是男女共同住校，而中学则有一些是单性别的学校，其中90%以上的中小学生都上公立学校。在一般情况下，政府鼓励儿童在附近入学，学校优先安排附近的儿童入学，不鼓励跨区入学，入学周围的范围一般不超过1—2英里。如果有些父母的孩子被安排去学校接受继续教育，学校将不予资助。除了以上的普遍免费的义务教育之外，英国很早就开始对贫困家庭儿童实行特殊的补贴政策。

第二，法国的儿童教育保障情况。法国的儿童教育保障主要包括面向学前教育、小学教育与初中教育的免费教育，其中学前教育和小学教育可以统一称之为初等教育，学前教育是非义务性的免费教育，属于教育的初级阶段。很多家长尽可能早地把孩子送往当地的幼儿学校，有些人甚至在孩子 2 岁时就送到托儿所。一般来说，学前机构接收 2—6 岁的儿童，其中 2 岁以上的儿童可以就近上学。公立幼儿园可以免交学费，私立幼儿园则由父母支付学费。学前班通常可以分为小班、中班和大班，根据法国的教育法，儿童每周的学习时间为 26 小时左右，可以学习语言交流、手工、美术、体育、科技等课程，由教师根据教学计划来决定具体的教学内容。学前班和小学一样，幼儿园的最后一年是教育过程中的重要一步，从这年开始小学生开始学习阅读。

法国的法律规定，公立幼儿园没有独立的法人资格，既不是法定代表人，也没有自主财政的权力。法国公立幼儿园的资金主要来自国家和市级的财政拨款、课外活动费、学生膳食和学校合作社等公立机构给予的经费补贴等渠道。上述资金由地方政府管理，各城市的负责人有权管理税收，税务人员担任会计。各城市的少量经费提前划拨至各幼儿园，由幼儿园的园长负责每天购买文具和其他小额费用。

为了使弱势儿童的幼儿园教育得到保障，法国政府采取了以下三项措施：一是确保全国各地 3 岁以上儿童的入学率，提升各地区 2 岁儿童进入学校的机会，避免由于家庭教育质量差而限制儿童的智力发展；二是根据家庭税的数额来制定阶梯式收费标准，也就是说，家庭收入和税收较高的家庭子女需要支付较高的午餐费用，家庭收入和税收较低的家庭子女则需要支付较低的午餐费用；三是建立社会救助机制，这样使得一些无力承担课外活动和代管费的经济困难家庭可以向学习合作社等事业单位申请补助。通常情况下，这些资金来自社会捐助、社会捐赠与各级政府的补助，尤其是为困难家庭的儿童提供学前教育的资金。

法国的教育法规定，6 岁或以上的法国和外籍男女儿童，应当从小学开始享受 10 年的义务教育，这样可以使绝大多数学生至少取得职业资格证书，80%以上通过高中入学考试。所有 6 岁以上的儿童都应该由父母送到小学，一般都要在家庭附近的小学入学，具有特殊的录取要求的，必须经市政府批准。除了免费教育，法国还对开办学校补助、交通补贴、家庭补助等家庭问题提供各种形式的补贴，用以解决贫困家庭接受义务教育的儿童所面临的实际问题。进入 21 世纪之后，法国的基础教育改革，尤其是对平民家庭儿童的教育改革取得了良好的效果。根据调查发现，在过去 5 年中，针对平民家庭儿童的助学金额度增长了 16%，助学金的数量增长了 25%。与此同时，有些学校还实施了"孤单儿童 16 点"的方案，允许一些家中无人照顾的学生在下午 4 点放学之后继续学习，在老师的指导下完成家庭作业。

第三，美国的儿童教育保障情况。美国学区所在地区的政府负责为学区内的所有学龄儿童提供学校教育，但是各州对学生的入学年龄都有着不同的要求。大多数美国儿童在小学一年级前就开始接受基础教育，但是从一年级开始到十二年级的中学教育才算是比较典型的教育。在此阶段中，教育是完全免费的，学生不必支付任何学费和教科书的钱。在某些地区，教科书、文具和午餐都是免费的。总体来看，美国学生在上大学之前基本上不用自己花钱，在20世纪30年代以前，美国教育主要由地方政府投资，地方财政投资占比达到80%—90%。近年来，地方财政投资占比有所下降，但是仍然有将近一半的比例。一般来说，经济越发达的区域，地方财政投资占比就越高。美国的小学一般是指学前一年级到五年级，但有些小学是为六年级提供初等教育，或是将中学教育合并至八年级。像中学的制度一样，美国公立小学的课程是由学校或者学区政府自己安排的。因此，不仅个别学区公立小学的课程不统一，而且同一所学区的学校的课程也不统一。但是，这些学校都必须遵守国家教育部门制定的课程要求。一般来说，美国初中从第六年级开始计算，到八年级共三年，从九年级到十二年级的高中共四年。美国的高中生申请大学和准备考试，一般是在十二年级之前准备并完成，所以十二年级的学生可以毕业，而且并没有影响到大学入学。

在美国，大多数父母都送儿童上公立学校去学习，根据政府统计，大约有88.3%的儿童进入公立学校学习，有10%的儿童进入私立学校学习，还有1.7%的家长选择在家教育孩子。但是，如果在家教育孩子，就必须向所在学区的政府提出申请，并且提供教学计划以获得资格，这样才能取得学历，否则将不予承认。以上教育被称为家庭教育。家庭教育的支持者的理论基础主要源自于经典的自由主义理论，他们强调父母的责任感，以及个人自由不应被政府破坏。少数支持者认为，家庭教育应成为主流的教育政策，而大多数家庭教育支持者则由于种种原因对传统学校教育的有效性或内容不满。发生这种现象的原因很大一部分是由于宗教造成的，因为在传统的公立学校，尤其是科学教育中，教授进化论而非创造论，这样的非宗教立场是他们不可接受的。另一些人认为，他们可以更好地设计出适合儿童优势和弱点的课程。还有一些人则认为，目前很多学校里的负面社会压力，例如吸毒、犯罪、欺凌弱小等行为，它们对孩子的正常发展是不利的。

与大多数其他工业化国家有所区别的是，美国并没有一个国家的中央教育体系，所以大多数地区的十二年级学生均有机会在免费公立学校和私立学校之间进行选择。其中，美国的私立学校主要包括营利的私立学校、非营利独立学校与宗教团体的教区学校。各家私立学校的学费存在很大的差异，这取决于学校开支、所处的不同地区，以及学费以外其他资金来源等因素。举例来说，一些教会向私立学校提供一部分补助。为了在公立学校体系引入竞争机制、提高这些学校教育水平，近年来美国政府采取了著名经济学家弗里德曼的建议，向各家庭发放教育券来补贴学费，而且家长可以使用教育券来支付课程、学费和其他教育项目的费用，这样不但使学校有了办学的自主权和积极性，还为学生提供教育福利，也令他们享有了教育的选择权。

在教育方面，美国政府对儿童基础教育的支持力度非常大。从教育经费的规模上看，美国的公立幼儿园是政府资助的最大项目，它的主要功能是为孩子上学做准备。除此之外，美国还有专门为贫困家庭儿童设立的幼儿园，在那里孩子们可以学习知识并掌握一些基本技能。这种幼儿园项目于1965年开始成立，旨在通过向低收入家庭的儿童提供社会服务、健康服务、营养服务和教育服务，来加强儿童接受教育的能力。截至2016年年底，这种幼儿园项目已经为4200万0—5岁的儿童及其家庭提供了服务，令大量的儿童和家庭从该项目中受益。

为了公平起见，美国的中小学没有对重点班或实验班进行分类，也没有区分重点学校和普通学校。美国政府密切关注少数民族学生、农村地区学生、英语非母语学生和低收入家庭学生等弱势群体的教育质量和受教育机会，并且将其视为美国政府的优先职能和重要职能。相关法案要求，各州应该建立一些机制，该机制应当可以帮助和改善国家的教育机构和弱势学校，并为弱势群体实施"补偿教育"。联邦政府还对符合补偿教育的合格学校和个人制定了严格的规定，对于联邦政府和各州来说，补偿和教育方案主要是通过立法和赠款发展起来的。这些补偿措施除了增加招生机会等举措外，也逐渐加强了不同文化背景对个人能力和学业成绩的不同影响，同时他们也开始转向追求教育结果平等和教育过程平等。

第四，日本的儿童教育保障情况。从历史上看，日本的免费义务教育始自于20世纪初。日本宪法规定，所有公民都有义务确保其子女受到教育，国家和社会组织设立义务教育场所，医疗保险、午餐和教材均免费提供，义务教育也是免费的，其中义务教育的费用由中央政府和地方政府共同分担。一般来说，中央财政支付各类义务教育学校和保育学校工资总额的一半，都道府县支付其余工资总额的一半。除此之外，对于各种义务教育学校的教材、教具，教育设施和设备，远程教育、体育经费和其他社会教育的费用，由地级市、镇、村共同负担。

第二节 妇女儿童商业保险的国外发展现状

目前，西方发达国家的大部分社会保障都已经非常成熟，妇女儿童商业保险的产品形式主要包含养老保险、健康保险、教育保险和生育保险等几个类别，这里主要关注一些有代表性的国家的经验和做法，希望从这些国家中梳理出可供中国借鉴的方法。下面我们分别从不同产品形式来对妇女儿童商业保险进行分析。

一 养老保险

西方发达国家的养老保险制度一般采用遗属补助、配偶个人退休账户与离婚后养老金权利保障等方式，这样可以保护因婚姻和家庭原因未参加工作的配偶，使他们不会陷入因工作配偶的死亡而面临贫穷的困境。

对已婚者来说，当配偶退休后，他们通常有权在配偶死后获得遗属的权益，除非他们事先书面同意将遗属的权利作为幸存者的权利转移给其他人。幸存者的利益通常被称为遗属年金，它可以保证遗属能够得到参加养老保险的配偶养老金的一半。

在参与养老保险的配偶退休之前，养老保险计划管理公司通常会询问他们想用什么形式来领取养老金，包括使用一次性支付或者终身受益等不同形式。如果他们选择了以上形式，那么遗属津贴的收益将会被取消，并且必须得到有资格享受遗属津贴的家庭成员的同意。一般来说，配偶同意书通常会列出一系列可以为养老保险参加者及其配偶考虑和选择的方案。终身受益的养老保险可以提供最高的每月福利，因此人们往往会选择这类保险产品。但是，由于该养老计划只在参加者还活着的时候支付，所以当养老保险计划的所有好处，包括它所包含的健康保险福利，当参加者去世时都将停止。

相对于遗属津贴来说，遗属年金则提供了较小的月付养老金待遇，但是它能够为夫妻双方提供终身的收入保障。对一些希望依靠已故配偶的养老金作为退休收入来源的幸存者来说，遗属年金应当是一个更好的选择。对于家庭成员来讲，配偶应当在退休前就给他的养老金计划经理或人事部门发函，查询配偶的收入是否按照遗属年金的形式来发放，这是他们能够获得遗属年金的最后机会。从统计的角度来看，妻子可能比丈夫活得长，一般需要更多的收入来维持更长的退休生活。所以，妇女们不应当放弃自己获得遗属年金的权利，除非她们完全明白放弃获得遗属年金的代价。

近年来，美国法律规定，私人养老金计划将自动为有资格退休人员提供退休福利，其中包括支付给退休人员的每月较低的终生退休金，以及遗属年金的发放选项，配偶遗属年金的发放选项至少占50%左右，直到配偶去世才停止发放。与此同时，美国法律规定，参加养老金的人可以选择以生活补贴的形式发放养老金，而不是按照遗属年金的形式发放。根据现行法律，领取养老金的人在选择其他选项时，并不需要其他的额外条件。

美国的养老金保护法案要求，所有私人养老金计划应当提供额外的选择权，如果他们同意更大幅度地减少养老金领取者的终身福利，那么就允许夫妇选择更高比例的遗属津贴。举例来说，假如一个养老金计划已经提供了一个自动的、占比为50%的"共同幸存者选项"，那么养老金保护法案就要求该计划也会给这对夫妇占比为75%的共同幸存者选项。这同样适用于男人和女人，无论是离婚还是幸存者。

对于含有股票红利、利润分享和401k的雇主养老金，计划参与者可以在没有配偶许可的情况下从账户中提取资产。尽管资产仍在计划中，但是如果计划参与者死亡，那么配偶就是账户的受益人。计划参与者可以指定配偶以外的人作为受益人，但必须经配偶的特别书面同意。因此，当配偶被要求同意将资产转移给个人退休金计划时，这些配偶将丧失获得配偶补助的资格。

二 离婚后养老金权利保障

目前，根据多数美国各州的离婚法律规定，婚姻期间所得的养老金是夫妻共同的财产。然而，这些法律并没有自动要求养老金资产在离婚时被分割。为了获得配偶的养老金，法律要求需要在离婚时提出分割退休金的诉求，而不是在配偶退休才提出分割退休金的诉求。如果配偶的养老金有多个福利计划，例如拥有一个个人退休金计划和401k计划，否则受益人的配偶不能得到应有的所有待遇。

在夫妻双方离婚时，提出要求分割的一方通常需要从配偶公司的福利办公室获取尽可能多的信息，通常情况下他们是通过律师写信来获取信息的，但是法律规定配偶有权获得这些信息。通过告诉退休金计划管理者离婚过程的状态，这将有助于暂时阻止养老金管理公司支付所有需要分割的养老金。

在对养老金进行分割时，可以采取多种方式来实现。但是，如果想要获取遗属养老金，则需要当事人必须明确提出要求，并且这些要求应当在离婚令或财产结算中单独提出。如果养老金参与者曾经为他或她的配偶选择了遗属抚恤金，离婚者将在任何情况下都可以获得遗属抚恤金。为了使得养老金计划管理者确保离婚者在离婚后能够获得部分配偶福利的权利，离婚者通常需要单独的法院命令，这个命令一般被称为"有资格的家庭关系令"。当法院下达命令，给离婚配偶分配养老金时，必须立即复制命令副本给养老金经理，用以调整养老金计划。

三 配偶个人退休账户

配偶个人退休账户是个人退休账户类型中的一种，它允许工作的配偶帮助非工作的配偶建立好退休储蓄。配偶个人退休账户是个人必须赚取收入才能参与个人退休账户的例外。一些收入微薄的配偶通常情况下没有足够的个人收入来建立完整的个人退休账户，他们也有资格成立配偶的个人退休金账户。

为了有资格获取配偶个人退休账户，夫妻双方必须联名申请。配偶的个人退休账户可以是个人的或者传统的退休账户，每年的收入限额、缴费额和追赶缴费条件都应该与个人退休金账户相同。尽管退休账户不能用两个配偶的名字来设置，但是配偶在退休后可以分享他们各自的分配权利。

通过参与配偶的个人退休账户，不工作的配偶可以建立完全属于自己的资产和福利。配偶的个人退休账户是完全独立的账户，它是以非工作配偶的名义建立的。这就意味着，一旦配偶个人退休账户通过支付建立，它就完全属于拥有它的人。这对那些离开劳动力市场来照顾家务的夫妇来说是一个巨大的利好，因为没有工作的配偶失去了赚钱的能力和潜在的利益。

一般来说，夫妻双方都可以从个人退休账户的家庭费用中获得双倍的收益。2016年美国个人退休账户最高限额为5500美元，如果有工作的配偶按照最高限额设立自己的个人退休账户，然后让非在职配偶也按照上限也设立一个配偶个人退休金，那么该家庭每年最多可获得11000美元的供款。这项政策唯一的限制是，这对夫妇的共同劳动收入必须在11000美元以上。假如他或她超过50岁，那么每个配偶可以额外获得1000美元的捐款和税收抵免。如果捐款是建立在传统的个人退休账户基础上，那么夫妻双方就都可以享受更多的税收减免。无论采取哪种方式，夫妻双方的利益都会随着配偶个人账户的扩大而增加。

四 健康保险

通过比较部分 OECD 国家商业健康保险的人口覆盖率，我们发现发达国家商业健康保险的人口覆盖率较高，但在许多国家的卫生总费用商业健康保险投资比率较低，仅在美国的"两率"都较高。与此同时，由于美国的社会保障制度，特别是医疗保险制度在发达国家是较为保守的，居民的医疗保险需求大都由商业保险来实现。从这个角度上看，它与卫生保障水平较低的中国社会医疗保险的情形较为接近，因此，美国商业保险的发展与中国比较，具有较强的合理性。

美国在商业健康保险方面是非常发达的，目前社会医疗保险只涵盖了少数人口，其中包括贫困人群医疗保险、儿童健康保险计划、老年和长期的医疗保险、伤残者收入补偿保险与军人及家属健康保险等，其他的大多数人在很大程度上依赖于各种形式的私人健康保险与残疾人收入补偿，其中包括由第三方管理、保险公司提供的健康保险计划和自我保护计划。

商业医疗保险是自愿保险，它是按照市场规律来自由运作的。医疗保险是可以作为商品在市场上自愿买卖的，承保方可以是社会团体、政府或个人、企业。商业医疗保险的特点是，投保人自愿参加投保，并且共同分担疾病带来的经济损失；各种保险品种，在很大程度上满足了参保人群对不同层次医疗服务的需求。然而，由于商业医疗保险盈利能力的负面影响，医疗费用往往容易失去控制。与此同时，居民在购买医疗保险时，也经常会受到自身支付能力的限制，这通常无法反映医疗待遇的社会公平性。

尽管美国没有要求公司为雇员购买各种保险的法律，但是国家鼓励公司为其工人以免税方式购买医疗保险，而企业和个人支付一定比例的保险。医疗保险有多种方式可以选择，个人可以根据自己的不同保险计划进行选择。由于美国的医疗费用高昂，美国人一般都会选择购买保险，私人医疗保险覆盖率达到了 60%。个人可以购买"全额保险"计划，该计划的医疗费用完全由保险公司承担，但每月的保费要高很多。还有很多人会选择包含一个起付水平的方案，举例来说，超过 10000 美元，全部由保险支付；1000—10000 美元，自己支付 20%，保险支付 80%；1000 美元以下自己支付。通过这样的方案，小病自己承担、大病保险承担，就可以减少每月的保险费。

五 案例：奥巴马医疗改革

由于受到奥巴马总统的推动，"病人保护和可负担医疗法案"被昵称为"奥巴马医疗改革"。这个词在 2009 年开始变得很普遍（甚至在最后的立法之前），并且在 2010 年 3 月 23 日法律签署之前就已经普遍了。虽然它最初被用作贬低总统、反对法律的贬义词，但是医疗改革的总统和支持者自此也接受了这一说法，但这个词仍然是政治性的。有趣的是，在被调查的时候，更多的人支持《平价医疗法案》，而不是奥巴马医疗改革，尽管他们是同样的事情。

奥巴马医疗改革背后的概念是获得保险的个人授权，加上对私人保险的补贴。传统基金会是一个政治保守的智库，首先提出了这个概念。他们的想法是，这是克林顿政府提出的单一支付者倡议"人人享有医疗保险"的一个可以接受的选择。从那以后，医疗改革由双方提出并扩大，直到当时的罗姆尼州州长在马萨诸塞州实施。2008 年选举期间，医疗改革成为民主党纲领上的一大课题。当奥巴马成为总统时，他开始尝试通过《2009 年美国可负担医疗保险法案》。紧随其后的是《患者保护法案》，该法案发展成《2010 年患者保护和可负担医疗法案》（PPACA），简称《可负担医疗法案》（ACA）。经过多次改革，奥巴马总统于 2010 年 3 月 23 日将《平价医疗法》签署成法律。

奥巴马医疗改革包含了新的税收，包括没有获得保险的费用，以及基于收入的分层成本援助。对于那些获得成本援助的人来说，最便宜的计划的覆盖范围将在收入的 0—9.5%。没有获得成本援助的人可能会付出更多的代价。这部分是由于奥巴马护理的新权利和保护，部分是由于保费不断上涨。奥巴马医疗改革削减了医疗保险和医疗保险支出中的 716 亿美元（总额），并将其再投资于医疗保险和"可负担医疗法"的其他方面。通过扩大 CHIP（儿童健康保险计划），奥巴马医疗改革扩展至全国最贫穷的 1590 万人，其中包括 900 万儿童。但是，由于个别国家有权选择不参加医疗补助计划，因此在某些州，医疗改革的这一方面处于危险之中。其中 26 个州选择了医疗补助扩展，使 570 多万美国人没有适当的医疗保健。

2012 年，奥巴马总统明确表示，"奥巴马医疗不规范医疗保健，规定健康保险"。奥巴马医保确保女性能够获得预防性服务。提供更好的妇女预防保健将有助于降低保险费用，防止轻微健康问题变成重大疾病。这项保险改革有助于确保妇女保持健康并避免可预防的医疗问题。奥巴马医疗改革致力于以更实惠的价格为更多美国人提供优质的医疗服务。《可负担医疗法案》下的医疗改革是医疗保健行业数十年来最重大的改革，涵盖了精神健康、老人护理、儿童健康、妇女健康和照顾我们国家最需要帮助的人们的各个方面。奥巴马医疗还提供药物保险、免费预防保健、儿童体检，并为美国医疗保健体系进行了无数其他前所未有的改革。奥巴马医疗改革不完美，而且不是免费的。甚至不一定每个美国人都能负担得起健康保险，但是扩大美国人的平均健康保障权利确实有很大的帮助。像任何法律一样，必须妥协才能使立法机关通过法律，由总统签字，并由司法机构进行裁决。

经过统计发现，奥巴马医疗改革为 4700 万妇女提供有保障的预防性妇女健康服务。奥巴马医疗改革的许多妇女保健服务在过去没有被覆盖，或者只通过共付或免赔的方式提供。尽管奥巴马护理的许多女性福利已经生效，但未来几年还将推出更多的女性福利。除了预防性服务，妇女的福利还包括免费的健康访问和保护妇女免受性别歧视的规定。

奥巴马医疗改革规定了新的妇女保健福利，具体内容如下：

（1）奥巴马医疗改革保证了预防性服务的覆盖范围，不需要分摊费用。预防性护理促进健康并节省资金，但许多预防性护理服务由于高支付额、免赔额和共同保险而超出了女性的范围。在奥巴马医疗改革之前，有 50% 以上的女性由于费用而延误求医，1/3 的女性报告没有基本生活必需品来支付医疗费用。然而，目前保险公司现在需要覆盖推荐的预防服务，如乳房 X 光检查、子宫颈抹片检查和良好的婴儿护理，而不需要分摊费用。到 2015 年 5 月，已有 6500 多万妇女利用这些服务，而且这个数字从那以后才增加。截至 2015 年 8 月，包括避孕、妊娠糖尿病筛查和母乳喂养支持在内的更多服务已被列入必须覆盖的预防性护理清单中，无须额外费用。

（2）新的保险计划将需要产妇护理。个人保险市场通常不包括只有妇女需要的产科护理保健服务。在 Obama Care 之前，只有 12% 的个人市场销售计划提供了孕产妇保险。由于等待期限或免赔额可能导致与出生本身相关的成本高昂，所以这种覆盖率通常不足。2015 年，大约有 1370 万妇女在所有新的个人和小组计划中获得产妇护理保证。

（3）由于性别原因，妇女将不再被剥夺保险。在奥巴马医疗改革之前，保险公司通常会因为基于性别的"预先存在的条件"而拒绝支付女性保险金，例如剖腹产或遭受家庭暴力或性侵犯。从 2014 年开始的奥巴马医保制度下，这种做法是非法的。从 2010 年签署 ACA 到 2014 年，至少 6 个月没有保险的，并且具有一定条件的成年人可以通过临时的现有状况保险计划购买负担得起的保险。

（4）妇女对自己的医疗保健有更多的控制权。根据奥巴马医疗改革，妇女不再需要再去看产科妇科医生，她们可以从计划的参与提供者名单中选择她们的初级保健医师和她们的孩子的儿科医生。

（5）妇女将获得更好的负担得起的健康保险。从 2014 年开始，妇女及其家庭和小企业有资格获得按收入计算的减税额度的税收抵免，以帮助购买保险。这将帮助每个年收入高达 47080 美元的个人，以及四个家庭高达 97000 美元的个人（这些是 2015 年的数字，它们每年都会根据联邦贫困线）。同样在 2014 年，当医疗补助计划将收入资格扩大到收入低于联邦贫困线 138%的人群时，高达 1030 万妇女应该可以获得保险，个人收入低于 15654 美元，四口之家的收入低于 32253 美元健康法也消除了医疗补助的明确要求，使符合收入要求的低收入妇女即使没有子女，也没有在选择接受这一条款的国家怀孕。但截至 2015 年 8 月，20 个州已经选择扩大医疗补助。

（6）保险公司不能再限制妇女花费的医疗费用。女性比男性更容易患慢性病。意外的医疗紧急情况或长期的疾病可能导致被保险人在保险计划中迅速达到保险上限，让参加者为自己谋生，有时还有数千美元的未付医疗费用。在奥巴马医疗保险制度下，终身保险覆盖率已经被淘汰，年度限制正在逐步取消。截至 2012 年 5 月，约有 3950 万妇女已经从终身禁令中受益。

（7）妇女及其家庭受益于奥巴马医疗保健中的重要消费者保护。由于女性代表自己和家人以高于男性的比率使用医疗保健服务，所以确保公平的保险实践至关重要。平价医疗法已经消除了解除合同的做法，当受益人生病时，保险政策已经被允许被取消或带走。他们不再被允许这样做。健康法还要求保险公司至少花费 80%的保费来实际提供医疗服务，而不是管理费用，或者向参加者退款。仅在 2014 年，就有大约 1250 万美元获得了 11 亿美元的回扣。

（8）边缘化社区的妇女正在看到能够满足她们需求的改革。在有色、女同性恋和双性恋妇女的 ACA 妇女和变性者之前，她们不成比例地没有保险，并有较高的健康保险率。通过增加保险覆盖面，增加对社区保健中心的资助，提高健康素养和文化能力，禁止健康保险市场的歧视以及改善数据收集，奥巴马医疗正在向这些弱势妇女提供高质量的医疗保健方面取得重大进展。截至 2015 年，估计有 550 万非洲裔美国人，610 万拉美裔，270 万亚裔和 30 万美洲印第安人，其中许多是妇女，已经接受了预防性服务，没有医疗改革法的成本分摊。

（9）母亲知道自己的孩子有健康保险，心里很安心。奥巴马医疗改革禁止保险公司因为预先存在的条件而拒绝向 19 岁以下的儿童提供保险，而成年子女现在可以继续父母的计划，直到 26 岁，在这个经济困难的经济中，很有挑战性。特别是年轻妇女，由于成本高昂，报告延误了所需的医疗保健。2010 年，约有 30% 的 19—29 岁的美国人没有健康保险。截至 2015 年，根据《平价医疗法》，570 万青年获得了保险。

表 9-6　奥巴马医疗改革中预防性服务的类型、健康保险指南和护理频率

预防性服务的类型	健康保险指南	护理频率
全部成年妇女	为成年妇女每年进行一次女性预防性护理访问，以便他们能够获得推荐的适合年龄和发育的预防性服务，包括孕前护理和许多必要的产前护理服务	尽管妇女需要多次访问才能获得所有必要的推荐预防性服务，但每年护理频率具体取决于女性的健康状况、健康需求和其他风险因素
筛查妊娠糖尿病	筛查妊娠糖尿病	妊娠 24—28 周的孕妇和第一次产前就诊的孕妇被确定为糖尿病高危人群
高危乳头瘤病毒检测	在具有正常细胞学结果的妇女中进行高危人乳头瘤病毒 DNA 检测	筛查应从 30 岁开始，不应多于每 3 年进行一次
性传播感染	为所有性活跃的妇女咨询性传播感染	年度
免疫缺陷病毒感染	针对所有性活跃妇女的人类免疫缺陷病毒感染进行咨询和筛查	年度
避孕方法	所有的食品和药物管理局批准避孕方法，绝育程序，患者教育，并为所有有生育能力的妇女咨询	按规定
母乳喂养支持、用品和咨询	受过培训的提供者在怀孕和/或产后期间提供全面的哺乳支持和咨询，以及租用母乳喂养设备的费用	结合每一个出生儿的情况
家庭暴力	筛查和咨询家庭暴力	

资料来源：笔者整理。

第三节　西方发达国家妇女儿童商业保险市场与经营模式

在提出关于完善中国妇女和儿童保险保障的政策建议时，需要进行全面的国际比较分析。发达国家大都经历了较长时期的社会发展，在通过社会保障和商业保险加强妇女和儿童权益保护和风险管理方面积累了丰富的经验，对我国现阶段发展这两个群体的社会保障和商业保险都具有重要的借鉴意义。本书将运用国际比较和历史分析的方法，在梳理发达国家面向妇女和儿童的社会保障和商业保险的一般状况和具体案例的基础上，总结归纳面向这两个群体的社会保障和商业保险的典型模式，为我国发展社会保障和商业保险提供有针对性的参考建议。

通过国际比较，梳理和总结发达国家在通过社会保障和商业保险加强妇女和儿童权益保护和风险管理方面积累的丰富经验，并探讨对我国现阶段发展针对这两个群体的社会保障和商业保险都具有重要的借鉴意义。西方发达国家的社会保障体系进一步考虑了更为细致但至关重要的风险事件，或是向更为广泛的居民群体提供更为全面的保障措施，提供了比中国更高的社会保障水平。西方发达国家的商业保险也根据消费者的风险状况，考虑了更为细致全面的风险状况和更高的保障水平。本节的目的是收集国外保险业发展数据、研究报告和学术论文的案例，分析一些外国妇女和儿童群体在商业保险市场的经营主体，研究市场特征、市场结构和运行情况，并对这类保险的市场结构与经营模式的一般规律进行剖析和阐释。通过分析中国妇女和儿童群体的风险状况和权益保护现状，梳理总结发达国家通过社会保障体系和商业保险机制加强对妇女和儿童群体权益保护与风险管理的先进经验，比较中国与发达国家之间在风险管理方面的差距，可以结合中国目前的现实状况与未来人口经济社会形势，提出针对性的风险管理解决方案。

一 通过专业化经营和系统化协同来确保服务能力

从产业组织角度和市场结构看，西方发达国家的商业寿险市场呈现出了两种趋势。

首先，对专业化公司进行专业化管理已成为成熟市场寿险业的重要发展特征。伴随着风险特征的细化，大多数经营各种人寿保险的西方发达国家公司都是劳合社辛迪加或者小型专业保险公司，或相互保险等类型的保险公司。健康保险职业发展的趋势是显而易见的。由于激烈的市场竞争，综合性保险公司将逐渐发展成为专业保险公司，健康保险业务也逐步脱离寿险和年金业务，走上专业化经营之路。

其次，专业化公司之间的系统协调不断完善，成为弥补专业化分工带来的市场不足的重要机制。由于分工较为细致，许多保险公司只能在某些方面力求专业化。然而，消费者对风险管理的需求是全面的，保险公司只有通过相互合作，才能满足客户的需求，也才能满足一站式消费需求。与此同时，随着社会变迁日益频繁，发达国家的居民跨境流动，也使得消费者对保险业跨境流动性的需求更大。保险公司必须与其他同行建立合作关系，才能满足消费者的需求，这对中国保险业的发展也有重要的借鉴意义。

二 通过网络化服务来提升服务水平

许多美国的网络机构能够为消费者提供非常好的服务，举例来说，美国奥巴马医疗法案通过后，由医疗保险管理局建立的健康保险比较网站，仅需要一些简单的消费者参数就可以获得健康保险计划提供的保障内容和报价，它们可以供消费者比较。

对消费者来说，疾病风险管理和发生的可能性是非常复杂的。一般来说，消费者缺乏对各类保险深刻理解的耐心和能力，所以他们需要快速获得最常见的保险解决方案，在缺乏知识的情况下对报价和覆盖面进行直观的了解，以便对医疗保险制度有一个初步的认识。只有获取了这一初步认识，消费者才有可能进一步了解和比较不同的保险计划，以便做出购买保险的决定。因此，从这个角度讲，中国的养老保险和健康保险等保险产品仍然面临着简化产品信息的任务，这样可以方便消费者的风险管理和决策过程。

三 通过税收优惠来鼓励民众购买商业保险

西方发达国家为了鼓励人们购买商业保险，用以满足医疗、子女教育、养老和长期护理的需要，在严格执行个人所得税征缴时，还采取税收激励措施来鼓励居民购买个人商业保险。

通常来说，商业保险的税收优惠具有以下几个功能：首先，为了满足严格执行个人所得税征收的要求，居民收入税全部由税务机关收取，通过个人所得税等财税政策帮助控制收入分配结构，帮助政府实现开支正常等一些基本需求。但是，对于医疗、子女教育、养老和长期护理等长期需求来说，它们对居民幸福感和社会稳定的维持起着重要的作用。因此，政府不能压制消费者这样的合理需求，而应该采取税收激励措施，帮助人们购买商业保险。其次，政府需要鼓励居民积极购买商业保险，这样可以应对居民生活中的老龄化和健康风险，减轻社会保障和社会救助压力。

四 使用管理式医疗来控制成本

美国的"管理式医疗"机制在世界医疗保险领域是独一无二的。"管理式医疗"的实质在于医疗保险机构从医患关系中解放出来,通过综合医疗服务网络转变为参与医患关系的"第三方",并且使用预付费制度、医疗服务管理、一体化医疗服务网络、健康管理等方法,来解决医疗费用和质量问题。

"管理式医疗"的具体步骤如下:第一,使用医疗服务的融资和提供医疗服务来管理医疗机构签订合同,医院签约或直接拥有自己的医院和诊所;第二,当消费者需要医疗时,使用多种费用支付方式来使得第三方与医疗服务提供者风险共担、费用分担和利益共享;第三,设立第三方协会,用以监督、衡量和评价提供者提供的医疗服务质量。与此同时,"管理式医疗"除了提供医疗服务以外,还包括预防和保健,将疾病保险转化为促进健康的健康福利,这样可以降低疾病风险和疾病支付费用。"管理式医疗"成功考虑了控制医疗费用和确保医疗服务质量,并且满足了医疗需要的目标。

五 采用预付费模式来引导医疗市场需求

预付费制度是指医疗服务发生前,医疗保险机构按照预定的标准给被保险人的医疗服务提供者支付的医疗费用。预付费制度的飞速发展始于20世纪80年代,它是HMO管理医疗的重要组成部分,但是很多国家在没有使用管理式医疗时也使用了预付费制度,达到了非常好的效果。

根据预付费的不同单位,预付费系统可分为总预付制度和分项目或者分病种的预付制;根据预付费的服务单位不同,可以按照床位日费用或平均费用还款;很多研究表明,总预付制度可以更好地控制医疗成本,但是分项目或者分病种的预付制有可能会导致过度诊断和治疗。

第十章　完善中国妇女儿童保险保障体系的对策研究

当前，我国妇女儿童权益保护问题受到学者和决策者的高度重视。中国的妇女儿童权利保护组织和研究机构已经较多讨论了如何通过保险担保和保障制度来提高妇女和儿童的生活质量和保障水平。但是，各机构的分析都是基于自己的立场和观点，他们的意见和建议不够系统，不利于决策意见的形成。因此，建议国家有关机构组织国内外有关专家学者对此进行全面系统的研究和论证。系统参考社会福利、财税优惠、社会保障和商业保险等部门的意见，并且形成覆盖妇女和儿童保险的顶层设计方案，供有关部门在决策和实践中参考。

具体来说，我国要发展和完善妇女和儿童保险保障体系，就需要加强妇女儿童保险保障体系的顶层设计，建立由政府管理、社会救助、社会保险和商业保险等共同组成的层次分明、独立完整、分工协作的面向妇女和儿童的多层次风险保障体系；要健全完善妇女儿童社会保障体系，通过推进社会保险改革和提高福利水平，进一步提升妇女和儿童保障水平；整合慈善救助资源，鼓励公益慈善事业探索与保险结合，提高捐赠资金运用效益；支持鼓励保险公司在社会保障体系中发挥更大作用，支持组建妇女儿童专业保险公司，鼓励保险企业创新产品设计，提供更符合市场需求的产品；营造和完善其他政策环境。在政策支持的层面看，妇女和儿童的商业保险和社会保险的界限应当是明确的，政府应逐步建立一个结构良好的和多层次的产品结构，妇女和儿童风险管理体系应当由社会救助、社会保险、政府管理和商业保险等不同主体共同参与，同时应当充分发挥商业保险和社会保障在社会治理中的作用。

第一节　完善中国妇女儿童保险保障体系的总体框架

基于前几章的分析，我国要发展和完善妇女和儿童商业保险保障体系，就要加强妇女儿童保险保障体系的顶层设计，建立由政府管理，社会救助、社会保险和商业保险组成的层次分明、独立完整、分工协作的面向妇女和儿童的多层次风险保障体系；要健全完善妇女儿童社会保障体系，通过推进社会保险改革和提高福利水平，进一步提升妇女和儿童保障水平；整合慈善救助资源，鼓励公益慈善事业探索与保险结合，提高捐赠资金运用效益；支持鼓励保险公司在社会保障体系中发挥更大作用，支持组建妇女儿童专业保险公司，鼓励保险企业创新产品设计，提供更符合市场需求的产品；营造其他政策环境。

当前，保护我国妇女儿童权益问题受到学者和决策者的高度重视。中国的妇女儿童权利保护组织和研究机构已经较多讨论了如何通过保险担保制度来提高妇女和儿童的生活质量和保障水平。但是，各机构的分析都是基于自己的立场和观点，他们的意见和建议不够系统和全面，不利于决策意见的形成。因此，建议国家有关机构组织国内外有关专家学者对此进行全面系统的研究和论证。系统参考社会福利、财税优惠、社会保障和商业保险发展等部门的意见，并且形成覆盖妇女和儿童保险的顶层设计方案，供有关部门在决策和实践中参考。

一　推进商业保险和社会保障之间的协调发展

根据已有文献的研究，商业保险和社会保障之间关系一般被认为是相辅相成和合作共赢的。

首先，商业保险和社会保障之间边界难以清晰界定。例如，在美国，美国雇主提供的保险被学者视为私人保险，也就是商业保险。然而，这些类型的保险与我国城镇职工各类社会保险具有很强的相似性，在名义上是强制性的，但事实上，企业有选择的保险计划，但在中国这样的保险往往被视为社会保障。实际上，这也是许多国家社会保障发展的历史经验，例如养老保险的快速发展，也就是在企业探索风险管理实践的某些方面，在条件成熟的时候，再用社会保障的形式向公众推广。妇女和儿童保险也可以从这个角度出发，率先以商业保险的形式为未来社会保障体系的扩张和发展提供经验。

其次，由于商业保险追求利润最大化，它们往往有更多的成本控制经验，因此在预算约束条件下具有更高的风险管理能力。一般来说，商业保险体系能够在成本控制、服务创新和需求发现等方面具有优势和发挥作用，政府应当支持商业保险机构以政府采购服务的形式向社会保障体系提供产品和服务，以更好地保护妇女和儿童的权益。

二 建立和完善多层次风险保障体系

在政策支持的层面，妇女和儿童的商业保险和社会保险的界限应当是明确的，政府应逐步建立一个结构良好的和多层次的产品结构，妇女和儿童风险管理体系应当由社会救助、社会保险、政府管理和商业保险等不同方面组成，同时应当充分发挥商业保险和社会保障在社会治理中的作用。

妇女和儿童作为相对弱势的群体，维护其权益的首要责任在于政府。政府需要通过采取明确机构职责、归口权限、调整部门机构、改革公共服务流程等手段，合理配置各种职能。在向妇女儿童提供公共服务时，政府需要建立跨部门的协调机制，减少文件审批程序，消除妇女儿童在完善社会保障过程中的责权不清、互相推诿、多口管理等现象，尽量消除管理的死角和空白。在明确政府职能的基础上，还应当积极发挥政府的救助作用。在跨部门协调机制的基础上，政府还应当整合社保部门、卫生部门和民政部门等各种资源，吸取和借鉴有关教育券、医疗券和食品券等西方发达国家的先进经验。在保障最低收入的经济支持的条件下，政府应当向低收入的妇女和儿童群体提供有针对性的实物援助，并且采取推广家庭寄养、限制接触和强制剥夺抚养权等手段，确保社会救助的有效性。

对有一定职业和收入的人群来说，他们主要依靠社会保险进行风险管理。在经济结构发生变化的情况下，我国的社会保险制度需要适当调整，而且在调整期间需要从家庭的角度考虑保护妇女和儿童群体的利益问题。妇女和儿童群体应得到适当的社会保障，避免各种突发事件带来的社会福利下降。尤其是政府需要从家庭的角度更加有效地保护不工作的妇女和儿童，维护好他们的权益。在完善社会保障的基础上，通过使用商业保险对风险管理需求和能力较高的居民和家庭提升和完善风险管理水平。社会保障为居民提供了初步的风险管理解决方案，而商业保险则提供了更高水平的风险保护。这种商业保险需要雇主以职业和工作为基础来缴费购买，也可以是个人完全自愿购买商业保险。

第二节 健全和完善妇女儿童的社会保障体系

一 继续推动公共养老金深化改革

推动公共养老金深化改革是一项长期任务，尤其是要把女性的退休年龄推迟到与男性基本持平的水平，这样才能保证女性能够积累更多的养老金，用以应对退休金的长期需求。目前，大部分中国女性退休年龄比男性小五岁，这就使得很多女性过早地退出社会劳动，造成了劳动力的浪费，而且使女性养老金的压力更加突出。从这个意义上讲，推迟退休的第一步应该是推迟妇女的退休年龄，使她们与男性基本保持一致。在条件允许的情况下，政府应鼓励老年妇女在退休后从事适当的非全日制就业，并且通过公共养老保险制度积累更多的养老金。

参照美国 IRA 的解决方法，政府应当鼓励家庭成员参加城镇职工的养老保险制度，并且通过税收抵扣等方式来促进灵活就业。一般来说，非正规就业部门和全职家庭主妇很难由雇主提供支付责任，因此参与城镇职工养老金制度也往往比较困难，她们只能参与城镇居民养老保障水平较低的体系，这就导致她们要想维持足够体面的退休养老生活就变得非常困难。在目前的政策框架下，政府可以参照灵活就业人群的政策来鼓励其他女性与家庭主妇积极参加待遇较高的城镇职工养老保险，并且积极缴纳养老保险和家庭支付费用，这些费用可以减少家庭或劳动力中的个人所得税，从而为妇女提供更全面和更高水平的养老保险。

此外，政府应当加强养老保险制度中的家庭特征，努力建立以家庭为精算单位的多种支付方式。由于妇女的寿命更长，更容易患慢性病，她们在家庭退休护理支出中所占的比例较大，而其他家庭成员则没有如此显著的需求。因此，在夫妻双方建立起城镇职工养老保险制度的情况下，应当借鉴美国的做法，夫妻可以合并双方的养老保险，并且根据家庭的实际情况，使养老金总量在一方幸存期与双方存活期之间进行更合理的分配，这样可以更好地满足老年人的家庭需求，尤其是满足老年妇女的需求。

二 加快社会保障体系改革，有效提升妇女儿童保障水平

政府应当建立以家庭为基础的转移支付和社会福利制度，为妇女和儿童提供一定程度的转移支付、减税和社会服务，并且努力提高家庭福利水

平。相比于抵扣税而言，养老保险、健康保险和税收减免等对于社会和谐稳定和经济的增长和发展更加重要，因此应当把养老保险、健康保险按照一定金额或比例纳入劳动收入和财产性收入的税收减免项目来促进保障家庭的经济支出和妇女儿童的合法权益。应该向生育妇女提供包容性的家庭津贴，以及为已婚妇女提供一定的经济补偿，因为这些妇女为家庭事业做出了牺牲，并且为子女的成长提供最基本的照护和保障。这可能是政府在实施"全面二孩"政策之后，为了解决低出生率问题应实行的鼓励政策，也应当尽快进行研究。

在政策法规体系不够健全、监督管理措施不够完善、慈善活动不够规范、社会氛围不够浓厚、与社会救助工作衔接不够紧密等条件下，社会团体互助互济机制需要通过改革以提升组织活力。慈善团体互助捐赠面临碎片割裂、各自为政的问题，资金募集难度大，市场调节的资金募集易造成救助的结构性失衡；专业人员缺乏，为患儿提供专业服务能力不足；慈善组织之间缺乏互动与衔接。居民互助捐赠缺乏监管，容易遭遇信任危机。通过进一步确定养老金划分方案，在家庭遇到离婚和其他变故的情况下，把配偶在社会养老保险中的部分权益转让给妇女，这样可以更好地维护妇女的合法权益。由于离婚对妇女的负面影响远远大于男性，妇女在婚姻和家庭中的贡献所造成的职业牺牲，以及其对男性事业的支持应当在家庭遇到离婚和其他变故的情况下明确界定，从而可以降低离婚对妇女的负面影响，并保障妇女的合法权益。

此外，政府应当建立遗属津贴或者养老金分割，这样可以确保从事家务工作的妇女免遭由于丈夫死亡而造成的贫困风险。由于妇女通过抚养子女对家庭和社会做出重大贡献，这种贡献应该得到家庭和社会的认可，而且应当通过遗属津贴或养老金分割等方法来保障妇女的权益。举例来说，工作配偶的遗属津贴可以在工作配偶去世后为妇女提供一些收入来源，这样可以弥补妇女为家庭所作的牺牲。

三 支持保险公司在社会保障体系中发挥更加重要的作用

首先，支持保险公司积极参与社会援助和慈善活动。政府应当为妇女提供保费补贴，用以促进妇女儿童保险的发展，并且利用税收杠杆来引导有关保险销售渠道和商业保险公司，积极拓展妇女儿童保险的销售。为了提升低收入家庭和贫困家庭的积极性，政府应该降低部分地区妇女儿童保险的运营成本。

其次，支持保险公司改善妇女和儿童社会保障的新方法。很多国家的实践已经证明，社会保障与商业保险之间的关系是相辅相成的，商业保险可以为完善社会保障提供丰富的实践经验，而且成熟的商业保险可以转化为社会保障，并且有益于提高居民的保障水平。政府应当支持商业保险公司积极发展新型保险业务，提供新的保障方案，为社会保险提供支持，并且努力提高社会保障水平。

最后，支持保险公司积极参与妇女儿童社会保障的业务。在提高社会保障体系效率的同时，还要帮助专业的妇幼保险公司提高服务水平与保险承保技术。

四 积极完善生育保险的保障功能，提升统筹水平

在我国目前的经济条件下，由于生育风险较低、劳动力成本较高，根据我国现行生育保险的规定，事实上孕产妇和新生儿的很多风险是不包括在生育风险的范围之内的。因此，我国目前的社会生育保险可能不具有与医疗保险相合并的理论意义。然而，正如上面提到的，由于产妇分娩的风险是客观存在的，我国社会生育保险改革的重点应放在分散孕产妇重大风险上面，为孕产妇提供全面风险保障，确保她们和她们的孩子的生活得到有效保障。然而，由于这种风险的发生率很低，总的劳动力成本不会受到太大的影响。对于有其他特殊情况的年龄较大的产妇，应通过商业保险而不仅仅是使用宝贵的社会保险资源来实现风险管理。鉴于生育保险整体水平较低，有必要提高生育保险的整体水平，逐步把原有的县级统筹工作提高到省级水平。特别是在中西部地区，要加快边远地区与省会经济发达地区的协调。建议在国家层面尽快探索建立生育保险统筹的可行性和方法，在医疗费用、医疗资源和人口都存在差异的情况下，政府应当研究适当的母婴保险统筹方案，并且及时实施在全国范围内统筹规划。

作为社会福利一部分的生育津贴，政府应该将其转化为家庭津贴的一部分。为了更好地实现社会保障和社会再分配，这些补贴应该从社会保险中剥离出来，成为社会福利政策的重要组成部分。在此过程中，要考虑到收入差异，并且为一些高收入群体提供奖励。由于这笔支出主要由地方财政支持，整体协调水平也不是严重问题，不同地区之间的差异也可以成为不同地区吸引人才的重要手段。

一般来说，生育保险可以与健康保险相结合，并且作为个人保险账户的一部分，可以满足不同的产妇福利和高附加值的生育服务，以及客户的某些财务状况和需求。如果妇女们还有更高的要求，应该购买补充商业保险，以提高保护水平。这一部分保险与医疗保险一样，应该在国家层面上

进行协调，用以促进人口的跨区域流动。

五 进一步促进医疗保险制度改革

首先，要提高我国妇女和儿童的社会医疗保险水平。不但要进一步扩大社会医疗保险的覆盖面，还要把社会医疗保险工作的重点转向有效提高保障水平方面，并且使更多的疾病、药品和服务能够被医疗保险所覆盖。特别是妇女儿童群体所需要的特殊医疗器械和药品，需要尽快尽多纳入社会医疗保险的覆盖范围内。政府还应增加对妇女和儿童的一些严重疾病的资助，并通过增加地方财政拨款来提高妇女和儿童的医疗保健水平。此外，政府还应该增加对妇女儿童重大疾病的医疗经费及地方财政资助，提升妇女儿童医疗保健的保障水平。

其次，应当加大公共医疗保险改革的力度，消除不同医疗保险制度在保障待遇方面的差异。我国的医疗保险改革需要从打破分散的医疗保险体系入手，建立比较均衡的医疗保险制度，可以促进居民迁移和不同制度间的转换。为完善城乡居民医疗保险转移工作，继续确保城镇职工医疗保险机构和政府机构医疗保险制度顺利转型，应当建立统筹兼顾的跨地区医疗保险机制，这样可以促进人才的流动。

最后，应当逐步加强公共医疗保险管理，以及医疗保险和医院之间的诊疗过程、手术、体检、用药和护理等方面的合作，充分发挥医疗保险在风险管理、损失赔偿、费用控制等方面的优势，同时控制成本，努力提高治理效果。

第三节 支持中国妇女儿童商业保险的发展

一 积极支持组建妇女儿童专业保险公司

我国政府历来重视妇女儿童商业保险的发展，把维护妇女权益作为长远发展目标的重要组成部分，并颁布了一系列具体的法律、政策和措施。近年来，国务院公布的《关于加快发展现代保险服务业的若干意见》明确提出了"把商业保险建设成为社会保障体系重要支柱"的要求，积极支持建立专业保险公司，促进客户和市场细分，并推动差异化竞争、个性化服务；积极鼓励各级政府运用保险机制来创新发展提高民生和社会管理效率和提供公共服务的方式，为我们创新发展妇女儿童保障事业提供政策基础，和明确未来工作方向。

一般来说，妇女和儿童群体是两个具有独特风险特征的相对弱势群体，他们的风险结构具有很大的相关性和特殊性，并且与普通保险公司所关注的风险特征有很大不同。如果根据产品开发的一般思路开发产品，那么妇女和儿童群体的保险保障需求往往难以充分挖掘，也很难做到根据不同职业分布、不同收入水平、不同年龄段、不同生理期的女性顾客来实行市场细分，和积极发展差异化较大的目标产品，也就不可能满足这两类人群多层次多元化的风险保障需求，甚至可能出现养老险、健康险等产品不好销售的局面，最终有可能形成产品结构畸形发展的状况。

此外，政府应当积极支持组建专门的保险公司，可以分担妇女儿童保险事业发展责任，并重点深入研究妇女儿童群体的风险结构，更好地发挥服务实体经济的作用。妇女和儿童群体是相对弱势群体，积极为这两类群体提供商业保险，需要将保险和金融部门资源结合起来，保障好妇女和儿童的权利和利益。

二 支持面向就业人员及其家庭的保险产品开发和推广

目前，我国社会医疗保险和商业医疗保险市场上出现了大量的逆向选择问题，主要原因可能是非正规就业市场的发展导致许多人选择不参加社会医疗保险。当社会医疗保险和商业医疗保险难以提供良好的健康风险管理的时候，就会导致更多的健康风险较低的就业人员退出市场。虽然强制性的社会保险可以部分解决这一问题，但社会医疗保险的保障水平较低，因此需要加强社会医疗保险和商业健康保险的合作以及进一步深化改革，近年来各地城惠保的快速发展就是社会医疗保险和商业健康保险合作机制的创新，对提升广大居民的健康风险保障水平具有明显效果。中国也可以借鉴发达国家的经验，充分挖掘我国非常广阔的市场潜力，将养老保险、长期护理保险、健康保险等产品覆盖到就业人员及其家庭主要成员。

三 鼓励保险公司进行产品设计创新，提供更好地满足市场需求的产品

就保险业而言，中外合资保险公司是"干中学"的典型案例，而西方国家现代金融风险管理技术、物联网技术和大数据技术的引进和应用是技术引进的范例。从创新的角度来看，中国保险业发展的现实已经表明，当前的技术引进与"干中学"对保险业发展的影响比较显著。而技术进步和独立的自主研发创新是中国保险业未来发展的关键所在。对于目前中国保

险业来说，如何充分利用物联网技术、互联网技术等生产要素来重塑中国保险业的产品、运营和流程，这将在未来是很重要的。政府可以通过政策引导和改善环境等方法来鼓励企业进行创新。

在妇女和儿童保险方面，有关部门应积极推动保险业快速发展，迎接各种挑战。在大力发展养老保险、长期护理保险和健康保险等保险品种的基础上，力求能够有效整合医疗、健康、护理与养老等资源，开发出适用、简单、可以满足妇女和儿童群体多元化需求的保险产品。

四 建立健全专业化的保险监管体系

第一，适度放宽销售资格与销售渠道。可以允许保险公司委托符合一定条件的计划生育协会、村委会、妇联、供销社、合作社和新型农村合作医疗代办与经办妇女和儿童保险业务，以及符合一定资质的妇女儿童活动中心、妇幼保健和专科医院或机构和机构中的工作人员，来兼职销售妇女和儿童保险。第二，降低监管成本，同时降低保险公司的经营成本。第三，积极鼓励保险公司开展各种类型的技术创新。第四，建立妇女和儿童保险的市场管理制度、市场准入要求、独立产品和服务能力要求等规范。

第四节 积极鼓励妇女和儿童公益事业的发展

一 加强监管措施，积极引导公益事业发展

第一，加强法制建设，完善对妇女儿童公益事业的立法、执法和司法等方面的工作，完善对妇女和儿童公益事业的管理。由于妇女和儿童群体具备一定的特殊性，政府需要在《中华人民共和国慈善法》等一般法律制度的基础上，对妇女儿童公益事业提出更为严格的法律规定。建议相关部门对此制定更为严格的部门规章和实施细则，并加强对妇女和儿童公共福利的管理。

第二，建立和完善妇女儿童公益事业管理机制，实施更加严格的监管机制。为加强对妇女儿童群体的保护，防止一些不法分子以帮助妇女儿童的名义从事非法活动，有必要加强对妇女儿童公益组织进行项目的审查、批准、组织年检、活动内容备案审查等活动，确保这些组织一直处于有效监督之下。

第三，建立由政府主导的多层次监管体系。由政府主导、群众组织协调、独立机构评估和媒体监督等组成,可以全面监管妇女儿童的公益事业,以尽最大努力维护救助妇女儿童的合法权益。

第四,为引导公共卫生事业健康发展提供必要的优惠政策。政府应当提供必要的税收和其他优惠来帮助非营利性组织降低成本,并且鼓励企业和居民通过税收抵免等方式向非营利性组织捐赠。此外,通过社会企业有限的商业运作促进公益事业的发展,并且鼓励非营利性组织开展公益活动,提高公益事业的可持续性。

二 加强公益组织的沟通与合作,利用好慈善援助资源

第一,建立由独立机构或者政府维护、运营的公益平台,整合公益平台的优势,并且为需要者与捐赠者提供信息有效沟通的渠道。有关部门应当牵头组织,发挥好互联网的优势,把所有公益组织都公开向社会展示,并且尽力帮助捐赠者快速找到自己想要捐赠的公益项目,或者帮助那些急需救助的群众找到相应的公益机构。

第二,为了让慈善资金实现更加充分有效的配置,建立网上合作救助基金。由于慈善捐赠大多是由捐助者自发实现的,非营利性组织经常面临慈善资金供求矛盾。因此,建立联合慈善救助基金流动平台,可以充分合理地分配资金,提高资金周转效率,增强慈善救助力度。

第三,积极建设线下救援资源服务平台,为各类公共服务机构离线救援资源进行充分对接和交流,尽最大努力整合慈善救援资源。因为各机构的资金规模与背景均不同,各公共服务机构的资源条件也不同,所以需要建立一个整合离线救援资源的服务平台,最大限度地交换和整合资源,提高救援资源的利用效率与公共服务的救助效果。

三 鼓励公益性慈善机构探索和保险机构合作,努力提高捐赠资金的使用效率

第一,鼓励公益性慈善机构充分利用保险公司风险管理和保险精算的技术优势,对公益机构的慈善事业相关风险加强风险管理,降低对慈善救助资金的依赖,提高运营效率。例如,早期预防和减少留守儿童的各种风险事件,可以减少风险事故的发生,并充分提高捐赠基金对留守儿童的福利效果。

第二,鼓励公益组织积极加强与保险公司的合作,给予救助对象提供某种保险,可以利用较低的保险费用实现较高的补偿水平,这样可以有效增强救援工作的覆盖面,提高救援效果。

第三，鼓励公益性慈善机构积极开展和保险公司的合作，设计和开发针对救助对象的保险产品，增强慈善救助的可持续性。对于妇女和儿童群体而言，可以通过政府采购或公益捐赠保险的方式来防范被侵犯、意外伤害、留守儿童走失、被拐卖的风险，增强慈善救助的长期可持续性。

第五节 营造其他有利政策环境

一 进一步深化税制改革

自 2016 年初以来，财政部、原保监会和国家税务总局共同在 20 多个城市和 4 个直辖市实施商业健康保险个人所得税政策试点，2017 年 7 月 1 日起推广到全国范围。对试点地区个人购买符合规定的健康保险产品的支出，按照 2400 元/年的限额标准在个人所得税前予以扣除，有利于减轻投保居民的负担，也有利于保险公司扩大保险覆盖面。但是，目前我国税优型商业健康保险的市场发展未能达到行业预期，这成为需要进一步研究的问题。对购买养老保险、护理保险、教育保险和医疗保险等保险产品给予税收减免，可以发挥税收制度对消费者购买保险产品和服务的刺激和促进作用。

二 加强对消费者的保险知识教育

传统观念认为，消费者往往是理性的，但是这不符合金融和保险业的现实情况。在现实情况中，很多消费者经常不了解复杂的保险条款，也缺乏了解复杂的保险条款的愿望。此外，消费者往往目光短浅，缺乏准确的风险估计和充分的长期风险认知，对长期的医疗保险和养老保险缺乏必要的了解，容易拒绝购买保险。这是长期保险产品在我国不太受欢迎的重要原因之一。

相关部门有必要不断加强消费者保险知识教育，提高消费者对长期保险产品的理解和接受程度。OECD 国家曾经强调，政府应该将金融教育纳入金融监管和政府监管框架，令其成为消费者保护与机构监管的重点内容。在加强消费者教育层面上，监管部门应发挥原则指导和部门协调作用，并通过学校教育和专业机构等多种渠道进行消费者教育活动。事实上，消费者教育是整个社会的长期系统工作。

一般来说，消费者教育的目的是通过传播法律知识与保险知识，加强消费者的自我保护和风险意识，促使整个行业平稳有序发展，并且积极维护消费者的权益。应当积极发挥行业社团组织、保险机构、保险监管部门、大众媒介与教育部门的作用，积极倡导科学合理的保险理念，使公众可以真正了解保险、认识保险、运用保险，让消费者放心消费，满意保险公司的服务。

在经济和社会持续发展的情况下，长期保险在风险防范和管理中发挥着尤为重要作用。对妇女和儿童保险而言，首先，应当提高对妇女和儿童保险的认识，尤其是加强对低收入家庭的保险知识教育，并增加对养老保险、长期护理保险和健康保险等长期产品的了解。其次，加强对保险代理人、保险经纪人的教育，使他们能够了解和支持个人和家庭的长期保险。

三 推进医疗体系全面改革

世界银行曾经对我国的医疗体系进行了深入的分析，并且指出了我国医疗保险制度所面临的严峻形势。世界银行认为，我国在满足国家医疗卫生需求方面存在着新的挑战，主要是慢性非传染性疾病和人口快速老龄化的负担较大，目前还需要进一步深化改革和推动创新，进一步提升医疗卫生和健康服务体系的效率。近年来，我国卫生总费用的增长一直高于 GDP 的增长率，然而，原有的成本基础和占国内生产总值的份额相对较低，在 2016 年为 6.2%。因为人口结构的变化、收入增长、技术创新、被抑制的需求、流行病等因素的存在，我国医疗费用的压力不断加大，医疗费用快速增长的趋势在短时间内很难被改变。一些高收入国家的经验表明，卫生支出目前出现了过度增长，如果得不到适当的控制，就会可能加重政府、企业和个人的负担，并呈现出一种难以为继的局面。世界银行指出，我国需要深化医疗卫生体制改革，要避免高收入国家经历的医疗卫生服务体系低价值、高成本的风险。

目前，我国的医疗卫生体系是以医院为中心，其重点在于疾病治疗服务，并不是从源头上的健康保护。人们往往是在大医院而不是在基层卫生机构选择就医和治疗服务。由于基层卫生机构往往缺乏医务人员，一些医疗机构，尤其是那些服务质量的信息有限、服务质量不高的医疗机构，不能充分发挥作用，进一步削弱了卫生系统提供早诊断、早治疗、疾病预防和服务一体化等核心功能的能力。此外，高级医疗服务提供者的预约等待时间长、治疗过程较为简短，并且病人对高级医疗服务提供者的服务越来越不满，这一问题和现象影响了人们对这些高级医疗服务提供者的信心。

世界银行认为，商业保险可以在"以人为本的一体化服务"模式中发挥更大的作用。伴随着医疗卫生服务资源的合理使用,包括商业保险在内的医疗保险在过程介入、成本控制和风险控制等方面可以发挥更全面的作用,对促进居民健康也可以起到更重要的作用。很多研究的结论证明,单纯依靠医疗保险制度改革是不能取得很大进步的。使用完全预付制利于医疗成本的控制,但价格上限控制的效果不能同时实现。为了充分发挥医疗保险的作用,我国需要继续大力推进全面的医疗制度改革。

参考文献

中文文献

北京师范大学中国公益研究院：《建立保护型现代儿童福利体系——中国儿童福利政策报告 2016》，北京师范大学中国公益研究院，2016 年。

北京师范大学中国公益研究院：《中国儿童大病医疗保障与社会救助分析》，中国红十字基金会，2014 年。

陈浩：《长寿风险证券化研究综述》，《特区经济》2016 年第 7 期。

董承章：《投入产出分析》，财政经济出版社 2000 年版。

段白鸽：《我国全年龄段人口平均预期寿命的动态演变》，《人口与经济》2015 年第 1 期。

段白鸽、陆婧文：《长寿风险对保险公司年金产品定价的影响——基于区块 Bootstrap 方法的实证分析》，《山西财经大学学报》2015 年第 7 期。

段白鸽、石磊：《中国高龄人口死亡率的动态演变——基于年份、城镇乡、性别的分层建模视角》，《人口研究》2015 年第 7 期。

冯文丽：《美国联邦儿童医疗保险制度评介》，《保险研究》2008 年第 9 期。

高全胜：《长寿风险的稳健对冲与稳健管理技术研究进展》，《保险研究》2015 年第 12 期。

郭金龙、王桂虎：《保险公司偿付能力影响因素实证研究及 C-ROSS 试运行后的新变化》，《金融评论》2017 年第 3 期。

郭金龙、周小燕：《长寿风险及管理研究综述》，《金融评论》2013 年第 2 期。

国家统计局人口和就业统计司：《中国人口和就业统计年鉴(2014)》，中国统计出版社 2014 年版。

国家统计局人口和就业统计司：《中国人口和就业统计年鉴(2015)》，中国统计出版社 2015 年版。

国家统计局人口和就业统计司、人力资源和社会保障部规划财务司：《中国劳动统计年鉴（2015）》，中国统计出版社 2015 年版。

国家统计局人口和就业统计司课题组：《中国失独妇女及其家庭状况研究》，国家统计局网站。

国家卫生与计划生育委员会：《中国卫生和计划生育统计年鉴（2015）》，中国协和医科大学出版社 2015 年版。

国务院人口普查办公室、国家统计局人口和就业统计司：《中国 2010 年人口普查资料》，中国统计出版社 2011 年版。

韩猛、王晓军：《长寿风险对未来年金净保费的影响》，《数理统计与管理》2014 年第 11 期。

何颖媛、刘贯春：《两因子随机死亡率状态空间模型及长寿风险测度》，《财经理论与实践》2014 年第 9 期。

何雨阳：《我国长寿风险管理研究》，硕士学位论文，浙江大学，2016 年。

黄万丁：《基于 TRR 的养老金替代率精算模型研究——兼论我国公共养老金水平的高低》，《现代管理科学》2016 年第 4 期。

黄占辉、王汉亮：《健康保险学》，北京大学出版社 2006 年版。

贾云竹、谭琳：《我国人口老龄化过程中的女性化趋势研究》，《人口与经济》2012 年第 3 期。

金博轶：《长寿风险、弹性退休计划与养老金收支平衡》，《经济与管理评论》2013 年第 4 期。

金博轶：《动态死亡率建模与年金产品长寿风险的度量——基于有限数据条件下的贝叶斯方法》，《数量经济技术经济研究》2012 年第 12 期。

孔伟艳：《社会福利与社会保障的概念辨析》，《中共天津市委党校学报》2011 年第 5 期。

里昂惕夫：《投入产出经济学》，崔书香译，商务印书馆 1982 年版。

林毅夫、张鹏飞：《后发优势、技术引进和落后国家的经济增长》，《经济学（季刊）》2005 年第 4 期。

刘伯红、李玲、杨春雨：《中国经济转型中的性别平等》，联合国驻华系统，2014 年。

刘建光：《基于长寿风险的个人年金配置研究》，硕士学位论文，天津财经大学，2014 年。

刘起运等：《投入产出分析》，中国人民大学出版社 2006 年版。

刘霞辉等：《改革年代的经济增长与结构变迁》，格致出版社、上海人民出版社 2008 年版。

刘霞辉等:《尊重经济规律 调整产业结构》,《人民日报》2013 年 2 月 5 日第 7 版。

刘小鲁:《价格上限管制、总额预付制与医疗保险下的金融风险》,《世界经济》2014 年第 11 期。

路锦非:《合理降低我国城镇职工基本养老保险缴费率的研究——基于制度赡养率的测算》,《公共管理学报》2016 年第 1 期。

马昕、程刚、郭长艳:《2015 年全国基金会发展概况》,载杨团主编,《中国慈善发展报告（2016）》,社会科学文献出版社 2016 年版。

娜仁图雅、段美枝:《社会保障学》,中国财政经济出版社 2014 年版。

卿石松、郑加梅:《"同酬"还需"同工":职位隔离对性别收入差距的作用》,《经济学（季刊）》2013 年第 2 期。

《全国基金会行业发展趋势分析》,基金会中心网,https://www.docin.com/p-134500022.html。

萨拉尼:《税收经济学》,陈新平等译,中国人民大学出版社 2005 年版。

世界银行、世界卫生组织、财政部、国家卫生和计划生育委员会、人力资源和社会保障部:《深化中国医药卫生体制改革:建设基于价值的优质服务提供体系》,世界银行,2016 年。

苏薪茗:《保险资管行业发展分析》,《中国金融》2016 年第 14 期。

孙祁祥:《保险学》,北京大学出版社 2013 年版。

孙祁祥、郑伟:《商业健康保险与中国医改——理论探讨、国际借鉴与战略构想》,经济科学出版社 2010 年版。

谭琳、李军锋:《我国非正规就业的性别特征分析》,《人口研究》2003 年第 5 期。

坦齐、舒克内希特:《20 世纪的公共支出:世界视野》,胡家勇译,商务印书馆 2005 年版。

唐钧:《从社会保障到社会保护:社会政策理念的演进》,《社会科学》2014 年第 10 期。

田梦、邓颖璐:《我国随机死亡率的长寿风险建模和衍生品定价》,《保险研究》2013 年第 1 期。

万晴瑶等:《中国城镇居民养老金年金化需求行为的影响因素分析》,《保险研究》2014 年第 10 期。

王桂虎:《1991—2015 年中国非金融企业资产负债的估算与负债率的

实证研究》,《上海经济研究》2017年第9期。

王桂虎:《人口年龄结构变化与经济增速、股市涨跌的动态关系》,《东北大学学报》(社会科学版)2015年第4期。

王桂虎:《中国非金融企业杠杆率、僵尸企业与宏观经济波动的动态关联研究》,《郑州大学学报》(哲学社会科学版)2017年第6期。

王力平:《基于长寿风险的金融产品创新研究》,博士学位论文,天津财经大学,2015年。

王向楠:《中国人寿保险需求实证研究进展和评价》,《金融与经济》2012年第12期。

王向楠、王晓全:《我国居民人寿保险需求的调查分析》,《金融理论与实践》2013年第1期。

王小平:《保险消费者教育的借鉴与思考》,中国保险监督管理委员会网站。

王晓军、姜增明:《长寿风险对城镇职工养老保险的冲击效应研究》,《统计研究》2016年第5期。

王晓军、姜增明:《长寿风险对企业年金缴费率和资产配置的影响》,《金融经济学研究》2017年第3期。

王翼龙:《具有不对称信息的市场》,《经济学动态》2001年第11期。

谢建社等:《流动农民工随迁子女教育问题研究——以珠三角城镇地区为例》,《中国人口科学》2011年第1期。

谢世清:《长寿风险的创新解决方案》,《保险研究》2011年第4期。

谢世清、郏雨薇:《极端死亡率风险与长寿风险证券化的比较研究》,《中央财经大学学报》2015年第1期。

谢世清、赵仲匡:《q远期合约:寿险风险管理的新工具》,《证券市场导报》2014年第3期。

臧文斌等:《城镇基本医疗保险中逆向选择的检验》,《经济学(季刊)》2013年第1期。

曾燕等:《基于长寿风险与OLG模型的延迟退休决策》,《金融经济学研究》2013年第7期。

曾燕等:《基于价格调整的长寿风险自然对冲策略》,《中国管理科学》2015年第12期。

张涛、袁伦渠:《"管理式医疗"机制:美国经验与我国借鉴》,《河南社会科学》2013年第6期。

张元萍、王力平:《长寿指数延迟年金的设计与价值测度》,《当代经济科学》2014 年第 3 期。

赵明、王晓军：《保险公司长寿风险度量》，《统计研究》2015 年第 12 期。

赵明、王晓军：《基于 GlueVaR 的我国养老金系统长寿风险度量》，《保险研究》2015 年第 3 期。

赵文：《我国长寿风险分析》，硕士学位论文，山东财经大学，2014 年。

赵紫薇：《长寿风险证券化的定价模型研究》，硕士学位论文，吉林大学，2014 年。

郑秉文：《欧债危机下的养老金制度改革——从福利国家到高债国家的教训》，《中国人口科学》2011 年第 5 期。

郑秉文：《中国养老金发展报告 2012》，经济管理出版社 2012 年版。

中国保险监督管理委员会：《中国保险市场年报（2015）》，中国金融出版社 2015 年版。

中国保险年鉴编委会：《中国保险年鉴（2014）》，中国保险年鉴社 2014 年版。

中国保险年鉴编委会：《中国保险年鉴（2015）》，中国保险年鉴社 2015 年版。

中国保险行业协会：《商业健康保险国别研究报告》，中国金融出版社 2015 年版。

中国公益 2.0、中山大学中国公益慈善研究院：《中国民间公益组织基础数据库数据分析报告》，南都公益基金会，2014 年。

中华人民共和国国家统计局：《中国统计年鉴（2015）》，中国统计出版社 2015 年版。

中华人民共和国民政部：《中国民政统计年鉴（中国社会服务统计资料）》，中国统计出版社 2015 年版。

祝伟、陈秉正：《动态死亡率下个人年金的长寿风险分析》，《保险研究》2012 年第 2 期。

英文文献

A. Krishnaswami, et al., "Can We Improve Mortality Estimation in Women after Treadmill Testing by Using Sex-specific Scores?", *Jama Cardiology*, 2017 (6): 51-67.

A. Sekikawa, et al., "Continuous Decline in Mortality from Coronary

Heart Disease in Japan Despite a Continuous and Marked Rise in Total Cholesterol: Japanese Experience after the Seven Countries Study", *International Journal*, 2015 (4): 34-42.

Aghion, et al., *Endogenous Growth Theory*, Cambridge & London: The MIT Press, 1999.

Alai, D. H., Sherris, M., "Rethinking Age-Period-Cohort Mortality Trend Models", *Scandinavian Actuarial Journal*, 2014 (3): 208-227.

A. W. Shao, et al., "Reverse Mortgage Pricing and Risk Analysis Allowing for Idiosyncratic House Price Risk and Longevity Risk", *Insurance: Mathematics and Economics*, 2015 (8): 43-65.

B. G. Jang, et al., "Asset Demands and Consumption With Longevity Risk", *Economic Theory*, 2016 (3): 27-41.

Blake, D., et al., "Longevity Bonds: Financial Engineering, Valuation, and Hedging", *Journal of Risk and Insurance*, 2006 (11): 647-672.

Blake, D., et al., "Living with Mortality: Longevity Bonds and Other Mortality-Linked Securities", *British Actuarial Journal*, 2006 (12): 153-228.

Cairns, A. J. G., et al., "Bayesian Stochastic Mortality Modeling for Two Populations", *ASTIN Bulletin*, 2011 (1): 29-59.

Cairns, A. J. G., "Robust Hedging of Longevity Risk", *Journal of Risk and Insurance*, 2013 (8): 621-648.

Chan, W. S., Li, J. S. H., "The CBD Mortality Indexes: Modeling and Applications", *North American Actuarial Journal*, 2014 (1): 38-58.

Chen, H., et al., "Multi-population Mortality Model: A Factor Copula Approach", *Insurance: Mathematics and Economics*, 2015 (3): 135-146.

Chuang, S. L., and Brockett, P. L., "Modeling and Pricing Longevity Derivatives Using Stochastic Mortality Rates and the Esscher Transforms", *North American Actuarial Journal*, 2014 (1): 22-37.

C. M. Celano, et al., "Association Between Anxiety and Mortality in Patients with Coronary Artery Disease: The Heart and Soul Study", *Annals of Behavioral Medicine*, 2016 (1): 18-29.

Cummins, J. David, Barrieu, Pauline, "Innovations in Insurance Markets: Hybrid and Securitized Risk-Transfer Solutions", in Dionne, Georges (ed.), *Handbook of Insurance*, New York, NY: Springer, 2013: 547-602.

D. Blake, M. Morales, "Longevity Risk and Capital Markets: The 2014-15 Update", *Journal of Risk and Insurance*, 2017 (4): 15-30.

D. Blake, et al., "Sharing Longevity Risk: Why Governments Should Issue Longevity Bondss-North American Actuarial Journal", *Taylor & Francis*, 2014 (7): 15-31.

E. Baranoff, et al., "The Risk of Variable Annuity Guarantees and Life Insurer Capital", *Asia-Pacific Journal of Risk and Insurance*, 2016 (7): 34-51.

E. Biffis, et al., "The Cost of Counterparty Risk and Collateralization in Longevity Swaps", *A Sun-Journal of Risk and Insurance*, 2014 (8): 28-41.

E. Biffis, et al., "The Cross-Section of Asia-Pacific Mortality Dynamics: Implications for Longevity Risk Sharing", *Journal of Risk and Insurance*, 2017 (4): 27-34.

E. Bisetti, C. A. Favero, "Measuring the Impact of Longevity Risk on Pension Systems: The Case of Ltaly", *North American Actuarial Journal*, 2014 (7): 63-72.

Enz, Rudolf, "The S-Curve Relation Between Per-Capita Income and Insurance Penetration", *The Geneva Papers on Risk and Insurance—Issues and Practice*, 2000, 25 (3): 396-406.

Esping-Andersen, G. Sta, *The Three Worlds of Welfare Capitalism*, Princeton, N. J.: Princeton University Press, 1990.

Fagerberg, Jan, et al. (eds.), *The Oxford Handbook of Innovation*, New York: Oxford University Press, 2005.

Freudenheim, Milt, "Surge of Prepaid Health Plans", *The New York Times*, 12/15/1984.

H. Aro, T. Pennanen, "Liability-driven Investment in Longevity Risk Management", *Optimal Financial Decision Making under Uncertainty*, 2017 (4): 48-53.

H. Chen, et al., "Mortality Dependence and Longevity Bond Pricing: A Dynamic Factor Copula Mortality Model with the GAS Structure", *Journal of Risk and Insurance*, 2017 (3): 58-62.

H. Huang, M. A. Milevsky, "Longevity Risk and Retirement Income Tax Efficiency: A Location Spending Rate Puzzle", *Insurance: Mathematics and Economics*, 2016 (11): 50-62.

H. Li, J. S. H. Li, "Optimizing the Lee-Carter Approach in the Presence of Structural Changes in Time and Age Patterns of Mortality Improvements", *Demography*, 2017 (4): 67-72.

Hainaut, D., "Multidimensional Lee-Carter Model with Switching Mortality Process", *Insurance: Mathematics and Economics*, 2011 (11): 236-246.

Hall, Bronwyn H., Rosenberg, Nathan (eds.), *Handbook of the Economics of Innovation*, Vol.1, Amsterdam, The Netherlands: Elsevier B. V., 2010a.

Hall, Bronwyn H., Rosenberg, Nathan (eds.), *Handbook of the Economics of Innovation*, Vol.2, Amsterdam, The Netherlands: Elsevier B. V., 2010b.

Holst, Jens (ed.), *Global Social Protection Scheme Moving from Charity to Solidarity*, Frankfurt, Germany: Medico International, 2012.

J. De Kort, M. H. Vellekoop, "Existence of Optimal Consumption Strategies in Markets with Longevity Risk", *Insurance: Mathematics and Economics*, 2017 (7): 63-72.

J. Hirz, et al., "Modelling Annuity Portfolios and Longevity Risk with Extended Credit Risk", *Applied Finance and Actuarial Studies*, 2017 (5): 78-84.

James, Estelle, "Rethinking Survivor Benefits", SP Discussion Papers, 2009, Washington, DC: The World Bank, No. 0928.

J. S. H. Li, et al., "Semicoherent Multipopulation Mortality Modeling: The Impact on Longevity Risk Securitization", *Journal of Risk and Insurance*, 2016 (8): 29-35.

K. A. Wilmot, et al., "Coronary Heart Disease Mortality Declines in the United States from 1979 through 2011: Evidence for Stagnation in Young Adults, Especially Women", *Circulation*, 2015 (4): 23-31.

L. Alkema, et al., "Global, Regional, and National Levels and Trends in Maternal Mortality Between 1990 and 2015, with Scenario-based Projections to 2030: A Systematic Analysis by the UN Maternal Mortality Estimation Inter-Agency Group", *The Lancet*, 2016 (2), Volume 387, Issue 10017.

L. Callot, N. Haldrup, "Deterministic and Stochastic Trends in the Lee-Carter Mortality Model", *Applied Economics Letters*, 2016 (3): 12-21.

L. Liu, et al., "Global, Regional, and National Causes of Child Mortality in 2000-13, with Projections to Inform Post-2015 Priorities: An Updated Systematic Analysis", *The Lancet*, 2016 (2): 47-65.

Li, S. H. W. S. Chan, "The Lee-Carter Model for Forecasting Mortality, Revisited", *North American Actuarial Journal*, 2007 (11): 68-69.

L. N. Boon, et al., "Longevity Risk: To Bear or to Insure?", *Tilburg University*, 2017 (2): 48-62.

M del, Carmen Boado, "Longevity Risk in Notional Defined Contribution Pension Schemes: A Solution", *Geneva Papers on Risk*, 2016 (7): 17-32.

M. Fransham, D. Dorling, "Have Mortality Improvements Stalled in England?", *BMJ Publishing Group*, 2017 (5): 53-62.

M. Hall, L. Daly, "Modelling the Reverse Select and Ultimate Mortality Experience of UK Ill-health Retirement Occupational Pension Scheme Members", *Annals of Actuarial Science*, 2016, 10 (2): 222-235.

M. A. Unruh, et al., "Demand-Side Factors Associated with the Purchase of Long-Term Care Insurance", *Forum for Health Economics & Policy*, 2016 (5): 18-31.

McMillan, et al., "Globalization, Structural Change and Productivity Growth", in Bacchetta, Marc, Jansen, Marion (eds.), *Making Globalization Socially Sustainable*, No. 17143, Geneva, Switzerland: World Trade Organization, 2011: 49-84.

Meyricke, R., Sherris, M., "Longevity Risk, Cost of Capital and Hedging for Life Insurers under Solvency II", *Journal of Insurance: Mathematics and Economics*, 2014 (5): 147-155.

Michaelson, A., Mulholland, J., "Strategy for Increasing the Global Capacity for Longevity Risk Transfer: Developing Transactions that Attract Capital Markets Investors", *Journal of Alternative Investments*, 2014 (1): 18-27.

Miller, George A., "The Magic Number Seven, Plus or Minus Two: Some Limits on Our Capacity for Processing Information", *Psychological Review*, 1956, 63 (2): 81-97.

Morrisey, Michael A., "Health Insurance in the United States", in Dionne, Georges (ed.), *Handbook of Insurance*, New York, NY: Springer, 2013: 957-995.

Musgrave, Richard A., *The Theory of Public Finance: A Study in Public Economy*, McGraw-Hill, 1959.

N. H. Miller, J. U. Podwol, "Forward Contracts, Market Structure, and the Welfare Effects of Mergers", Georgetown University, 2017 (7): 31-42.

P. Barrieu, et al., "Understanding, Modelling and Managing Longevity Risk: Key Issues and Main Challenges", *Scandinavian*, 2012 (6): 12-23.

P. Grieshaber, et al., "Steady Establishment of Conferences on Perioperative Morbidity and Mortality-Continuous Assessment of Treatment and Process Quality", *The Thoracic and Morbidity*, 2017 (5): 18-27.

R. Zhou, et al., "Modeling Longevity Risk Transfers as Nash Bargaining Problems: Methodology and Insights", *Economic Modelling*, 2015 (3): 27-44.

Rampini, Adriano A., Viswanathan, S., "Household Risk Management", NBER Working Papers, 2016, Cambridge, MA: The National Bureau of Economic Research, No. w22293.

Renshaw, A. E., et al., "The Modeling of Recent Mortality Trends in United Kingdom Male Assured Lives", *British Actuarial Journal*, 1996 (2): 229-277.

Renshaw, A. E., S. Haberman, "Lee-Carter Mortality Forecasting with Age Specific Enhancement", *Insurance: Mathematics and Economics*, 2003 (33): 255-272.

S. Sugawara, "Firm-Driven Management of Longevity Risk: Analysis of Lump-Sum Forward Payments in Japanese Nursing Homes", *Journal of Economics & Management Strategy*, 2017 (2): 55-63.

Scott Kaplan, "Effectively Addressing Pension and Longevity Risk in the Current Economic Environment", *S Kaplan-Special Issues*, 2016 (1): 8-13.

Scotti, V., "*Annuities: A Private Solution to Longevity Risk*", Sigma, 2007 (3).

Spaan, et al., "Ten Have, Arthur, Baltussen, Rob, "The Impact of Health Insurance in Africa and Asia: A Systematic Review", *Bulletin of the World Health Organization*, 2012, 90 (9): 685-692.

T. Koreshkova, et al., "Accounting for Low Take-up Rates and High Rejection Rates in the US Long-Term Care Insurance Market", 2016 Meeting Papers, 2016 (5): 13-21.

T. Post, K. Hanewald, "Longevity Risk, Subjective Survival Expectations, and Individual Saving Behavior", *Journal of Economic Behavior & Organiza-*

tion, 2013 (7): 21-40.

T. W. Wong, et al., "Managing Mortality Risk with Longevity Bonds When Mortality Rates are Cointegrated", *Journal of Risk and Insurance*, 2015 (4): 32-43.

United Nations, The World Population Prospects: The 2015 Revision, New York, NY: United Nations, Department of Economic and Social Affairs, Population Division, 2015.

Wagstaff, et al., "Can Insurance Increase Financial Risk?: The Curious Case of Health Insurance in China", *Journal of Health Economics*, 2008, 27 (4): 990-1005.

Williams, C. Arthur Jr, *An International Comparison of Workers' Compensation*, New York, NY: Springer Science+Business Media, 1991.

World Bank, "The World Development Indicators (WDI)", http://data.worldbank.org/data-catalog.

World Bank, The China 2030: Building a Modern, Harmonious, and Creative High-Income Society, Washington, DC; Beijing, China: The World Bank; Development Research Center of the State Council, PRC, 2012.

World Bank, The World Development Report 2000/2001: Attacking Poverty, Washington, DC: International Bank for Reconstruction and Development/The World Bank, 2000.

Y. Choi, "Longevity Risk in Korea", *KDI Focus*, 2016 (8): 42-52.

Yang, S. S., et al., "Modeling Longevity Risk Using a Principal Component Approach: A Comparison with Existing Stochastic Mortality Models", *Insurance: Mathematics and Economics*, 2014 (3): 254-270.

Young, V. R., "Pricing Life Insurance under Stochastic Mortality Via the Instantaneous Sharpe Ratio: Theorems and Proofs", *Insurance: Mathematics and Economics*, 2013 (5): 691-703.

Zhang, et al., "Marriage, Parenthood, and Labor Outcomes for Women and Men", in Besharov, Douglas J., Baehler, Karen (eds.), *Chinese Social Policy in a Time of Transition*, Oxford, UK: Oxford University Press, 2013: 223-248.

Zhu, W., et al., "Structure and Estimation of Levy Subordinated Hierarchical Archimedean Copulas(LSHAC): Theory and Empirical Tests", *Journal of Banking & Finance*, forthcoming, 2016 (4): 24-31.

Zweifel, Peter, "The Division of Labor between Private and Social Insurance", in Dionne, Georges (ed.), *Handbook of Insurance*, New York, NY: Springer, 2013: 1097-1118.